Marguerite De Roberval

Eine Romanze aus der Zeit von Jacques Cartier

Thomas Guthrie Marquis

Writat

Diese Ausgabe erschien im Jahr 2024

ISBN: 9789359942476

Herausgegeben von
Writat
E-Mail: info@writat.com

Inhalt

KAPITEL I

„Diese engen, engen Straßen quälen mich! Ich muss hier raus, sonst werde ich verrückt. Das Land mit seinen hügeligen Feldern und weiten, ruhigen Himmelsabschnitten hilft ein wenig, aber nichts außer dem Meer wird meinen Geist befriedigen. Fünf Jetzt sind Jahre vergangen, und ich sitze immer noch in diesem elenden Loch und habe keine Kraft, ins Ausland zu gehen, außer für eine Kreuzfahrt auf dem Kanal oder einen Lauf nach Süden entlang der Küste. Wenn sich die Dinge nicht ändern, denke ich, dass ich es in aller Stille tun werde Lichten Sie auf La Hermine den Anker und überqueren Sie den Atlantik ohne die Erlaubnis des Königs oder den Segen eines Priesters. Ich sage Ihnen, Claude, es wäre ein seltener Spaß, diesen Weg zu gehen, ohne ein Abschiedswort an einen Freund oder Liebhaber. Gold ist da drin Es gibt reichlich und Diamanten und eine Straße nach Indien; und wenn wir Reichtümer und neue Entdeckungen mitbringen würden, würde der König unsere Kühnheit verzeihen.

Der Sprecher war ein Mann mittleren Alters mit pechschwarzem Haar und Bart und durchdringenden schwarzen Augen. Er war so aufrecht wie eine Kiefer im mittleren Wald und gebräunt und faltig, weil er jahrelang Sonne und Wind ausgesetzt war, aber dennoch war er ein hübscher, gebieterisch wirkender Kerl. Sein Name war Jacques Cartier. Er war der berühmteste Seemann Frankreichs und hatte bereits zwei Fahrten über den stürmischen Atlantik in Booten unternommen, in denen Seeleute des 19. Jahrhunderts Angst hatten, den Ärmelkanal zu überqueren.

Sein Begleiter war Claude de Pontbriand , ein junger Mann von sanfter Abstammung, der ihn auf seiner zweiten Reise begleitet hatte. Er war so dunkel wie Cartier, mit einem löwenähnlichen Hals und Schultern, einem entschlossenen Mund und Kinn und einem freundlichen Auge, dessen Ausdruck einen Hauch von Melancholie hatte. Unter seinen Gefährten war er als ihr Bayard bekannt; und die Reinheit seines Lebens, die Großzügigkeit seines Wesens und sein unerschrockener Mut machten den Titel zu einem passenden Titel.

Die beiden Männer spazierten an einem herrlichen Mondscheinabend im Herbst 1539 eine der gewundenen Hauptstraßen der französischen Hafenstadt St. Malo entlang. Die Stunde war zwar noch früh, aber damals für jemanden, der einfach im Ausland war, ungewöhnlich zum Vergnügen; und die kleine Stadt war ruhig und verlassen, bis auf einen gelegentlichen Fußgänger, den ein Geschäft, egal welcher Art, gezwungen hatte, sein Zuhause zu verlassen.

Nach Cartiers Bemerkungen herrschte kurzes Schweigen, bevor De Pontbriand antwortete:

„Ich dachte, du hättest genug von der Neuen Welt."

"Genug!" rief Cartier aus. „Diese neue Welt gehört mir. Ich habe sie zuerst in Besitz genommen. Mein Kreuz verteidigt immer noch meine Interessen in Gaspé , und meine Erinnerung ist den roten Männern von Stadacona bis Hochelaga immer noch lieb."

„Ich bin mir der Freundschaft der Indianer nicht so sicher", unterbrach ihn sein Begleiter. „Wenn wir den alten Donnacona und seine Mithäuptlinge nicht entführt hätten , wäre es vielleicht so gewesen, aber jetzt, wo sie tot sind, wird es Ihnen schwer fallen, eine Geschichte zu erfinden, die Ihnen das Vertrauen ihrer Stammesangehörigen zurückgewinnen wird. Ah! Cartier, ich Ich habe Sie damals gewarnt; und jetzt bedaure ich nur, dass ich mich Ihrer Aktion nicht mit meinem eigenen Schwert widersetzt habe. Arme Teufel! Es war erbärmlich, sie hängen und hängen zu sehen wie Vögel im Käfig und schließlich einer nach dem anderen sterben. Armer alter Donnacona ! Das nehme ich an Wir werden seinen Geist auf den Höhen von Stadacona wiederfinden, wenn wir jemals wieder den Ozean überqueren.

„Das war ein Fehler", entgegnete Cartier, „aber man weiß nie genau, was das Ergebnis einer Aktion sein wird. Ich habe es zum Besten getan. Ich dachte, die Indianer würden einen Besuch in Europa genauso genießen wie die beiden Jungs, die ich gemacht habe." Ich habe sie auf meiner ersten Reise mitgebracht. Sie waren jedoch zu alt und scheinen im Boden verwurzelt zu sein. Ich fürchte, wir müssen einen Weg finden, ihre Abwesenheit zu erklären, wenn wir nach Hochelaga zurückkehren. Wäre das nicht gut? sie mit edlen Damen verheiraten und ihnen Herzogtümer in Frankreich geben, damit sie regieren können?"

„Eine gute Idee, mit dem einzigen Nachteil, dass sie falsch ist; und es gibt bereits genug falsche Männer in Frankreich, ohne dass ein ehrlicher Seemann ihre Zahl erhöht. Aber mein Eindruck von den Wilden ist, dass es Ihnen schwer fallen wird, sie zum Glauben zu bringen." Ihre Geschichte. Sie sind ein tiefes Volk und, wie wir es kennengelernt haben, ein großzügiges Volk; und wenn Sie einmal getäuscht werden, werden Sie feststellen, dass sie nie wieder vollkommenes Vertrauen in ihre Verräter haben werden."

„Vielleicht ja; ich gehe davon aus, dass Sie Recht haben. Aber warum sollten Sie sich Ärger leihen, der Jahre und Meilen von uns entfernt ist? Wir sind hier im alten Frankreich und werden wahrscheinlich auch hier bleiben."

„Da bin ich mir nicht so sicher."

"Was!"

„Da bin ich mir nicht so sicher. Ich hatte heute ein langes *Tête-à-Tête mit Jean François de la Roque, und er zögert. Er hat großen Einfluss in der Picardie, und König Franziskus ist ihm zu großem Dank verpflichtet. Er* erklärt, dass er ein Schiff oder sogar eine Flotte haben kann, wenn er es will. Er gibt an, dass er bestrebt ist, im neuen Land der Dunkelheit, wie er es nennt, Seelen zu gewinnen; aber legen Sie nicht zu viel Wert auf die Dunkelheit, wenn Sie Lernen Sie ihn kennen. Das Gold, die Diamanten und die Pelze werden sein Herz viel schneller berühren als alles andere. Er ist ein kluger Kerl, und wenn Sie ihn für Ihre Neue Welt begeistern können, werden Sie bald in Ihrem geliebten Stadacona sein und eine haben Chance, auch dort zu bleiben. Seine Idee ist es, dort eine Kolonie zu gründen, die Ressourcen des Landes zu erschließen und, daran habe ich keinen Zweifel, die Seelen der Bewohner zu retten, wann immer er es möchte. Ich wünschte, wir könnten einige unserer alten Freunde zusammenbringen . Ein paar der Männer, die den Skorbut sicher überstanden haben, würden bei einer weiteren solchen Expedition eine große Hilfe sein.“

„Wo ist Charles de la Pommeraye ?“ unterbrach Cartier.

„De la Pommeraye ! Haben Sie nicht die letzte Nachricht von ihm gehört?“

„Nein, in welche neue Situation ist er geraten? Es gibt keinen tapfereren Kerl auf der Welt; und wenn er in ein paar mehr Streitereien gerät als der Rest von uns, dann nur wegen seiner übertriebenen Tapferkeit. Ein Unterrock bringt ihn immer auf die Knie. Mann, in Hochelaga zog er seinen Federhut vor jedem schönen Wilden, der seine Aufmerksamkeit auf sich zog. Wenn ich die Gelegenheit bekomme, noch einmal dorthin zu gehen , werde ich ihn finden, obwohl ich jedes Loch und jede Ecke in Frankreich durchsuchen muss.

„Ich fürchte sehr, dass es für Sie schwierig werden wird, ihn zu finden. Der letzte Bericht, den ich von ihm hatte, war, dass er mit mehreren Dolchen an seiner Brust in den Straßen von Paris liegen gesehen wurde. Er war mein Freund, wie Sie wissen, und , trotz seiner Tollkühnheit und Torheit, der einzige Mann, zu dem ich jemals vollkommenes Vertrauen haben konnte. Ich hatte immer erwartet, dass er ein solches Ende finden würde; aber ich habe mehr Tränen für ihn vergossen, als ich jemals für einen anderen Mann gedacht hätte.

„Charles de la Pommeraye tot!“ rief Cartier aus. "Ich kann es nicht glauben!"

"Noch kann ich!" unterbrach eine kräftige Stimme, die beide Männer dazu veranlasste, zurückzuspringen und die Hände auf ihre Waffen zu legen. „Ich auch nicht! Und wenn irgendjemand an meinem Wort zweifelt, hier ist mein Schwert, um es zu beweisen!“

„La Pommeraye !" rief Claude. „Wo um Himmels Willen bist du hergekommen?" und die beiden Männer ergriffen die Hände des jungen Riesen, der in der Kleidung eines modischen Galanten der Zeit, mit buntem Wams und Hose, reich gefiedertem Hut und mit goldener Spitze besetztem Überrock, lachend vor ihnen stand.

„Paris, wo man mich tot auf der Straße liegen sah. Wie lange ist es her, Claude, dass du eine so schlechte Meinung von mir hattest? Ich war zu meiner Zeit in seltsame Schwierigkeiten geraten, aber ich habe noch nie darin geschlafen Straßen. Sei dankbar, dass ich euch beide morgens nicht verlassen habe, um von diesem Platz getragen zu werden. Ich kam kampfbereit hierher und hatte mein Schwert bereit, um mit dem Schnitzen zu beginnen, als mich Cartiers Stimme wie ein Hauch von traf Belebende, salzige Seeluft. Aber was für ein großes Unternehmen hast du vor? Deine ernsten Blicke verraten einen gewichtigen Plan. Was auch immer es ist, mein Schwert steht zu deinen Diensten."

„Ich bezweifle, dass es klug wäre, solch einen feuerspeienden Duellanten in unser Vertrauen zu ziehen", sagte Claude und betrachtete seinen Freund lächelnd.

„Nun, Claude, das ist kaum fair. Du weißt, ich bin kein Duellant . Ich kämpfe nur, wenn ich dazu gezwungen bin, und nie ohne bloße Provokation. Gestern Abend hatte ich zum Beispiel einen entzückenden Waffengang, aber das war der Fall Keine Schuld von mir. Ich kam gerade über den Sillon , als ein hübsches Mädchen mit gemächlichen Schritten auf mich zukam und zu sagen schien: „Ich habe nur auf dich gewartet." Sie hatte im Mondlicht ein Gesicht wie eine Blume, und Ich konnte nicht widerstehen und schnappte mir einen Kuss. Das war alles: Aber es wirkte wie ein Streichholz in einem Pulvermagazin. Sie zuckte mit einem Schrei zurück. Offensichtlich hatte sie nicht auf mich gewartet, und bevor ich mich entschuldigen oder den Kuss zurücknehmen konnte , ihr Geliebter stürzte sich mit gezogenem Schwert auf mich."

„Ich vertraue darauf", rief Claude, „er hat ein wenig von der Unverschämtheit aus deinem galanten Fell gelassen."

„Kein Tropfen. Ich weiß, wie gefährlich es ist, hübsche Mädchen auf öffentlichen Plätzen zu küssen, und ich tue es nie, ohne die Hand am Schwertgriff zu haben. Er sprang vorwärts, und ich sprang zurück. Das Mädchen war zwischen uns und in seinem." Hastig, mich auszuspucken, stieß er sie unsanft zur Seite. Die kurze Pause gab mir Zeit, mein Schwert zu ziehen. Er kam auf mich zu, blind vor Wut, aber ich war auf der Hut. Ein oder zwei Angriffe zeigten mir, dass ich den Kerl entwaffnen konnte in fünf Minuten. Die Schöne stand daneben und rang stumm die Hände, und da ich ihre Meinung gut vertreten wollte, beschloss ich, ihr zu zeigen, was ich tun konnte. Ich habe in Paris einige Schnitte, Stöße und Wachen gelernt, und Jetzt hatte ich die Chance, sie in die Tat umzusetzen. Ich verwirrte den Kerl, und als ich dachte, Ihre Hoheit hätte gesehen, dass ich der bessere und würdigere Mann war, stieß ich mit einer Schnelligkeit aus, die man im muffigen alten St. Malo selten findet: und das Schwert meines Gegners schlug klirrend gegen die Wand.

„Der Mann war kein Feigling. Kaum hatte er das Schwert aus der Hand, riss er sein Hemd auf und rief: ‚Stich, Bösewicht, Frauenbeleidiger!' Aber wenn ich versucht hätte, ihn beim Wort zu nehmen und ein oder zwei Löcher in ihn zu schlagen, wäre mir das nicht gelungen, denn noch während er sprach, sprang seine Geliebte zwischen uns und zischte den Beinamen „Feigling!" In meinem Gesicht blitzte ein Dolch auf meine Brust. Der Schlag war so schnell, dass ich fürchte, nur ein Wunder hätte verhindern können, dass eine Frau endlich einen bleibenden Eindruck im Herzen von Charles de la Pommeraye hinterlassen hätte , aber ich wollte es noch einmal tun von den niederen Absichten des Geschlechts gerettet werden. Mein Gegner ergriff ihre Hand von hinten mit einem schraubstockartigen Griff; und da standen wir alle – eine äußerst interessante Gruppe von Feinden. Er war der Erste, der sprach.

„‚Leg dein Spielzeug hoch', sagte er streng zu dem Mädchen, das bis auf das eine Wort ‚Feigling!' hatte seit Beginn des Kampfes keinen Laut mehr von sich gegeben. „Stecken Sie Ihr Spielzeug hoch, mein Leben liegt in seiner Hand. Er hat es mit dem Schwert gewonnen."

„Charles de la Pommeraye '", antwortete ich, „schlägt niemals einen Mann ohne Waffe. Nimm dein Schwert, mein Freund, und lass uns diesem schönen Amazonas etwas mehr würdige Unterhaltung bieten."

„Aber er wollte die Waffe, die ihn im Stich gelassen hatte, nicht einmal ansehen.

„‚Hier ist es', sagte ich und hob es vom Boden auf. ‚Aber ich fürchte sehr, dass wir beide unsere Schwerter für heute Nacht in die Scheide stecken müssen. Deines hat einen guten Fuß verloren. Diese Mauer ist aus ausgezeichnetem Granit . Aber treffen Sie mich morgen hier mit einer neuen Waffe, und wir können unsere kleine Differenz im Licht jenes Mondes beenden.'

„‚Ich bin kein Duellant ', rief er, ‚aber ich nehme Ihr Angebot an. Ihr Name ist mir bekannt, Charles de la Pommeraye , und ich kenne Sie als einen Ehrenmann , trotz Ihres unritterlichen Verhaltens gegenüber einer wehrlosen Frau. Sehen Sie „Sie ist ohnmächtig geworden! Helfen Sie mir mit ihr zu meinem Haus, und morgen um diese Stunde werde ich Sie an dieser Stelle ohne Sekunden oder Zeugen treffen. Heben Sie sie sanft hoch", fügte er hinzu, während er die Schultern des Mädchens hob. „Put Dein Arm umarmt sie links, und wir können sie zwischen uns tragen.'

„Aber sie war vollkommen schlaff. Wir schleiften sie geradezu durch die Straße, als ich sagte: ‚Das geht nie. Gehen Sie voran. Ich werde Ihnen folgen.' Während ich sprach, hob ich sie vom Boden auf, und obwohl er sich meiner Aktion widersetzte, erkannte er bald, dass es keine Hilfe gab, und schritt schweigend vor mir her. Der Mond schien voll im Gesicht des Mädchens, als sie in meinen Armen lag , blass und leblos, und ich sah den Fehler, den ich begangen hatte. Sie war unverkennbar von hochgeborener Abstammung, und ich hätte Welten gegeben, um mein überstürztes Handeln rückgängig zu machen; obwohl es mir ein Rätsel ist, was sie an diesem Ort und zu dieser Stunde tat Aber wir waren in wenigen Augenblicken an der Tür des Hauses meines Widersachers, und er befahl mir, meine Last abzugeben. Als er sie in seine Arme nahm, rief er: „Denken Sie daran, morgen Abend. Der Sillon : und kommen .“ ohne Zeugen.““

„Eine ziemliche Romanze“, sagte Cartier; „Aber man bleibt nie lange an einem Ort, ohne etwas Derartiges mitzunehmen. Wie lange sind Sie schon in St. Malo?“

„Seit gestern Nachmittag. Ich hatte einen Mondscheinspaziergang gemacht und überquerte den Sillon und träumte von der herrlichen Reise, die wir gemeinsam den Hochelaga hinauf hatten.“

„Nun, Charles“, sagte Claude, „sei vorsichtig! Wenn du so weitermachst, wirst du wahrscheinlich nie wieder eine solche Reise unternehmen Liebhaber? Er hat dir erlaubt, die Schöne zu tragen, hast du gesagt?“

„Ja, und ging voran, als wäre er ihr Vater gewesen.“

„Ich neige zu der Annahme, dass Sie sich geirrt haben. Kein Liebhaber hätte sich so verhalten. Er ist wahrscheinlich ihr Vater oder älterer Bruder.“

„Weder noch, Claude? Er war zu jung, um ihr Vater zu sein, es sei denn, das Mondlicht hat mich sehr getäuscht, und er ähnelte ihr genauso wie ich einem der Wasserspeier auf Notre Dame de Paris. Aber ich bin froh, dass du es rausgeworfen hast Der Hinweis. Ich werde ihn sorgfältig fragen, ob er ihr Liebhaber ist, und wenn nicht, werde ich mich damit zufrieden geben, ihn für seine Kühnheit ein wenig zu entwaffnen und zu demütigen. Wenn er es jedoch ist, fürchte ich sehr, dass ich es tun muss Schicke ihn in den Himmel, als Hindernis auf dem Weg, die Dame mit dem Dolch zu gewinnen. Ich habe zuvor den Charme vieler schöner Frauen gespürt, aber keine hatte jemals die Macht, mich so zu bewegen wie dieses hilflose Mädchen letzte Nacht, als ich es trug sie zu ihrem Haus. Sie ist ein Engel, Claude, mit dem Gesicht einer Madonna!“

„Gut gemacht, Charles!“ rief Claude lachend aus. „Ich freue mich zu hören, dass Sie endlich erwischt werden. Hören Sie ihn, Jacques; wie schön ist es, ihn gestehen zu hören, dass er schon einmal gespürt hat, wie sein Herz brennt. Aber das ist die einzige und dauerhafte Zuneigung. Ah! Charles, du bist immer noch ein trauriger Hund! Vor sechs Jahren hörte ich dich in derselben Stadt schwören, dass du der schönen Tochter des Sieur des Ormeaux treu leben und sterben würdest; in nur einer Woche warst du vor Cosette auf den Knien Tochter des betrunkenen Kapitäns eines Fischerboots; und zwei Monate später sah ich Sie selbst im Schatten des Mont Royal wild Ihre unsterbliche Hingabe an die Tochter des alten Adario gestikulieren , dieses schmierigen Potentaten, vor dessen Krieger Ehrfurcht erfüllt war die imposante Art und Weise, wie Sie ein ‚Te Deum‘ gebrüllt haben.“

„Schweige, Claude, oder, beim Himmel, ich werde vergessen, dass wir geschworene Freunde in der Liebe, im Krieg und im Frieden sind, und dich zum Kampf herausfordern, sobald ich mit dem Narren fertig bin, dem ich jetzt schnell begegnen muss. Folgt mir nicht, ich flehe euch an; ich möchte nicht, dass er denkt, ich hätte Freunde, die unserem Kampf beiwohnen. Auf Wiedersehen; und wenn ich in einer halben Stunde nicht zurück bin, werdet ihr einen Bericht über all meine weltlichen Besitztümer finden in einer eisernen Kiste, etwa 15 cm im Quadrat, in meinem Zimmer im alten Gasthaus.

Ohne ein weiteres Wort entfernte er sich von ihnen, und ein paar Schritte brachten ihn zum Ende der Straße, wo die Gebäude am Anfang der Landzunge endeten, die als „The Sillon “ bekannt ist und St. Malo mit dem Festland verbindet. Zu dieser Zeit war dieser Landstreifen bei weitem nicht so breit wie heute und lediglich ein schmaler Damm, der auf der dem Meer zugewandten Seite durch eine Steinmauer vor dem Eindringen der Gezeiten geschützt war. Die beiden Männer folgten ihm nicht weiter als bis zum Ende der Straße und standen im Schatten des letzten Hauses und warteten darauf, den Ausgang der Begegnung zu erfahren.

„Da geht der tapferste Kerl Frankreichs“, sagte Claude, als sie ihm beim Verschwinden zusahen. „Ich wünschte nur, es gäbe noch mehr wie ihn. Er wurde zum Kämpfen geboren, und er hat so viel davon getan, dass er ein Duell schließlich als einen notwendigen Teil der Tagesbelustigung betrachtet. Und das Beste an ihm.“ ist, dass er weniger Männer getötet hat als jeder andere Duellant in Frankreich. Er hat das Herz eines Kindes und den Arm eines Riesen. Aber horchen Sie! Stehen Sie nah. Sein Gegner kommt hierher. Er ist vorbei. Hören Sie! Beim Himmel, aber sie haben keine Zeit verloren. Sie sind schon dabei. Ich wünschte nur, er hätte nicht darauf bestanden, dass wir uns verstecken. Ich würde ihn lieber beim Schwertkampf sehen, als einer

Armee in Aktion zuzusehen. Aber was ist das? Der Schrei einer Frau, wie Ich lebe!"

KAPITEL II

Um den Schrei zu erklären, muss man auf den Morgen des Tages zurückblicken, an dem dieses Gespräch stattfand. St. Malo sah am schmutzigsten aus. In der Nacht hatte es heftig geregnet, und bis fast Mittag hing ein Nebel auf den schlammigen Straßen und grauen Wänden. Die kleine Stadt mit ihren engen Gassen und hoch aufragenden Häusern wirkte düster wie eine Totenstadt; Von allen Seiten stiegen üble Gerüche auf, die unerträglich gewesen wären, wenn nicht die kühle Brise vom Kanal hergekommen wäre und die Nebel und Nebel vor sich hergetrieben hätte.

In einem der höchsten und bedeutendsten Häuser saßen zwei junge Frauen am Fensterrahmen im Obergeschoss. Das Haus war düster, ohne jeglichen Schmuck außer einer gewölbten Veranda, über der ein Motto oder Emblem eingemeißelt war , das mit zunehmendem Alter nicht mehr zu entziffern war. Der Raum, in dem die beiden Mädchen saßen, war schlicht eingerichtet und schlecht beleuchtet, obwohl seine Düsterkeit durch zahlreiche verstreute weibliche Kleinigkeiten gemildert wurde, die den Charakter und Geschmack seiner Bewohner verrieten.

Die ältere der beiden war Marguerite de Roberval, Nichte des bereits erwähnten Adligen aus der Picardie. Sie war ungefähr vierundzwanzig, dunkelhäutig und sehr schön, mit dichtem schwarzem Haar, das einen wohlgeformten Kopf krönte, fein geschnittenen Gesichtszügen und einer Figur, die schon, als sie auf der niedrigen Fensterbank saß, groß und gertenschlank wirkte . Ihre Schönheit wäre makellos gewesen, wenn sie nicht einen Makel gehabt hätte: Ihr Kinn stand etwas zu hervor, was ihrem Gesicht einen Ausdruck von Entschlossenheit verlieh, der zwar seine Symmetrie zerstörte, aber von einem starken Willen und einer Festigkeit zeugte, die fast an Sturheit grenzte. Sie hatte die geschmeidige Anmut eines Panthers, und obwohl ihre Ruhe perfekt war, hätte ein genauer Beobachter vielleicht eine nervöse Anspannung in ihrer Haltung und Haltung bemerkt, die von einer verborgenen Kraft und Energie zeugte, die entschlossen kontrolliert wurde.

Zu ihren Füßen saß auf einem weiten Teppich ihre Freundin und Begleiterin Marie de Vignan – in vielerlei Hinsicht ihr genaues Gegenteil. Nicht so dunkel wie Marguerite, auch nicht ganz so groß, mit einem eher runden als ovalen Gesicht, hellen, weit geöffneten Augen und einem fröhlichen, lachenden Mund, ihre rundliche Figur und ihr lebhafter Ausdruck verrieten ein glückliches, zufriedenes Wesen dem die Welt und das Leben leichtfielen. Sie war mit Marguerite aus der Picardie gekommen und war tatsächlich die Mündel von De Roberval. Ihr Vater war einige Jahre zuvor durch einen platzenden Petronel getötet worden und hatte sein einziges Kind der Obhut seines Freundes und Mitstreiters überlassen.

„Heigh-ho!" sagte Marie mit einem halb unterdrückten Gähnen, „wird sich dieser Nebel nie lichten? Wer hätte nach dem herrlichen Mond der letzten Nacht gedacht, dass wir morgen einen solchen Tag wie diesen haben würden?"

„Geduld, *Chérie*", antwortete ihre Freundin und blickte von der Stickerei auf, an der sie beschäftigt war. „Seit wir hierher gekommen sind, haben wir viele solcher Morgen gehabt, aber sie lassen den Tag nur dann heller erscheinen, wenn die Sonne scheint. Sehen Sie, da ist der blaue Himmel hinter den Hausdächern! Die volle Sonne wird zweifellos vor Mittag scheinen. Ich oft Ich denke, eine weise Vorsehung muss all diesen Nebel und Regen schicken. Wenn nicht solche Mittel ergriffen würden, um diese Straßen zu reinigen, würden wir bald nicht mehr in der Lage sein, die Luft von St. Malo zu atmen. Ich kann nicht verstehen, was meinen Onkel dazu veranlasst hat, zu gehen unsere weiten Felder in der Picardie für diese elenden Straßen und kahlen, düsteren Mauern."

„Es ist herrlich, dich beschweren zu hören, Marguerite. Ich habe mich gefragt, wie lange wir noch hier eingesperrt bleiben müssen wie mausernde Falken. Ich neige nicht besonders zum Murren, aber ich sehne mich nach einem Hauch frischer Luft, und Platz, um meine Gliedmaßen zu strecken, ohne in ein Schlammloch zu fallen oder von einem ungeschickten Seemann oder Fischerjungen fast umgeworfen zu werden. Als wir die Picardie verließen, dachte ich, wir würden nach Fontainebleau fahren; ich hätte nie gedacht, dass wir gleich die Sonne tauschen würden dafür die Hänge der Somme!"

„Kein Zweifel", sagte Marguerite mit einem kleinen Seufzer, „mein Onkel hat gute Gründe, so lange hier zu bleiben. Sie kennen seine geschätzten Pläne bezüglich der Neuen Welt."

„Ja, und ich werde Herrn de Pontbriand niemals verzeihen , dass er ihm vorgeschlagen hat, Frankreich zu verlassen. Jetzt, da wir endlich Frieden haben, begann ich zu hoffen, dass mein Kriegervormund Zeit finden würde, uns vor Gericht zu bringen und zu lassen Wir sehen dort etwas mehr vom Leben und der schwulen Welt. Ich muss gestehen, dass ich es leid war, zu Hause zu bleiben, aber seit ich diese trostlosen Steinmauern erlebt habe, wünsche ich mir nichts Besseres als unsere schönen, breiten Säle in der Picardie. Wie auch immer Sie sagen, es hat keinen Sinn, sich zu beschweren. Aber haben Sie es vergessen? Sie haben versprochen, mir die ganze Geschichte Ihres Abenteuers der letzten Nacht zu erzählen. Ich war geduldig und habe keine Fragen gestellt; aber ich sterbe vor Neugier, zu hören, wie alles passiert ist ."

„Es gibt sehr wenig zu erzählen", antwortete Marguerite mit einiger Zurückhaltung. „Wie Sie wissen, kamen mein Onkel und ich im Mondlicht nach Hause, und als wir den Sillon überquerten , blieb mein Onkel stehen, um einem Seemann ein Wort zu sagen, der ihm im Vorbeigehen eine gute Nacht wünschte. Ich bemerkte ihn nicht war nicht an meiner Seite und auch ein paar Schritte vor ihm und im vollen Mondlicht, während er im Schatten war. Plötzlich kam ein prahlerischer Kerl von einem Kerl mit einem unverschämten Scherz auf mich zu, und bevor ich konnte Als mir klar wurde, was er vorhatte, spürte ich, wie seine Lippen meine Wange berührten. Ich schrie auf und mein Onkel stürzte sich sofort mit gezogenem Schwert auf ihn. Das ist die ganze Geschichte."

„Aber was war das Ergebnis? Dein Onkel hat den Bösewicht doch nicht getötet, oder? Und was könnte geschehen sein, dass du – du, dessen Mut noch nie beim Anblick von Blut nachgelassen hat – in Ohnmacht nach Hause getragen wurdest? „ Ich versichere dir, Bastienne und ich hatten letzte Nacht genug Ärger mit dir. Du hast mir nicht alles erzählt, Marguerite. Da bin ich mir sicher."

Mdlle. de Robervals dunkle Wange errötete ein wenig.

„Es ist eine schmerzhafte Geschichte", sagte sie mit einigem Zögern. „Ich hätte nie gedacht, daneben zu stehen und einen entwaffneten De Roberval zu sehen. Doch die Fähigkeiten dieses Schurken waren so groß, dass es ihm nach ein paar Versuchen gelang, das Schwert meines Onkels aus seiner Hand zu reißen, und wir waren seiner Gnade ausgeliefert."

"Und was dann?" rief das jüngere Mädchen atemlos, als Marguerite wieder innehielt. „Ich wünschte, ich wäre an deiner Stelle gewesen, um solche Schwertkämpfe zu sehen. Ich dachte, dein Onkel sei unbesiegbar."

„Ich auch, bis letzte Nacht. Ich habe ihn schon oft bei Schwertkämpfen gesehen, und keiner konnte ihm jemals widerstehen; aber er war wie ein Kind in den Händen dieses Mannes."

„Warum war ich nicht da, um dieses Wunderkind zu sehen? Außer Ihrem Freund De Pontbriand und diesem adleräugigen Seemann, der Ihren Onkel besucht, habe ich seit meiner Abreise aus der Picardie keinen *Mann mehr gesehen* ."

„Ich vertraue darauf, dass du diesen feigen Schurken nie zu Gesicht bekommen wirst. Aber wenn du mich zwingst, meine Geschichte zu beenden – als das Schwert meines Onkels klirrend gegen die Brüstung flog, konnte ich nicht länger schweigend zusehen. Ich hatte darauf gewartet, dass der Kerl bestraft wird wie er es verdiente, und nun stand ein De Roberval unbewaffnet vor ihm. Alles schwamm vor meinen Augen, ich dachte nur daran, das Leben meines Onkels zu retten, und indem ich den kleinen Dolch zog, den ich immer bei mir trug, hätte ich ihn dem Bösewicht in die Brust gestoßen, oder?

Mein Onkel hat meine Hand nicht erwischt. Ich erinnere mich nicht mehr, bis ich mich hier zu Hause befand.

„Bravo, *M'amie*!" rief die begeisterte Marie und klatschte in die Hände. „Ich wusste, dass dein Mut dich nicht im Stich lassen würde. Aber was für eine schreckliche Erfahrung musstest du durchmachen! Gott sei Dank endete es nicht schlimmer. Aber sag mir, wie sah dieser Galant aus, der sich als so mächtiger Schwertkämpfer erwiesen hat?" Beschreibe ihn mir."

„Das kann ich nicht, du dummes Kind! Glaubst du, ich habe seine Gesichtszüge bemerkt? Er war groß und kräftig; aber darüber hinaus sah ich nichts außer seinen lachenden Augen, als sie meine trafen, als mein Dolch seine Brust berührte."

„Es kommt nicht alle Tage vor, dass man einen Mann trifft, der mit einem Dolch an der Brust lachen kann", rief Marie halb scherzhaft, halb ernst. „Ich muss ihn tatsächlich sehen. Ich werde keinen Frieden finden, bis ich es tue."

„Dann wird Ihr Wunsch erfüllt", sagte Marguerite, „denn wenn ich mich nicht irre, steht in diesem Moment der Mann selbst auf der anderen Straßenseite. Ja, ich bin sicher, dass er es ist ; sehen Sie, er wirft diesem Fischer einen Kuss zu." -Jungfrau gegenüber. Das wird dir den wahren Charakter deines Helden zeigen."

Trotz Marguerites Sarkasmus war der Mann, den die beiden Mädchen jetzt erblickten, ein edles Exemplar der Menschlichkeit. Mit einer Körpergröße von knapp einsachtzig, breiten, athletischen Schultern, geraden, sauberen Gliedmaßen und einem strahlenden Gesicht wie das eines Schuljungen war er ein Mann, der, obwohl er nicht jünger als dreißig sein konnte, überall die Aufmerksamkeit auf sich zog könnte gesehen werden.

Er war nach der höchsten Mode gekleidet, und seine farbenfrohe Kleidung mit ihren Spitzenbesätzen und juwelenbesetzten Verzierungen verriet, dass er kein gewöhnlicher Abenteurer war. Aber das Auffälligste an seinem Aussehen war sein Haar, das in sonnigen Locken unter seinem Samthut mit dem ausladenden Federbusch auf seine Schultern fiel. In Wahrheit ähnelte er eher einem nordischen Wikinger als einem Kavalier des 16. Jahrhunderts.

„Was für ein edler Kerl!" war Maries unwillkürlicher Ausruf, als sie ihn ansah.

"Edel!" sagte Margarete verächtlich. „Sie vergessen sicherlich, was Sie sagen. Würden Sie sein Verhalten letzte Nacht als edel bezeichnen?"

„Oh, was sein Verhalten und seinen Charakter angeht, ist das eine andere Sache. Aber was für eine großartige Haltung er hat und was für Schultern! Ich würde so einen Mann gerne treffen. Sehen Sie, er hat seine Augen in diese Richtung gedreht. Wer auch immer er ist „Ich würde mich auf jeden Fall in ihn verlieben, wenn ich ihn kennen würde. Mir kommt es so vor, als wäre er wie Karl der Große; oder – ja – wie Charles de la Pommeraye !"

Marguerite zuckte bei dem Namen zusammen.

„Was wissen Sie über La Pommeraye ?" rief sie aus.

„Haben Sie es vergessen oder waren Sie neulich nicht dabei, als Herr de Pontbriand den Tod seines Freundes in Paris beklagte? Sie haben sicherlich gehört, wie er von ihm sprach. Ich weinte, als ich von seinem vorzeitigen Ende hörte, denn das habe ich getan Ich hatte jemals gute Erinnerungen an Charles de la Pommeraye .

„Du, Marie? Was soll das heißen? Du hast mir gegenüber nie seinen Namen erwähnt. Jetzt, wo ich ihn wieder höre, fällt mir ein, dass mein Angreifer letzte Nacht die Dreistigkeit hatte, meinem Onkel diesen Namen zu geben. Er war aus meiner Erinnerung verschwunden als ich ohnmächtig wurde. Aber was wissen Sie über De la Pommeraye ? Wo haben Sie ihn jemals getroffen?"

„Der Name dieses Mannes La Pommeraye ?" rief Marie, ignorierte diese Fragen und blickte eifrig der sich zurückziehenden Gestalt des blonden Unbekannten nach. „Kann es zwei mit demselben Namen geben? Könnte es sein, dass er nicht tot war oder dass Claudes Freund ein anderer war! Ja, das ist er; da bin ich mir jetzt sicher! Wie konnte ich nur so dumm sein, ihn nicht zu erkennen ?" „Ich erinnere mich an ihn", erklärte sie, „vor etwa sechzehn Jahren, als ich ein sehr kleines Mädchen war. Er war ein großer Junge, nicht älter als fünfzehn, der mich in seine Arme nahm und hoch über seinen Kopf warf. Er." war gerade aus Pavia gekommen, wo er in der verheerenden Schlacht zweimal das Leben meines Vaters gerettet hatte. Seitdem habe ich ihn nie mehr gesehen; aber ich habe gelegentlich gehört, dass er auf der Suche nach Abenteuern zu Wasser und zu Land umherirrte, eine ruhelose Seele , der nie glücklich zu sein scheint, es sei denn, er ist in Gefahr, getötet zu werden.

„Es tut mir leid zu hören, dass du ihn kennst", sagte Marguerite ein wenig kühl, „denn ich fürchte, dass er diesmal ernsthaft getötet wird." Als ich letzte Nacht in den Armen meines Onkels an der Tür zu mir kam, Ich hörte ihn sagen: „Denkt morgen Abend daran! Der Sillon : und kommt ohne Zeugen." Die Worte können nur eine Bedeutung haben. Sie müssen sich heute Abend wiedersehen; und in ruhigerer Stimmung und mit einer besseren Waffe kann mein Onkel nicht umhin, ihm die Strafe zu verabreichen, die seine Unverschämtheit verdient."

„Bete zum Himmel, dass der Sieur de Roberval nicht stattdessen den Tod findet", rief Marie inbrünstig aus. „Wenn dieser Mann und der Freund von

Claude de Pontbriand ein und derselbe sind, gibt es in Frankreich keinen berühmtesten Duellanten . Er wurde nie besiegt; und er hat den Vorteil von Jugend und Stärke auf seiner Seite. Ihr Onkel wird die Hilfe von benötigen ein Engel vom Himmel, wenn er sich an La Pommeraye rächen soll .

Marguerite war aufgestanden und ging aufgeregt im Zimmer auf und ab.

„Ich habe mir große Sorgen darüber gemacht", sagte sie. „Ich wusste natürlich nicht, was Sie mir jetzt sagen, und ich hoffe und bete, dass Sie sich irren. Aber mein Onkel ist nicht mehr so jung wie früher, und er wird ganz allein und der Gnade dieser Sache ausgeliefert sein." Bösewicht. Ich habe versucht, mir einen Plan auszudenken, mit dem es verhindert werden könnte, aber ich weiß nicht, was wir tun können.

„Es hätte natürlich keinen Sinn, mit deinem Onkel zu sprechen; alles, was wir sagen könnten, würde ihn nur noch entschlossener machen. Aber ich werde dir sagen, was wir tun können; wir können selbst gehen und uns um Fairplay kümmern."

„Geh selbst, du verrücktes Mädchen! Woran denkst du?"

„Ich meine, wenn wir anwesend wären, natürlich versteckt und niemandem bekannt, könnten wir rechtzeitig eingreifen, um Blutvergießen zu verhindern, und wenn Ihr Onkel das Schlimmste erleiden sollte, sollten wir sicherlich in der Lage sein, ihn zu retten sein Leben. La Pommeraye konnte ihn in unserer Gegenwart kaum töten. Außerdem sollten wir die seltene Gelegenheit haben, einem Kampf zwischen den beiden besten Schwertkämpfern Frankreichs beizuwohnen", und in den Augen des ungestümen Mädchens glitzerte etwas vom kriegerischen Feuer ihres Kriegers Vorfahren. „Wäre das nicht eine herrliche Chance, Marguerite? Aber wie wir es schaffen sollen, uns in einem offenen Raum wie dem Sillon zu verstecken , weiß ich nicht."

„Oh, was das betrifft", sagte Marguerite, „das wäre leicht zu schaffen. Zehn Meter von der Stelle, an der sie letzte Nacht gekämpft haben, entfernt gibt es eine Stufe, die zum Ufer hinabführt und auf beiden Seiten geschlossen ist. Man nennt sie die „Lovers' Descent" – Claude zeigte es mir eines Tages – und da konnten wir stehen, ohne Angst vor Entdeckung zu haben. Aber ich muss über Ihren verrückten Plan nachdenken. Könnten wir es möglicherweise schaffen, eine Katastrophe zu verhindern? Und selbst wenn es uns gelingen würde, Wäre das nicht nur eine Verschiebung der Angelegenheit? Sie sind entschlossen, sich zu treffen, und wir sollten sie nur umso entschlossener machen – ganz zu schweigen vom Zorn meines Onkels, wenn er unsere Anwesenheit entdeckt. Aber wenn dann, was Sie sagen La Pommeraye ist wahr – und mein Onkel ist allein, und niemand weiß von dem Treffen – ja, Bastienne , ich bin hier. Was ist los?"

Sie unterbrach sich, als eine kleine, stämmige Frau eintrat, die weit über das mittlere Alter hinausging – offenbar eine privilegierte alte Dienerin. Ihre Herkunft war unverkennbar. Sie war eine Bäuerin aus der Picardie, treu, ehrlich, gutmütig und stark wie ein Ochse. Sie hatte ihr ganzes Leben lang im Dienst der Familie von De Roberval gestanden; und einst hatte sie durch ihren Mut und ihre Hingabe tatsächlich seine Burg gerettet, als sie von den Spaniern belagert wurde. Sie waren bis zu den Toren vorgedrungen und hatten ein riesiges Feuer an der Tür des Turms angezündet, von wo aus die Verteidiger erschrocken geflohen waren, als Bastienne ein Fass Pulver ergriff und es direkt in die Mitte des Feuers warf. Um den herum standen die Soldaten und warteten, bis die großen Eichentüren niedergebrannt werden würden. Die Burg erbebte bis in ihre Grundfesten und der Hof war übersät mit Toten und Sterbenden. Der Vorschuss wurde überprüft; De Robervals Männer sammelten sich, stürmten aus der Burg und errangen einen glorreichen Sieg gegen die überwältigende Zahl. Bastienne selbst war von der Explosion schwer erschüttert und hatte bei ihrem Wagemut fast Todesangst. Bis zum Ende ihrer Tage glaubte sie, von den Geistern der unglücklichen Spanier heimgesucht zu werden, denen sie ein so schreckliches Ende bereitet hatte.

Sie stand in der Tür und keuchte vor Anstrengung, die Treppe in ungewöhnlicher Eile hinaufzusteigen.

„ Ma'amselle ", rief sie in einem, wie sie meinte, gedämpften Tonfall aus, während sie mit der geheimnisvollen Miene, als hätte sie etwas Wichtiges mitzuteilen, auf die Mädchen zukam, „ich fürchte, es droht Ärger. Als ich vorbeiging Ich habe gerade im Zimmer des Sieur de Roberval gesehen, wie er mit dem Schwert, das über dem Kopf des Ebers hängt, heftige Angriffe machte. Wenn er nicht vom Teufel besessen ist" – und sie bekreuzigte sich hastig – „muss er sich auf ein Duell vorbereiten, und Auch in seinem Alter! Der Himmel sei uns allen gnädig, wenn ihm etwas zustoßen sollte! Was ist zu tun?"

„Wenn er mit dieser berühmten Klinge übt ", sagte Marguerite und wandte sich mit einem selbstbewussten Lächeln an Marie, „wird Ihr Freund sein ganzes Können brauchen, um ihn zu entwaffnen. Es ist ein großartiger Toledo und hat nie eine Niederlage erlitten. Aber wie Sie sagen", und ihr Gesicht verfinsterte sich erneut, „wir müssen tun, was wir können, um ein tödliches Ende des Duells zu verhindern. Bastienne , seien Sie bereit, mich heute Abend um neun Uhr zu begleiten. Und sagen Sie niemandem etwas davon." Sie haben es gesehen. Ihr Herr hat wahrscheinlich gute Gründe für alles, was er tun mag, und er wäre sehr empört, wenn er glauben würde, dass jemand seine Handlungen beobachtet hätte.

Die alte Frau verließ zurechtgewiesen das Zimmer und murmelte dabei vor sich hin, und die beiden Mädchen machten sich daran, ihre Pläne zu schmieden.

Kurz vor der festgesetzten Abendstunde verließen sie, nachdem sie die alte Bastienne ins Vertrauen gezogen hatten, heimlich das Haus und machten sich auf den Weg zum Treffpunkt, der, wie gesagt, nicht weit entfernt lag. Alle drei hatten sich bald in der engen und engen kleinen Treppe niedergelassen, die Marguerite beschrieben hatte, und warteten ohne große Angst auf die Ankunft der Teilnehmer.

Bastienne zum Schweigen zu bringen . Ein heller Mond schien am klaren Himmel, und vom Kanal wehte eine sanfte Brise, kalt und durchdringend. Die jüngeren Frauen spürten es kaum; aber Bastiennes alte Knochen schmerzten ihrer Meinung nach wie nie zuvor. Durch Drohungen und Bitten gelang es ihnen jedoch, sie zum Schweigen zu bringen; Und das nicht zu früh, denn man hörte einen schnellen Schritt näherkommen, und im nächsten Moment sprach eine fröhliche Stimme dicht neben ihnen:

„Beim Licht des Mondes würde ich sagen, dass ich etwas früher angekommen bin. Es ist jedoch Zeit zum Nachdenken. Es ist immer gut, kurz vor einem Kampf über seine Chancen in der nächsten Welt nachzudenken."

Während er sprach, stellte er sich nur wenige Meter von der Stelle entfernt auf, an der die Mädchen versteckt waren, und begann seine Betrachtungen über die Welt, vor deren Toren er stand, indem er ein lustiges Trinklied trollte. Als es fertig war , stürzte er sich rücksichtslos in ein spanisches Liedchen zum Gedenken an die Niederlage von König Franziskus in Pavia. Dabei wurde er von einer wütenden Stimme an seinem Ellbogen unterbrochen:

„Ein angenehmer Zeitvertreib für einen Sohn Frankreichs – den Ruhm seiner Feinde zu besingen!"

„ So ho!" antwortete La Pommeraye fröhlich: „Monsieurs Zorn ist noch nicht abgekühlt. An die Worte habe ich noch nie gedacht – es war die Luft, die mich mitgerissen hat, und vielleicht auch die schöne Beschreibung, die das Lied über die Haltung von König Franziskus an diesem verhängnisvollen Tag gibt." . Niemand hat mehr Freude an diesem Kampf und bedauert ihn dennoch mehr als ich. Ich habe darin meine Sporen gewonnen und bin heute Abend hier, um sie zu verteidigen. Aber wie geht es der Schönen, derentwegen wir uns treffen? Es ist schade, dass sie sollte nicht ein zweites Mal hier sein, um die tapferen Taten ihres Geliebten mitzuerleben."

"Schurke!" kam die empörte Antwort: „Bevor Sie weitere Beleidigungen aussprechen, seien Sie sich darüber im Klaren, dass Sie von Mdlle. de Roberval sprechen, meiner Nichte, deren Namen Ihre abscheulichen Lippen nicht einmal auszusprechen würdig sind. Zeichne und verteidige dein Leben!"

„Ich vertraue darauf, dass der Sieur de Roberval meinen Fehler verzeihen wird", sagte La Pommeraye und zog sich mit einer Verbeugung zurück, während seine ganze Miene sich in die einer respektvollen Ehrerbietung verwandelte. „Hätte ich die Umstände gekannt, wäre ich nicht so bereit gewesen, Ihnen den zweiten Wettbewerb anzubieten. Im Licht des Mondes habe ich Ihre Jahre verwechselt. Ich bin mir bewusst, dass Ihre Fähigkeiten im Umgang mit dem Schwert zu Recht berühmt sind, aber meine Jugend und Stärke verschafft mir den Vorteil. Nehmen Sie meine demütige Entschuldigung an, Sieur, und lassen Sie uns diesen Streit ohne Schläge beenden. Ich werde St. Malo sofort verlassen, und Sie werden durch meine Anwesenheit nicht an diese äußerst unglückliche Angelegenheit erinnert werden.

Die Stimme des Adligen war vor Wut ziemlich erstickt.

„Zeichne, Feigling!" er zischte. „Es reicht nicht aus, dass Sie in der Person eines schutzlosen Mädchens den ältesten Namen Frankreichs beleidigen müssen, sondern Sie wagen es, einen Mann mit Alter und Ungeschicklichkeit zu verspotten, dessen Schwert dadurch entehrt wird , dass es mit Ihrem gekreuzt wird. Ich wäre dreimal so alt wie ich." es heißt, mein Arm hätte noch die Kraft, die Ehre meines Hauses zu verteidigen. Seid auf der Hut!" Während er sprach, machte er einen heftigen und plötzlichen Ausfallschritt, der einen weniger vorsichtigen Gegner überrascht hätte, und beendete das Duell auf der Stelle.

Es wurde abgewehrt und pariert , und ein kühler, stetiger Gegenstoß durchtrennte die Kordel des Umhangs um De Robervals Schultern.

„Sie kämpfen im Nachteil mit diesem Umhang, Sieur. Ich habe ihn abgenommen", sagte La Pommeraye ohne Verachtung in der Stimme, aber mit einer ruhigen Selbstbeherrschung, die De Roberval verriet, dass er sich tatsächlich in den Händen von befand ein Gegner, dem er nicht gewachsen war.

KAPITEL III

Wären die beiden Kämpfer zu diesem Zeitpunkt nicht so tief in ihre eigenen Angelegenheiten vertieft gewesen, wäre ihnen die Anwesenheit der drei Frauen sicherlich aufgefallen; denn als sie sah, dass ihr Herr seinem Gegner ausgeliefert war, wie sie vermutete, vergaß Bastienne ihre Vorsicht und konnte einen Schrei nicht unterdrücken. Weitere Demonstrationen ihrerseits wurden jedoch sofort im Keim erstickt – wenn man den Ausdruck in Bezug auf Bastiennes guten Picard-Mund gebrauchen kann – durch einen prompten und entschlossenen Handgriff ihrer Herrin. Marguerites scharfes Auge hatte gesehen, dass ihr Onkel noch unverletzt war; und auf keinen Fall darf das Geheimnis ihres Verstecks gelüftet werden. Sie hielt Bastienne fest, bis sie spürte, wie sich die Lippen des alten Dieners unter ihrer Hand verengten, als Zeichen der Unterwerfung unter das Unvermeidliche; und dann, mit einer geflüsterten Warnung und ohne ihren Griff um den Arm der Frau loszulassen, richtete sie ihre ganze Aufmerksamkeit noch einmal auf die Szene vor ihnen. Marie hatte inzwischen La Pommeraye nie aus den Augen gelassen und verfolgte jede seiner Bewegungen mit atemlosem Interesse.

Die beiden Männer standen Fuß an Fuß, Auge in Auge, und beobachteten einander, wie nur erfahrene Schwertkämpfer zuschauen können. Sie schwankten im klaren Licht des Mondes hin und her, ihre Schwerter klirrten und sangen, während sie parierten oder zustießen. De Robervals Gesicht, das zu jeder Zeit faltig und hart gewesen war, hatte jetzt einen Ausdruck teuflischen Hasses. Er war so bleich wie die Häuserwände im Mondlicht, und in seinen Augen glühte ein mörderisches Feuer. Er schien rücksichtslos mit seinem Leben umzugehen und schlug jedes Mal brutal auf seinen Gegner ein, wenn ein Teil seines Körpers unbewacht blieb.

Anders verhielt es sich mit La Pommeraye . Siegessicher lächelte er ruhig über die Wut des anderen und versetzte ihm gelegentlich einen geraden Stoß auf einen Teil des Körpers seines Gegners, der Roberval verriet, wie völlig er in der Macht des gutmütigen Riesen war. Das Mondlicht, das das Gesicht des alten Mannes kalt und steinig machte, schien die schönen Gesichtszüge des jüngeren mit Wärme zu erhellen.

Roberval bemerkte das Lächeln, als das Mondlicht voll auf La Pommeraye schien , und seine Wut steigerte sich. Wild flog er auf ihn zu und stieß mit der Geschicklichkeit zu, die ihn zum angesehensten Schwertkämpfer unter den Adligen Frankreichs gemacht hatte. La Pommeraye musste sich blitzschnell bewegen, um einer Verletzung zu entgehen; und einmal verspürte er tatsächlich ein stechendes Gefühl in der Nähe seines Herzens und erkannte an der Wärme an seiner Seite, dass Blut floss.

Es würde nicht genügen, länger herumzuspielen. Als ob ein Wirbelwind in seinen Arm eingedrungen wäre, zuckte seine Waffe mit solcher Geschwindigkeit hin und her, dass Roberval seinen Hass vergaß und nur daran dachte, den Angriff abzuwehren. Aber es war nutzlos. Einmal, zweimal, dreimal wurde er berührt, so leicht berührt, dass kein Blut floss, und gerade als er sein Schwert auf seinen großzügigen Gegner senken wollte, der offensichtlich mit ihm spielte, sah er einen Blick in La Pommerayes Augen sagte ihm, dass er noch einmal versuchen würde, ihn zu entwaffnen.

Eine solche Schande und Demütigung muss abgewendet werden. Er bereitete sich auf den Kampf vor. Er beschloss, wenn möglich, die Klinge seines Gegners zu binden. Aber ohne Erfolg. Der Trick war alt und normalerweise leicht zu überlisten; aber der Arm, der es jetzt ausübte, war der eines Riesen . De Roberval versuchte vergeblich, sein Schwert zu halten. Sein Handgelenk schien plötzlich zu brennen und zu knacken, und ein Lichtkreis blitzte vor seinen Augen auf. Es war sein Schwert, das ihm aus der Hand gerissen und über die Mauer ins Wasser geschleudert wurde. Ein zitternder silberner Bogen markierte die Stelle, an der er niedergegangen war. La Pommeraye stand mit der gleichen unerschütterlichen Miene da wie zuvor. Er lächelte, wie es nur ein Sieger kann, aber in seinem Lächeln lag weder Verachtung noch Mitleid.

„Man darf mir nie sagen, dass ich geschlagen wurde", sagte Roberval ungestüm, während er einen juwelenbesetzten Dolch aus seinem Gürtel riss.

„Halten Sie Ihre Hand", sagte La Pommeraye streng, als er sah, wie der rasende Mann die Waffe auf seine eigene Brust richtete. „Stell das Spielzeug auf und sei ein Mann. Du wurdest ziemlich geschlagen, genau wie jeder, der mit mir die Schwerter gekreuzt hat. Es ist keine Schande; aber niemand wird erfahren, was heute Nacht hier passiert ist, außer aus deinen eigenen Lippen
."

Aber seine Worte kamen zu spät. Der nach unten blitzende Dolch traf die Brust des verliebten Mannes, der scheinbar leblos zu Boden fiel.

Hinter der Wand ertönte ein wilder Schrei. Es war Bastienne , die sich nicht länger zurückhalten ließ. Aber weder Marguerite noch Marie beachteten sie jetzt, denn beide waren an die Seite des niedergestreckten Schwertkämpfers geeilt.

Er war auf sein Gesicht gefallen, und Marguerite warf sich auf seinen Körper. La Pommeraye hatte schon früher Menschen sterben sehen; er hatte zu seiner Zeit einige getötet, sowohl auf dem Schlachtfeld als auch im Einzelkampf; Aber noch nie zuvor hatte er die gleiche Gewissenserregung empfunden wie jetzt beim Anblick dieses schönen Mädchens, das von dem

Kummer überwältigt war, den er über sie gebracht hatte. Aber seine Schwäche war nur für einen Moment.

„Mademoiselle", sagte er und näherte sich, „vielleicht können wir noch etwas für Ihren Onkel tun. Seine Wunde ist vielleicht nicht tödlich."

Er beugte sich vor, um ihr beim Aufstehen zu helfen, aber sie war ohne Hilfe wieder auf den Beinen und wich von ihm mit dem einen verächtlichen Wort zurück, das sie ihm in der Nacht zuvor zugeworfen hatte: „Feigling!"

La Pommeraye beugte sich über die leblose Gestalt zu seinen Füßen. Als er es ehrfürchtig umdrehte, bemerkte er, dass weder an den Gliedmaßen noch im Gesicht Spuren eines Todeskampfes zu erkennen waren. Der Tod schien plötzlich Einzug gehalten zu haben. Aber nein! er fühlte das Herz, es schlug immer noch! Der Dolch hatte noch nie die Brust durchbohrt! Sein Blick fiel plötzlich auf die juwelenbesetzte Waffe, die auf dem Boden lag.

„Mademoiselle", rief er und ergriff es freudig, „Ihr Onkel ist nur ohnmächtig geworden. Hier ist sein Dolch, unbefleckt von seinem Blut."

Er hielt es dorthin, wo sie einen Moment zuvor gestanden hatte, aber sie war verschwunden, und an ihrer Stelle stand De Pontbriand .

„Ich freue mich, das von Ihnen zu hören", bemerkte dieser. „Es wäre ein schwerer Schlag für seine Nichte gewesen, wenn er durch dein Schwert gefallen wäre."

Ein Stöhnen verriet, dass De Roberval sich erholte. Wenn La Pommeraye ein guter Schwertkämpfer war, war er ein ebenso fröhlicher Lügner. Er erkannte völlig, wie tief Roberval die Schande seiner Niederlage traf.

„Es bestand kaum eine Gefahr, dass er vor meinem Schwert fallen würde", sagte er; „Sein Umhang, der auf den Boden geworfen worden war, verfing sich in seinen Füßen, und er stürzte; und anstatt einem Gegner die Genugtuung zu geben, zu sagen, dass er sein Leben verschont hatte, zog er seinen Dolch, wie ich es unter ähnlichen Umständen hätte tun sollen." Umstände und hätte seine eigene Existenz beendet, aber die Hand der Vorsehung ist auf seltsame Weise eingegriffen.

Er kniete immer noch neben dem gefallenen Mann, und etwas zu seiner Überraschung spürte er, wie seine Hand umklammert und gedrückt wurde, was zeigte, dass seine Erklärung verstanden und akzeptiert worden war.

De Roberval kam bald wieder vollständig zu Bewusstsein. Er versuchte aufzustehen, aber als er seine rechte Hand auf den Boden legte, fiel er stöhnend zurück. La Pommeraye erkannte sofort, was los war. Die Kraft seines Versuchs, De Roberval zu entwaffnen, hatte ihm einen Handgelenksknochen gebrochen.

„Sieur", sagte er, „Sie müssen schwer gestürzt sein, Ihr Handgelenk ist gebrochen."

Dies war der Fall und es war ein glückliches Missgeschick für das Haus Roberval. Das hat ihm das Leben gerettet. Er hatte seinen Dolch gezogen und zum Schlag erhoben, aber dabei hatte er das gebrochene Handgelenk so stark verdreht, dass er durch den plötzlichen Schmerz das Bewusstsein verlor und der Dolch, der kaum seine Brust berührte, zu Boden fiel er im Staub.

„Monsieur, lassen Sie mich Ihnen auf die Beine helfen", sagte La Pommeraye und legte, während er sprach, seinen starken Arm unter den liegenden Edelmann und hob ihn hoch, als wäre er ein Kleinkind gewesen.

De Roberval war wie einer in einem Traum. Er schien kaum zu begreifen, was passiert war, bis er Cartier und Pontbriand daneben stehen sah.

"Was bringt dich hierher?" er hätte fast geschrien.

„Wir hörten den Schrei einer Frau", antwortete Cartier, „und aus Angst, dass einer unglücklichen Schönen ein Missgeschick widerfahren sein könnte, eilten wir zur Rettung."

„Der Schrei einer Frau! Welche Frau?" und De Roberval blickte sich hastig um; aber die drei Frauen waren diskret verschwunden.

noch etwas sagen konnte, wurde er von La Pommeraye unterbrochen , der galant auf ihn zukam und mit gezogenem Schwert sagte: „Lassen Sie mich, Monsieur, Ihnen Ihre Waffe überreichen, die Sie verloren haben, als Sie so unglücklicherweise auf Ihrer ausgerutscht sind." Mantel."

Es war eine Lüge, und De Robervals Blick zeigte, dass er sich dessen bewusst war. Möglicherweise war er sich vage bewusst, dass er sich durch sein Schweigen bereits auf die Erklärung seines großzügigen Gegners eingelassen hatte, oder seine gekränkte Eitelkeit war zu stark, um es ihm zu erlauben, seine Demütigung vor den beiden anderen Männern zu gestehen; auf jeden Fall antwortete er mit einem Versuch der Würde: „Ich danke Ihnen, Monsieur, aber Sie müssen es für mich in die Scheide stecken, da meine rechte Hand hilflos ist."

Ohne ein Wort hob La Pommeraye die Scheide und trieb die Klinge ins Ziel.

„Sie sind großzügig", sagte De Roberval, „und ich hoffe, dass Sie lernen, ebenso ehrenhaft zu sein , wie Sie großzügig sind. Ich bin verwundet und werde mich bald erholen; aber der Kuss, der auf der Wange meiner Nichte brennt, ist eine Wunde, die sie erlitten hat." werde mich nie wieder erholen.

Bei diesen Worten blitzte ein Schwert aus der Scheide, und De Pontbriand stand wild und trotzig vor seinem Freund.

"Also!" Er schrie: „Es war Marguerite de Roberval, die du zu küssen gewagt hast – du, deren Lippen mit den Küssen tausender Lichtlieben verunreinigt sind! Zeichne und verteidige dich!"

„Ziehe, Claude! Niemals!" und er zog seinen Mantel enger um sich, damit man nicht sehen konnte, dass er unbewaffnet war. „Niemals, Claude. Freund in der Liebe, Freund im Krieg, Freund im Tod, selbst wenn dieser Freund den Schlag versetzt . Schlag zu, wenn du willst; ich habe unehrenhaft gehandelt , und keine Hand ist so würdig, Schande zu bestrafen wie die Hand von Claude de Pontbriand .

„Genug davon", unterbrach De Roberval. „Stecken Sie Ihr Schwert, De Pontbriand . Er hat sich entschuldigt , und ich akzeptiere seine Erklärung. Die ganze Angelegenheit entstand aus einem Fehler. Es wäre jedoch gut", fügte er hinzu und wandte sich an Charles, „wenn Ihnen das eine Lektion erteilen würde." über die Unmännlichkeit, jede ungeschützte Frau anzugreifen, die Ihnen zufällig begegnet. Aber wo", und er stoppte plötzlich und warf einen durchdringenden Blick um sich, „ist die Frau, deren Schrei Sie gehört haben? War sonst noch jemand hier?"

„Wir waren in einiger Entfernung, Sieur", sagte De Pontbriand , „als wir den Schrei hörten, und als wir ins Freie kamen, schien es hier sicherlich eine Reihe von Gestalten zu geben, von denen drei verschwanden, als wir uns dem Wald näherten." Schatten der Mauer dort drüben; und als ich mich umdrehte, um nach ihnen zu suchen, war niemand zu sehen.

Tatsache war, dass Maries schnelles Auge die beiden Männer erblickte, als sie ins Mondlicht traten und auf sie zukamen, und wie ein Blitz hatte sie die beiden anderen Frauen in den Schatten der Wand gezogen. In dem Moment, in dem sie die Stimmen erkannten , da sie wussten, dass alles in Sicherheit war, und aus Angst, entdeckt zu werden, ergriffen die beiden Mädchen jeweils einen Arm der alten Bastienne und nutzten die kurze Überraschung, die Claudes Entdeckung der Identität von Charles' Gegner hervorgerufen hatte, aus. Sie waren mit einer Geschwindigkeit, an die die Beine der alten Dienerin völlig ungewohnt waren, zur nächsten Straße zurückgekehrt und hatten keine Ruhe gefunden, bis sie atemlos und keuchend an der Tür ihres eigenen Hauses landeten.

Charles schwieg unterdessen diskret. Er hätte sich vorstellen können, dass er die ganze Szene geträumt hätte, wenn De Pontbriand nicht für den Schrei bürgen konnte. Jedenfalls war jetzt keine Spur mehr von den drei Frauen zu sehen, und nach einer gründlichen Untersuchung aller möglichen Stellen, an denen auch nur eine Maus versteckt gewesen sein könnte, gaben sie die Suche auf. De Roberval sah ein wenig beunruhigt aus.

„Sie müssen sich geirrt haben", sagte er zu Claude. „Es kann sicherlich niemand hier gewesen sein. Auf jeden Fall", fuhr er fort, „muss die Angelegenheit jetzt als beendet betrachtet werden. De Pontbriand , Sie dürfen sich nicht in Streit verwickeln. Wir werden alle unsere guten Männer brauchen, wenn wir." Begeben Sie sich auf diese kanadische Expedition, die ich jetzt im Sinn habe.

"Gut gut!" rief Cartier und warf seine Mütze in die Luft wie ein Schuljunge. „Steig mit deinem Schwert, Claude, und lass uns unseren alten Freund dazu bringen, sich uns anzuschließen; wir werden ihn brauchen. Und, La Pommeraye , hüte dich davor, den Zorn deiner Freunde auf dich zu lenken. Es ist leicht, gegen Feinde zu kämpfen, aber wer seinen Freund zum Feind macht, verliert etwas, das er nie wieder zurückgewinnen kann. Dann lasst uns morgen zusammenkommen und unsere Pläne besprechen."

Innerhalb weniger Minuten hatte sich die Gruppe getrennt. Cartier und De Pontbriand begleiteten Roberval zu seinem Haus, während La Pommeraye seine Schritte von der Stadt abwandte und sich den weiten, mondbeschienenen Feldern zuwandte. Er war unruhig und verstört. Das Bild von Marguerite de Roberval ging ihm durch den Kopf, und er wurde den unbehaglichen Eindruck nicht los, dass hinter Claudes Eifer, ihre Ehre zu verteidigen , mehr steckte als nur ritterliche Galanterie. Und wie kam sie dann so plötzlich auf den Schauplatz des Konflikts? und wohin war sie verschwunden? Er ging die ganze Nacht umher, ohne sich darum zu kümmern, wohin, und war in Gedanken über die geheimnisvollen Umstände vertieft, die das schöne Mädchen umgaben, das einen so starken Eindruck auf seine Fantasie gemacht hatte; und der erste schwache Morgengrauen fand ihn wieder an der Stelle, wo der Kampf stattgefunden hatte. Als er träge über die Mauer blickte, erhaschte sein Blick den Glanz von De Robervals Schwert, fünfzehn Fuß unter der Oberfläche des klaren Wassers. Niemand war in der Nähe. Im Nu wurde er ausgezogen. Er machte einen schnellen Sprung und im nächsten Augenblick war das Schwert in seiner Hand. Als er in die Stadt zurückkehrte, wartete er, bis es heller Tag war, und ging dann mit eifrigen Schritten zu dem Haus, in das er zwei Nächte zuvor die bewusstlose Gestalt von Marguerite getragen hatte. Er hämmerte an die Tür und wartete, unsicher, was er sagen oder tun sollte, und zum ersten Mal in seinem Leben schüchtern wie ein Schuljunge. Der alte, mürrische Diener, der die Tür öffnete, teilte ihm knapp mit, dass sein Herr noch im Bett liege.

„Sagen Sie ihm " , sagte er, „dass Charles de la Pommeraye ihn möglichst in seinem eigenen Zimmer sehen möchte."

Einen Augenblick später kehrte der Diener zurück, führte ihn durch eine lange und dunkle Halle und brachte ihn in eine Kammer, in der Trophäen des Kampfes hingen. Auf einem Sofa in der Mitte , das mit schweren Vorhängen überhängt war, lag de Roberval abgemagert und erschöpft, nachdem er offensichtlich eine schlaflose Nacht verbracht hatte.

„Geh, Jean", sagte er und winkte seinem Diener zu.

Als die Tür geschlossen war, trat La Pommeraye vor, verneigte sich und sagte: „Monsieur muss meinen Besuch verzeihen, aber ich habe sein Schwert herausgefischt und dachte, es wäre das Beste, es ihm sofort zu bringen. Ah, ich sehe meins auf dem Boden!" Es wurde nicht oft so behandelt; aber es wurde in einem unehrenhaften Streit eingesetzt und verdient Schande ."

Während er sprach, nahm er es liebevoll auf und steckte es in die Scheide.

De Roberval hatte Tränen in den Augen, als er seine geliebte Klinge in die linke Hand nahm, aber seine Stimme war hart und kalt.

„Ich danke Ihnen, Monsieur", antwortete er kühl. „Sie fügen den Verpflichtungen, die Sie mir bereits auferlegt haben, eine weitere hinzu."

La Pommeraye sah, wie viel Mühe es den Edelmann gekostet hatte, auch nur dieses geringfügige Geständnis abzulegen. Es war, als würde er den bittersten Schierling verschlucken, um seine Schuld gegenüber dem Mann anzuerkennen, der ihn besiegt hatte und dessen Großzügigkeit ihn vor der Schande bewahrt hatte. Der junge Abenteurer war klug genug zu erkennen, dass er seine Eitelkeit und seinen Stolz nicht weiter verletzen durfte, wenn er die Gunst des Onkels von Marguerite gewinnen wollte. Er hielt es für ratsam, sich zurückzuziehen, und nachdem er in wenigen Worten sein Bedauern über die Gedankenlosigkeit zum Ausdruck gebracht hatte, die der Grund für die unglückliche Angelegenheit gewesen war, wollte er gerade das Zimmer verlassen, als De Roberval ihn zurückrief.

„Bleiben Sie", sagte er, „ich habe viele Schlachten geschlagen, aber letzte Nacht habe ich mit dem ehrenhaftesten, wenn auch gedankenlosesten Mann Frankreichs gekämpft . Heute Nachmittag um vier Uhr treffen sich Cartier und De Pontbriand mit mir, um darüber nachzudenken Expedition nach Kanada. Nehmen Sie an unseren Beratungen teil; wir können nur von der Erfahrung und dem Mut eines so angesehenen Soldaten profitieren, der mit der Neuen Welt so gut vertraut ist.

La Pommeraye verneigte sich und befand sich wieder auf den Straßen, wo das Leben gerade erst zu regnen begann. Bald war er in dem Gasthof angekommen, in dem er seit Jahren in St. Malo Zuflucht gefunden hatte, und nach einem Frühstück, das Goliath selbst zufrieden gestellt hätte, ging er in sein Zimmer, um sich vierzig Mal zu zwinkern, um ihn für weitere Abenteuer zu stärken und zu erfrischen.

———————————

KAPITEL IV

Wenige Minuten vor der von Roberval bestimmten Stunde erschien La Pommeraye vor dem Haus, das nun zu einer Art Magnet für seine Füße geworden war. Im Allgemeinen war er aufgrund seiner Nachlässigkeit unpünktlich und hatte nicht selten Gegner auf sich warten lassen, wenn ihm ein Duell bevorstand. Heute Abend jedoch hoffte er, einen Blick auf Marguerite zu erhaschen, und das veranlasste ihn, seinen Termin einzuhalten. Als er die gegenüberliegende Straßenseite entlangging, blickte er durch die Fenster, aber niemand schien seinen gespannten Blick zu erwidern. Mit klopfendem Herzen wie das eines Schuljungen, dem ein schönes Mädchen zugelächelt oder die Stirn gerunzelt hat, ging er langsam seine Schritte zurück zur schweren Eichentür. Sein Klopfen wurde von demselben alten Diener beantwortet, der ihn am Morgen aufgenommen hatte, und er wurde in ein großes, aber sehr schlicht eingerichtetes Zimmer geführt, wo De Roberval an einem mit Papieren und Diagrammen bedeckten Tisch saß. An den Wänden des Raumes hingen Bilder von der Jagd, vom Schlachtfeld und von religiösen Themen – die Brutalität des Krieges stand seltsamerweise Seite an Seite mit der sanften Madonna und dem sanfteren Christus. In einer Ecke stand eine Bacchus-Statue, in einer anderen ein Totenkopf mit gekreuzten Knochen. Hier und da waren Jagdtrophäen verstreut; und ein Paar gekreuzte Schwerter überragten ein Elfenbeinkruzifix, das über einem abgenutzten *Prie-Dieu hing* .

„Eitelkeit und Ehrgeiz", sagte sich La Pommeraye , als er sich im Raum umsah.

Die Worte fassten De Robervals Charakter gut zusammen. Er wollte keinen Mann in der Nation haben, der größer war als er. Als das berühmte Treffen auf dem „Feld des Goldtuchs" zwischen Ardres und Guines in der Picardie stattfand, bemühten sich alle Adligen, mit der Pracht ihres Königs Heinrich VIII. mitzuhalten. und Franz I., und sie kamen zu dem Treffen, wie Martin du Bellay sagte, „und trugen ihre Mühlen, ihre Wälder und ihre Wiesen auf dem Rücken dorthin". Unter ihnen allen war Jean François de la Roque, Sieur de Roberval, der strahlendste. Er war von kleiner Statur und im Umgang mit dem Schwert behindert. aber durch geduldige Übung hatte er diesen Mangel wettgemacht und sich den Namen des geschicktesten Schwertkämpfers Frankreichs erworben. Diesen Ruf hatte er gegenüber allen Ankömmlingen aufrechterhalten, bis er den Mann traf, der jetzt mit ihm zusammen war. Er beneidete den König um sein dichterisches Talent und hätte ihn in der Kunst der Poesie am liebsten übertroffen. Aber selbst mit Clement Marots Hilfe war es ihm überhaupt nicht gelungen, die wankelmütige Muse zu umwerben. Er hatte jedoch seinen Geist so sehr bewahrt, dass seine Herrscherin, die brillante Marguerite de Nevarre , und der Meisterintellektueller dieser Zeit, Rabelais, sich alle an seiner Gesellschaft erfreuten; und wegen seiner Fähigkeiten in so vielen Bereichen und seines offensichtlichen Ehrgeizes hatte Franziskus ihn humorvoll „Der kleine König von Vimeu " getauft. Eines quälte sein ehrgeiziges Herz: König konnte er nicht sein. So stark, so intellektuell und so beliebt er auch sein mag, Franziskus konnte vom Thron aus immer auf ihn herabblicken.

Obwohl Cartier ein stumpfer Seemann war, hatte er die Natur des Mannes genau erkannt und in seinem Bemühen , ihn für seine Sache zu gewinnen, auf die Gelegenheit hingewiesen, die ihm die Neue Welt bieten würde, als absoluter Monarch nicht über eine Provinz, sondern über einen Kontinent der Unbegrenztheit zu regieren Umfang und Reichtum. Roberval erwischte wie ein dummer Gründling den Köder und war in seinem eigenen Kopf fest entschlossen, das Wagnis zu wagen. Aber um sie von seiner Bedeutung zu beeindrucken, hatte er De Pontbriand und La Pommeraye zu diesem Treffen eingeladen, um die Angelegenheit mit ihnen zu besprechen und sie von dem Opfer zu überzeugen, das er für sein Land bringen würde, und von seinem Widerwillen, das alte Frankreich zu verlassen.

Trotz der Eitelkeit und des Ehrgeizes des Mannes waren die Begeisterung, der Mut und der Wille, die De Roberval in alles steckte, was er unternahm, bewundernswerte Eigenschaften, und als La Pommeraye da stand, blickte er in seine stahlgrauen Augen und bewunderte seine glatte, hohe und feine Stirn Mit seinem gemeißelten Mund hatte er das Gefühl, in der Gegenwart eines geborenen Anführers der Menschen zu sein.

Roberval erwiderte seine Begrüßung mit einer Strenge, auf die Charles kaum vorbereitet war.

„Herr ist in meinem Haus willkommen", sagte er kühl. „Aber warum hat er so lange gebraucht, um sich zu entscheiden, einzutreten? Ich habe Sie", fügte er hinzu und richtete seinen scharfen Blick auf den jungen Mann gerichtet, „zweimal auf der anderen Straßenseite vorbeigehen."

Die Worte waren recht einfach, aber der Ton verriet La Pommeraye , dass in ihnen eine Welt voller Bedeutung steckte. Wenn er mit dem Schwert fertig sein könnte , könnte er auch mit der Zunge bereit sein.

„Sieur de Roberval", sagte er und begegnete dem Blick des Edelmanns mit offenem, direktem Blick, „ich bin nicht dumm. Ich sehe, dass Sie den Sinn meines Handelns erkannt haben, und auch wenn es Ihren Zorn auf mich lenkt. " Kopf, ich werde mich dir gestehen. Deine Nichte war der Grund dafür, dass ich an dir vorbeigegangen bin und unhöflich auf deine Fenster gestarrt habe. Ich liebe sie, und wenn nicht bereits ein bevorzugterer

Verehrer ihr Herz gewonnen hat, habe ich geschworen, mich ihrer würdig zu erweisen Hand, wenn Gott es will.

"Schweigen!" schrie De Roberval fast. „Wenn Gott es tausendmal will, wird es nie geschehen. Ich werde dagegen sein. Aber warum Worte verschwenden?" fügte er in ruhigerem Ton hinzu. „Meine Nichte würde dich verschmähen wie einen von Cartiers Wilden."

„Zuerst habe ich keinen Zweifel", erwiderte Charles mit großer Höflichkeit. „Aber wie Sie sagen, wir verschwenden Worte. Wir haben uns getroffen, um uns über ein großes Unterfangen zu beraten, und ich habe Ihnen meine Absichten mitgeteilt, damit es zwischen uns keine Doppeldelikte geben darf. Sie kennen mich und wissen, was ich beschlossen habe." zu tun haben, und wenn Sie nicht möchten, dass ich mich Ihnen an diesem Unternehmen anschließe, können Sie mich jetzt ausschließen. In Frankreich gibt es für mein Schwert jede Menge Arbeit oder wird es bald geben, ohne dass ich es in ein Land bringen muss, wo es arbeiten wird nur Rost in der Scheide."

Bevor de Roberval antworten konnte, hallte ein heftiges Klopfen durch das Haus, und man hörte Cartiers Stimme, die Jean fragte: „Ist dein Herr drinnen?"

„Ja, das ist er, Monsieur, aber ich bezweifle, dass er Sie empfangen wird. Entweder der Kaiser oder unser geliebter König Franziskus ist bei ihm."

„Warum denkst du das, ehrlicher Jean?" sagte De Pontbriands Stimme.

„Warum", antwortete der alte Diener, „er hat zu meinem Herrn geantwortet! Ich habe ihn mit meinen eigenen Ohren gehört, und ich dachte, dass nicht einmal der König selbst das tun würde."

„Nun, Jean, er hat versprochen, uns heute Abend zu treffen; also, ob König oder nicht, zeigen Sie uns sein Zimmer."

Antwort abzuwarten, drängten sie zur Tür von Robervals Zimmer, die leicht geöffnet stand. Bevor sie klopfen konnten, öffnete De Roberval es und rief dabei: „Willkommen zu unserer Konferenz."

„Siehe, der König!" Er fuhr fort und zeigte lachend auf La Pommeraye . „Jean ist ein seltsamer Kerl. Ich fürchte, ich hätte ihn in der Picardie zurücklassen sollen; seine Zunge wedelt zu sehr. Aber dieses Mal hat er nicht viel Unrecht. Der Mann, der De Roberval besiegen könnte, ist tatsächlich ein Monarch unter Männern."

Während er sprach, klang seine Stimme wie Stahl; Cartier und De Pontbriand sahen sich an und beide fragten sich, welches Schicksal er für La Pommeraye bereithielt .

„Aber", fuhr er fort, „wir haben heute Abend viel Arbeit vor uns, lasst uns uns sofort damit befassen. Ich hoffe, Cartier, du hast deine Karten mitgebracht und du, De Pontbriand , deine Notizen."

„Das haben wir", sagten die beiden Männer im Chor; „Und", fügte Cartier hinzu, „was wir weggelassen haben, wird La Pommeraye liefern können, der auf der Suche nach Abenteuern mehrere Monate lang in den Urwäldern umherwanderte."

Die vier Köpfe studierten bald eifrig eine grobe Karte, die Cartier auf dem Tisch ausgebreitet hatte. Sie betrachteten es aufmerksam: Charles und Claude mit der liebevollen Erinnerung an Männer, die diese fernen, fast unbekannten Länder besucht hatten; Cartier mit der Freude eines Mannes, der den Kontinent vor sich hatte, den er für seinen König beansprucht hatte; und Roberval mit dem Eifer eines Menschen, der im Begriff ist, ein gewaltiges Unterfangen zu wagen, das sein Vermögen ruinieren oder ihn zum berühmtesten Mann seines Landes machen könnte.

Die scharfen Augen des Edelmanns bemerkten die mächtigen Flüsse und breiten Golfe und spürten, dass sie bereits seine eigenen waren. Die Weite der großen unbekannten Welt erfasste ihn. Die Wälder der Picardie lagen wie Stoppeln neben diesen ununterbrochenen bewaldeten Landstrichen; und der mächtigste Fluss Frankreichs war nur ein plätschernder Bach, wenn man ihn mit dem riesigen Fluss Hochelaga vergleicht, der sich über unbekannte Meilen landeinwärts erstreckte.

Cartier hatte sein Gesicht beobachtet und gesehen, dass er völlig von dem Unternehmen überzeugt war; aber Roberval täuschte einen Mangel an Begeisterung vor. Er wandte sich von der Karte ab und sagte mit gespielter Gleichgültigkeit: „Mir gefällt das Aussehen des Landes nicht. Wälder und Wasser, Wasser und Wälder sind alles, was Sie darauf markiert haben. Ich bevorzuge ein Land mit fruchtbaren Feldern und einer zivilisierten Gesellschaft."

„Aber, edler Sieur, Sie irren sich. Es sind nicht nur Wälder und Wasser. In dieser mächtigen Baie des Chaleurs wimmelt es von Fischen. Wir füllten unsere Boote, während wir vorbeifuhren, und hat sich ganz Europa an eine Fischdiät gewöhnt, die eine einzige Bucht ihnen bieten könnte." . Und die Wälder, Sieur! Sie wimmeln von Tieren. Nerze, Otter, Biber, Füchse gibt es dort so zahlreich wie Schafe und Ziegen bei uns, und sie sind ebenso leicht zu fangen. Es würde keine Mühe geben, ihre Häute zu bekommen, oder Zeit verlieren Auch bei der Jagd auf sie. Die Indianer brachten Hunderte von Fellen mit, und alles, was wir ihnen im Gegenzug geben müssten, wären ein paar Glasperlen, Metallringe, bleierne Bilder oder ein paar bunte Kleidungsstücke."

"Genug genug!" sagte De Roberval ungeduldig. „Sie reden, als wären Sie in der Niederlassung eines Kaufmanns aus St. Malo und nicht im Haus eines Adligen aus der Picardie."

Claude sah, dass Cartier über das Ziel hinausgeschossen war, und kam ihm zu Hilfe.

„Der Sieur de Roberval", sagte er, „muss den guten Meister Cartier begnadigen. Er hat den Reichtum anderer Länder so lange nach Hause gebracht, dass er dazu neigt, den Wert eines Landes anhand der Menge an Reichtum zu beurteilen, in die es hineingesteckt werden kann." die Schatzkammer Frankreichs."

„Eine sehr lobenswerte Denkweise und eine, die der gute König Franziskus als erster billigen würde", antwortete der Edelmann in einem sanfteren Ton.

„Ja", sagte Claude, „aber nicht das Einzige, was es zu bedenken gilt. Dieser Handel bietet uns die größte Chance, die jemals ein Volk hatte. Die ganze Neue Welt ist vom erniedrigendsten Heidentum durchdrungen. Die Indianer haben keine Vorstellung von Gott, oder." der Heiligen Jungfrau oder von Christus. Und, Sieur, während der Schatz aus den Bächen und dem Wald uns auf Erden Lohn bringen mag, werden uns die unzähligen Seelen, die wir in den Himmel führen können, in der Ewigkeit Kronen einbringen."

Claude war kein Heuchler. Er hatte begonnen, über die spirituelle Seite des Unternehmens zu sprechen, mit dem besonderen Ziel, Cartiers Argumentation zu untermauern; aber er war ein gläubiger Katholik, und seine Lippen spiegelten nur das wider, was in seinem Herzen war.

„ Pontbriand ", antwortete Roberval, „du flehst wie ein heiliger Vater. Wir müssen dir den Kopf rasieren und dir ein schwarzes Gewand geben. Aber in dem, was du sagst, ist etwas dran; obwohl es enorme Anstrengungen erfordern würde, das Christentum in einem solchen Land wirksam zu verbreiten." Reichtum."

„Das stimmt, edler Sieur", sagte Cartier hastig, „und wenn der Wald und der Bach nicht ausreichend nachgeben , müssen wir ihn aus der Erde graben."

„Was meinen Sie? Haben Sie weitere Informationen über den Mineralreichtum der Neuen Welt? Die letzten, die Sie mir gegeben haben, waren von geringem Wert. Ihr Edelmetall hat sich als weniger wertvoll als Blei erwiesen, und Ihre Diamanten als Quarz. Sehen Sie", sagte er sagte und erhob sich: „Wie wirkt sich diese Säure auf Ihr Gold aus?"

Er nahm aus einem Regal ein Stück Metall, das Cartier ihm geschickt hatte.

„La Pommeraye ", sagte er, „du musst meine rechte Hand sein und dieses Fläschchen entkorken."

Man ließ einen Tropfen der Flüssigkeit auf das Metall fallen, das sich sofort verfärbte .

„Nein, nein!" rief Roberval aus. „Sie müssen einen anderen Köder ausprobieren. Ich werde nicht in der Hoffnung auf Gold nach Kanada reisen."

„Ich möchte Ihnen nicht widersprechen, Sieur, aber testen Sie diesen Klumpen." und während er sprach, reichte ihm Cartier ein Klumpen in der Größe eines Eies.

Nervös ergriff Roberval es. Es hat den Test bestanden.

"Wo!" rief er mit aufgeregter Stimme: „Hast du das verstanden?"

„Von Donnacona , von dem Sie gehört und den Sie tatsächlich selbst gesehen haben."

„Und wo hat Donnacona es her?"

„Weit westlich von seinem Zuhause in Stadacona und auch von Hochelaga."

„Ich muss ihn sofort sehen", sagte Roberval.

„Das wird schwierig, Sieur", antwortete Cartier. „Er ist im Himmel."

„Tot, ist er? Nun, was wird uns dieses Nugget nützen?" sagte Roberval voller Abscheu und Enttäuschung. „Wir könnten jahrhundertelang suchen, bevor wir seinen Partner finden."

„Stimmt, Sieur, aber dort, wo einer gefunden wurde, sind wahrscheinlich noch andere. Außerdem habe ich hier etwas, das uns bei unserer Suche helfen könnte."

Während er sprach, entrollte er eine kostbare Karte, die er mit einer groben Waffe, etwa einer Pfeilspitze aus Feuerstein, in die Birkenrinde geritzt hatte.

„Ich habe das vor fünf Jahren von Donnacona bekommen und habe es bis zu diesem Moment vor der Welt geheim gehalten, aus Angst, dass ihm Unheil widerfahren könnte."

Er breitete es auf dem Tisch aus und auf einer Ecke lag das verlockende Nugget.

Es war eine wunderbare Karte; die Karte einer unbekannten Welt voller Wunder.

„Zumindest in diesem Teil kann ich schwören, dass dies wahr ist", sagte Cartier. „Dies ist Hochelaga, und hier sind die schwierigen Stromschnellen darüber markiert. Diese fünf Binnenmeere gibt es ohne Zweifel. Viele Indianer haben mir von ihnen erzählt; und sehen Sie, Sieur, dieses ist unvollständig. Donnacona sagte mir, dass kein Indianer sie hatte hat jemals sein Ende erreicht; und doch gibt es unter den Indianern Geschichten über reich gekleidete Männer einer anderen Rasse und Hautfarbe , die jenseits dieser riesigen westlichen Gewässer leben. Ich möchte bei einem so großen Unterfangen keine Vermutungen anstellen, aber scheint das nicht wahrscheinlich? Wir haben endlich den Weg nach Osten und zum Königreich des Großkhans vor uns?

„Genug, genug, Cartier!" sagte Roberval lachend. „Sie sind zu enthusiastisch. Was werden Sie als nächstes anbieten? Wir haben bereits Pelze, Fische, Holz, Gold, Silber, Edelsteine und Indianerseelen gehabt. Sie müssen denken, dass ich eine große Versuchung brauche, um in dieses Unternehmen gelockt zu werden. Aber Was haben wir hier nördlich dieses Ozeans?"

„Ich freue mich, dass Sie das bemerkt haben", antwortete Cartier. „Diese groben Markierungen sind die Minen. Sie sind von großem Alter; und Donnacona , der keine Ahnung vom Wert der Edelmetalle hatte, sprach von den Männern der alten Zeit, die nach Metall gruben, wie wir es an unseren Fingern trugen, und um uns herum." Er hatte eine große Verachtung für solchen Schmuck und stand, als wollte er uns mit ihrer Wertlosigkeit beeindrucken, auf den Höhen von Stadacona und zeigte voller Stolz auf die Wigwams seines Stammes, die sich am Fuße der Klippe versammelten: „Aber, ' Er sagte: ‚Die Männer, die das Metall bearbeitet haben, sind nicht mehr. Mächtige Eichen wachsen aus der Erde, in der sie schufteten.'"

Roberval schien dieser langen Ansprache kaum Beachtung zu schenken. Er blickte aufmerksam auf die Karte und hob den Blick nicht, bis die Stimme von La Pommeraye , der bisher geschwiegen hatte, an sein Ohr drang.

„Was Cartier Ihnen erzählt hat, Sieur, ist wahr. Auch ich habe die gleichen Geschichten aus sehr unterschiedlichen Quellen gehört. Aber meiner Meinung nach haben Cartier und De Pontbriand bei der Befürwortung ihrer Expedition den wichtigsten Gesichtspunkt außer Acht gelassen: Spanien bereits in der Neuen Welt. Cortez hat Schiffsladungen voller Gold aus Mexiko mitgebracht; Ponce de Leon, Garay , Vasquez de Ayllon und Hernando de Soto haben alle Geschichten von Schätzen und Wundern mit nach Hause gebracht; und wenn Frankreich sich nicht beeilt, wird es sich selbst finden eine der schwächsten europäischen Mächte. Bauen wir außerdem eine Nation in der Neuen Welt auf, dann wird es vielleicht noch mehr Kämpfe geben. Die Kriegsgerüchte , die in Frankreich die Runde machen, sind bloßes Frauengerede. Meine Klinge rostet ein die Scheide, und jetzt, wo der Kaiser und König Franziskus sich gegenseitig Komplimente machen wie zwei Schulmädchen, wird das wohl noch lange so bleiben. Aber in der Neuen Welt wird es eine glorreiche Gelegenheit für einen Kampf mit Spanien geben. Der Spanier beansprucht bereits das Ganze von Amerika und wird um jeden Zentimeter davon kämpfen. Ein starker Mann könnte an den Ufern des Hochelaga ein mächtiges Reich gründen und alle Kämpfe führen, die sein Herz begehrt. Ich würde gerne Leutnant eines solchen Mannes sein.

„Und Sie werden es sein", sagte De Roberval bestimmt. „Meine Herren, ich habe mich entschieden. Morgen reise ich ab, um ein Interview mit König Franziskus zu führen. Treffen Sie mich in drei Wochen hier, und ich werde über meinen Erfolg berichten. Er schuldet mir eine hohe Schuld und wird, daran habe ich keinen Zweifel, fit sein." Raus und bemannt eine Flotte für uns und gebt mir die volle Macht über Kanada.

Die drei Männer standen auf. Cartier und De Pontbriand verabschiedeten sich und verließen den Raum; Doch bevor La Pommeraye ihnen folgen konnte, hielt ihn die Berührung von Robervals Hand auf seiner Schulter fest. Die Tür schloss sich hinter den anderen beiden, und Roberval bemerkte, ohne seinen Platz wieder einzunehmen, in einem nicht unfreundlichen Ton:

„Du bist ein mutiger junger Mann! Ich bewundere deinen Mut und werde froh sein, dass du mich bei dieser Expedition begleitest. Aber eines muss ich deutlich verstanden haben: Diese romantische Bindung, von der du glaubst, dass du sie für meine Nichte hegst – ich muss nein hören." mehr davon. Du hast sie nur einmal gesehen und unter Umständen, die es unwahrscheinlich machen, dass du sie jemals wiedersehen wirst. Deine Zeit wird voll und ganz mit den Vorbereitungen für unsere Abreise beschäftigt sein; was sie betrifft, werde ich dafür sorgen, dass sie St. Malo verlässt sofort. Gehen Sie jetzt und beweisen Sie, dass Sie tatsächlich ein Mann von Ehre sind, indem Sie versuchen, sie nicht mehr zu sehen. Ich warne Sie, Sie werden den Tag bereuen, an dem Sie meinen Willen kreuzen.

Der junge Soldat verneigte sich lediglich schweigend und verließ den Raum. Als er die lange Halle betrat, bemerkte er zwei Gestalten, die im trüben Licht am anderen Ende dicht beieinander standen. Sie schienen in ein intensives Gespräch vertieft zu sein. Er erkannte Claude und sein Herz sank in ihm zusammen, denn er dachte, die zweite Figur sei Marguerite. De Roberval folgte ihm dicht auf den Fersen, und mit dem großzügigen Impuls, seinen Freund zu beschützen, platzierte Charles seine gigantischen Ausmaße direkt vor dem kleinen Edelmann. Aber als sie die Straßentür erreichten, war er erfreut, Marie dort stehen zu sehen, offenbar um sich von Claude zu verabschieden.

„Wo ist Marguerite?" sagte De Roberval streng.

„In ihrem Zimmer, Sieur."

„Ich dachte, ich hätte sie gerade hier gesehen."

„Sie müssen mich mit ihr verwechselt haben, Sieur", antwortete Marie ohne Zögern, „da ich sie gerade erst verlassen habe."

„Seltsam", dachte La Pommeraye , als die beiden jungen Männer gemeinsam das Haus verließen, „dass wir beide den gleichen Fehler gemacht haben; aber zweifellos dachten wir beide an sie. Aber dieses schöne Mädchen im Flur ist nicht der Stil von." Schönheit, von der ich gedacht hätte, dass sie Claude anziehen würde. Umso besser für mich. Die Luft ist jetzt klar, hoffe ich."

„Claude", sagte er, nachdem sie schweigend ein kleines Stück zurückgelegt hatten, „ich sah Sie, als ich in die Halle kam. Sie schienen ein sehr spannendes Gespräch mit dieser schönen Dame zu führen – einer Freundin von Mademoiselle de Roberval, Ich schließe. Darf ich nach ihrem Namen fragen?"

Claude antwortete einige Augenblicke lang nicht, und La Pommeraye bemerkte, dass sein Gesicht einen Ausdruck von Angst und Zweifel trug. Schließlich sagte er:

„Das ist Madame de Vignan – das Mündel des Sieur de Roberval. Sie lebt bei ihm und ist die ständige Begleiterin seiner Nichte."

„Marie de Vignan ?" rief Charles aus. „Die Tochter von Aubrey de Vignan , die vor fünf Jahren im Kampf gefallen ist?"

"Das gleiche."

„Ich hätte gewusst, dass sie es war! Doch wie konnte ich das erkennen? " sie? – Ich habe sie nicht mehr gesehen, seit ich sie in meinen Armen hielt, eine schelmische kleine Elfe von fünf Jahren, als ich ständiger Besucher im Haus ihres Vaters war. Es war ein zweites Zuhause für mich – tatsächlich mehr ein Zuhause, als ich es jemals zuvor oder seitdem anderswo gekannt habe. Und das ist mein kleiner Freund und Spielgefährte! Ich gratuliere dir, Claude. Wenn sie etwas von der Natur ihres Vaters und der Freundlichkeit ihrer Mutter geerbt hat, wird sie tatsächlich ein Juwel sein.

Zu seiner Überraschung gab Claude keine Antwort; und die beiden Freunde gingen schweigend weiter. La Pommeraye stellte keine weiteren Fragen, und sein Freund hatte offenbar keine Lust, weitere Auskünfte zu erteilen. Sie überholten Cartier kurz darauf, der auf sie wartete, und der Vorfall geriet bei der Diskussion ihrer Pläne für die geplante Reise vorerst in Vergessenheit.

KAPITEL V

Drei anstrengende Wochen zogen sich dahin. Cartier wartete ungeduldig auf konkrete Informationen über die Haltung des Königs gegenüber der kanadischen Expedition, während Charles und Claude beide aus jeweils eigenen Gründen auf die Rückkehr von De Robervals Nichte und seinem Mündel hofften, die er mit nach Fontainebleau genommen hatte. Die drei Wochen verlängerten sich zu einer vierten, die vierte zu einer fünften, und die Abenteurer begannen zu verzweifeln, als der treue Jean in dem Gasthaus erschien, in dem Charles und sein Freund untergebracht waren, und eine Nachricht seines Herrn überbrachte.

De Roberval war zurückgekehrt und der Erfolg hatte seine Bemühungen gekrönt. Der König hatte ihm die volle Macht gegeben, Vorbereitungen zu treffen – aber sie mussten sofort zu ihm kommen, um Anweisungen zu erhalten und aus seinen eigenen Lippen die Großzügigkeit ihres edlen Monarchen zu hören.

Eifrig beeilten sich die beiden jungen Männer, Cartier die gute Nachricht zu überbringen; und die drei gingen zu Robervals Haus, wo sie ihn in bester Stimmung vorfanden. Er hatte mehr bekommen, als er verlangt hatte. Anne de Montmorency war beim König gewesen, und eine Freundschaft, die auf „Das Feld des Goldtuchs" begonnen hatte, hatte ihn zu einem glühenden Anhänger des kleinen Adligen aus der Picardie gemacht.

Der König wurde für die glorreiche Sache gewonnen, das französische Territorium auszudehnen und Seelen zu gewinnen. Er befahl Roberval, nach St. Malo zurückzukehren, seine Vorbereitungen zu beschleunigen, seine Mannschaften einzusammeln und auf seinen offiziellen Auftrag zu warten, der ihm folgen würde, sobald die notwendigen rechtlichen Schritte eingeleitet werden könnten. In der Zwischenzeit verlieh ihm ein eigenhändig unterzeichneter Brief des Königs alle Macht, die er brauchte.

„Sie sind dabei, eine neue Welt für Frankreich zu errichten", hatte er zu Roberval gesagt; „Unser Recht auf Kolonisierung ist dort fest verankert, und das Schwert und das Kreuz werden uns stark machen. Um Sie mutig in den Armen und fest im Glauben zu halten, überreiche ich Ihnen dieses Schwert, das der heilige Bayard mit dem auf meine Schultern gelegt hat." Worte: „Wer gekrönt, geweiht und mit vom Himmel herabgesandtem Öl gesalbt wurde, der älteste Sohn der Kirche, ist Ritter über alle anderen Ritter" – und mit diesem goldenen Kreuz, das ein Fragment des wahres Kreuz – diese Spuren darauf stammen von spanischen Schlägen; dreimal hat es mir auf dem Feld von Pavia voller unglücklicher Erinnerungen das Leben gerettet – mit diesem

Talisman können Sie hoffen, im großen Land Norembega erfolgreich zu sein
.

Die drei begeisterten Zuhörer gratulierten ihm zu seinem Erfolg, aber ohne sie zu beachten, fuhr er fort: „Das ist noch nicht alles. Hören Sie den Inhalt dieses Briefes, unterzeichnet mit seiner königlichen Hand. Eine Flotte soll sofort ausgerüstet werden; die Gouverneure von alle Provinzen sollen bei der Beschaffung von Waffen helfen; und ich" – der kleine Adlige schien einige Zentimeter zu wachsen, als er die Worte aussprach – „Ich bin zum Lord von Norembega , Vizekönig und Generalleutnant in Kanada, Hochelaga, Saguenay, Neufundland, ernannt worden. Belle Isle, Carpunt , Labrador, die Great Bay und Baccalaos .

Als er diese imposante Liste von Titeln durchlief, überwältigte ihn La Pommerayes Sinn für Humor . Das raue, wenig einladende Land, das er so gut kannte, erhob sich deutlich vor ihm; und die hochtrabenden Begriffe, mit denen es überhäuft wurde, minderten seine Robustheit in keiner Weise. Er wandte sich an Roberval und rief mit einem fröhlichen Funkeln in seinen blauen Augen: „König Franziskus ist wirklich großzügig, edler Sieur de Nor – Sie müssen die Zunge und das Gedächtnis eines Soldaten verzeihen; ich werde Ihre Titel kürzen müssen – Sieur des Universums." ; aber es gibt Schwierigkeiten auf dem Weg. Ich habe die Fischer und Seeleute von St. Malo erkundet, und keiner scheint bereit zu sein, als Siedler den stürmischen Atlantik zu überqueren. Wenn wir sie wegen Fischen, Pelzen oder Gold hinüberlocken könnten, dann wäre das der Fall Nun ja, aber alle fürchten sich vor der heftigen Kälte und dem Skorbut, dem so viele ihrer Gefährten bereits erlegen sind.

„Es spielt keine Rolle", sagte Roberval; „Ich habe die volle Macht, Männer großzuziehen, und die kräftigen Bettler – und, wenn alle anderen Ressourcen versagen, die Bewohner unserer Gefängnisse – werden gezwungen, an Bord meiner Schiffe zu gehen."

„Sieur, das wird ein gefährliches Experiment", unterbrach Cartier. „Ich hatte auf meiner letzten Reise drei Kriminelle bei mir, und sie haben den Geist fast aller anderen Männer auf dem Schiff vergiftet."

„Sie vergessen", sagte Roberval, „dass ich der Kommandeur dieser Expedition bin. Eine eiserne Hand fällt auf den Mann, der meinem geringsten Wunsch nicht gehorcht. Kriminelle sind nur Menschen, und sie werden feststellen, dass kein gewöhnlicher Schließer über sie wacht. Aber warum leihen? Probleme? Lassen Sie uns arbeiten und unsere Schiffe bauen, die Vorräte an Bord bringen und sie bemannen, und dann können die anderen Schwierigkeiten in Angriff genommen werden. Wir haben jetzt drei Schiffe, Meister Cartier. Lassen Sie Ihre Zimmerleute gleichzeitig an zwei anderen arbeiten. und bauen Sie sie unter besonderer Berücksichtigung der

Atlantikpassage und der Gefahren, die vom Eis ausgehen. Sie sollten sich besser mit Jehan Alfonse beraten. Sie sind beide erfahrene Seeleute, und was der eine übersieht, wird der andere mit Sicherheit besorgen."

Anschließend übertrug er Claude die Aufgabe, den Einkauf der Vorräte zu überwachen. Für mindestens ein Jahr wären ausreichend Vorräte für dreihundert Männer erforderlich; und es müsste dafür gesorgt werden, dass alles im Handumdrehen nach St. Malo gebracht werden kann.

„Und Sie, M. de la Pommeraye ", fügte er hinzu und wandte sich an Charles, „da Sie es offenbar bereits auf sich genommen haben, Männer für diese Expedition zu suchen, haben Sie meine Befugnis, jedes Schiff im Hafen oder in ... zu betreten." Irgendein Hafen in Frankreich, und bieten Sie den Männern das Doppelte ihres jetzigen Lohns; und wenn das sie nicht bewegt, gehen Sie in die Gefängnisse und wählen Sie solche Männer aus, die Sie für geeignet halten. Sie erkennen einen Mann, wenn Sie ihn sehen; und diesen Brief mit dem des Königs Siegel wird die Gefängnistore vor Ihnen öffnen. Ich selbst muss in die Picardie, um mein Anwesen in Ordnung zu bringen. Ich werde so schnell wie möglich zurückkehren. In der Zwischenzeit scheuen wir keine Mühen, unsere Vorbereitungen zu beschleunigen.

Also wurden die drei Männer entlassen, und als Claude und Charles das Haus verlassen wollten, sahen sie sich verstohlen im Flur um. Aber weder flatternde Röcke noch die geringste Spur einer weiblichen Beschäftigung belohnten sie. Roberval bemerkte ihre Blicke, und als er sich von ihnen verabschiedete, sagte er etwas grob: „St. Malo ist ein gefährlicher Ort für Frauen. Ich habe meine Nichte am Hof gelassen. Wenn unser großes Unterfangen Erfolg haben soll, darf nichts zugelassen werden, um uns abzulenken." Aufmerksamkeit von unseren Plänen. Keine anderen Sorgen dürfen unser einziges Ziel beeinträchtigen – den Ruhm und das Ansehen unseres geliebten Landes zu steigern."

Die drei Männer gingen in die engen Gassen, jeder in seine eigenen Überlegungen vertieft. Cartier sah in seiner Fantasie seinen Namen auf den Seiten der Geschichte neben dem von Kolumbus. Claude hatte nur ein unmittelbares Ziel vor Augen: Er wollte planen, wie er seine Nachschubexpeditionen bis nach Fontainebleau ausdehnen könnte, während er sich für Charles entschied, da der einzige Weg, Marguerite zu erreichen, darin zu bestehen schien, die gute Meinung ihres Onkels zu gewinnen , als ersten Schritt in diese Richtung, seine ganze Energie der Aufgabe zu widmen, die ihm bevorstand.

Der Winter verging schnell, der Frühling wurde zum Sommer; Der Sommer neigte sich dem Ende zu, und die Neue Welt schien noch immer nicht näher zu sein. Die Schiffe waren fertiggestellt und die leeren Rümpfe lagen im Hafen von St. Malo und warteten auf Vorräte und Waffen. Doch das vom

König versprochene Geld kam nicht zustande; und Cartier bereitete sich widerstrebend darauf vor, einen weiteren Winter im alten Frankreich zu verbringen. Die Gefängnisse von St. Malo waren für die Reise überfüllt mit Kriminellen; denn nur wenige zähe Abenteurer waren von La Pommeraye gesichert worden . Im August stattete Roberval seiner Flotte einen Flugbesuch ab, inspizierte die Schiffe und Männer und äußerte sich nachdrücklich zu der Langsamkeit des Königs bei der Einhaltung seines Versprechens. Es wäre sinnlos, in den Herbstmonaten nach Amerika zu starten; Deshalb beschloss er, Fontainebleau einen zweiten Besuch abzustatten, um zu sehen, was im Hinblick auf den nächsten Frühling getan werden konnte, und seine Nichte und sein Mündel für den Winter mit in die Picardie zu nehmen.

Während er in St. Malo war, wurden seine Schritte, ohne dass er es wusste, von einem dunkelhäutigen jungen Seemann verfolgt, der für die Reise engagiert worden war. Er hatte einen französischen Namen, aber ein spanisches Gesicht; und Cartier, der ihn eines Tages auf der Straße traf, rief aus: „ Pamphilo de Narvaez, oder sein Geist!"

„Ich wurde zweimal mit diesem Spanier verwechselt, dessen Namen ich nie gehört habe, bis ich hierher kam", sagte der junge Mann. „Mein Name ist Narcisse Belleau. Die Gebeine von Narvaez liegen auf dem Grund des Golfs von Mexiko – das hat mir zumindest Herr de la Pommeraye erzählt, als er mich für diese Reise engagierte."

„Eine höchst bemerkenswerte Ähnlichkeit!" Cartier zurückgegeben. „Ich hätte lieber den Teufel als De Narvaez an Bord *der La Grande Hermine* . Seien Sie sicher, junger Mann, dass Sie sich einem der anderen Schiffe anschließen. Belleau ist Ihr Name, sagen Sie? Ein guter Name, aber ein Narvaez-Gesicht!"

Als er sich abwandte, kicherte der junge Spanier, der ja einer war, vor sich hin: „Ein guter Name, wirklich! Und Sie und Ihre Kameraden werden den Tag bereuen, an dem Sie jemals dieses Gesicht gesehen haben."

Er war in Wahrheit Pamphilo de Narvaez, ein Sohn des berühmten Seemanns dieses Namens, und war als Spion vom spanischen Hof geschickt worden, um herauszufinden, ob die Gerüchte über eine mächtige Expedition, die zur Besetzung der Neuen Welt vorbereitet werden sollte, Spaniens Eigentümlichkeit waren Eigentum – wahr waren. Als er erkannte, dass Roberval die Seele des Unternehmens war, beschloss er, den richtigen Zeitpunkt abzuwarten, ihn niederzuschlagen und Spanien einen blutigen Krieg in Amerika zu ersparen. Er erfuhr, dass Roberval Fontainebleau besuchen und von dort aus mit seiner Nichte in die Picardie aufbrechen wollte. Ein Treffen auf der Straße mit ein paar Draufgängern, die ihn unterstützten, würde die Expedition beenden und ihm bei seiner Rückkehr nach Spanien Ehre und Wohlstand einbringen.

Also plante er; und wenn es ihm gelungen war, würde er nach Amerika gehen und die von seinem berühmten Vater begonnene Forschungsarbeit zu Ende bringen.

In der Zwischenzeit übergaben Claude und Charles ihre Vorräte und Gefangenen der Obhut von Cartier und verließen St. Malo, ohne dem anderen zu sagen, wohin er wollte. Auf verschiedenen Straßen und fast gleichzeitig wandten sie ihre Pferde nach Paris; Beide hofften, Roberval und seine Gruppe zu treffen, als sie auf dem Weg zu ihrer nördlichen Heimat durch diese Stadt fuhren. Sie erreichten ihr Ziel, ohne einander zu begegnen, übernachteten in angrenzenden Straßen und machten sich, ohne sich der Anwesenheit des anderen bewusst zu sein, auf die Suche, wann der Edelmann zu erwarten sei. Hätten sie lange warten müssen, hätten sie sich treffen müssen; Doch an einem Novembertag, ganz kurz nach ihrer Ankunft, galoppierte eine fröhliche Schar Reiter durch die Straßen der Stadt. Ihre flatternden Wimpel, ihre nickenden Federn, ihre prächtigen Wämser und reich verzierten Umhänge, ihre fein tauschierten, mit Juwelen besetzten Arme und ihre Pferde, die ebenso reich geschmückt waren wie sie selbst, verrieten, dass sie aus der eleganten Welt des Hofes stammten Fontainebleau.

Dies war tatsächlich der Fall; Sie waren gekommen, um De Roberval und seine Familie auf ihrem Weg nach Norden bis hierher zu begleiten. Die beiden jungen Männer erfuhren, wo Roberval die Nacht verbringen sollte, und auch, dass er beabsichtige, am nächsten Morgen früh abzureisen, und jeder kehrte in seine Zimmer zurück, entschlossen, sich schnell auf den Weg zu machen, um wenigstens einen Blick auf den Jahrmarkt zu erhaschen Dame, die ihn nach Paris gezogen hatte.

Aber Roberval war vor ihnen oben; und von Kopf bis Fuß bewaffnet und mit einer Leibwache aus einigen kräftigen Picards hatte er die Stadt bereits verlassen. Claude war der Erste, der das Hauptquartier des Adligen erreichte, und als er nur wenige Augenblicke zuvor von Robervals Abreise erfuhr, gab er seinem Pferd die Sporen, in der Hoffnung, ihn einzuholen, bevor er die Mauern überwinden konnte. Als er jedoch am Tor ankam, erfuhr er, dass die Gruppe bereits durchgekommen war. Es gab drei Straßen, die sie zu der alten und berühmten Burg führen würden, die auf die fruchtbaren Ebenen zwischen Bresle und Somme herabblickte . Der Edelmann hatte den längsten, aber in diesen unruhigen Zeiten sichersten Weg gewählt. Claude hielt einen Moment inne, um über diese Informationen nachzudenken. Auch er war voll bewaffnet und trug unter seinem Reitmantel einen Brustpanzer aus Stahl. Seine prächtige Gestalt und die prächtige Art, wie er auf seinem Pferd saß, erregten bei den Wachen am Tor, nach denen er sich erkundigte, Aufsehen. Sein Entschluss wurde bald gefasst. Er beschloss, der westlicheren und raueren Straße zu folgen, die in einer Entfernung von einigen Meilen in die andere überging. So würde er nach ein paar Stunden harter Fahrt einen Punkt vor Roberval gewinnen und dann zumindest die Genugtuung haben, eine der Eskorte bis zur Burg zu bilden.

Er legte es entsprechend dar; und kaum war er außer Sicht, als ein zweiter Reiter auf das Tor zukam. Als er feststellte, dass er zu spät war, um seine Göttin auch nur zu sehen, begann Charles spontan mit der Verfolgung, obwohl er keine genaue Ahnung hatte, was er zu erreichen hoffte, selbst wenn es ihm gelingen würde, sie zu überholen, obwohl sie bewacht war. Der Wachposten, den er befragte, teilte ihm die Richtung mit, die Roberval eingeschlagen hatte, und fügte die weitere Information hinzu, dass ein einzelner Reiter gerade in großer Eile auf einem anderen Weg hinter ihm hergeritten sei. Sofort schoss Charles ein Verdacht durch den Kopf, und die Beschreibung von Claude durch den Mann ließ keinen Zweifel an der Identität des Reiters. Ohne darüber nachzudenken, wie klug sein Vorgehen war – er dachte nur an Marguerite, die er nicht zu sehen hoffen konnte, sobald sie sich hinter den zinnenbewehrten Mauern befand – wendete Charles sein Pferd und galoppierte über die dritte der drei erwähnten Straßen davon. Es war ein kürzerer Weg als die beiden anderen, aber nur wenige Reisende nahmen ihn jemals, da jede Meile Zeuge einer Gewalttat der Räuberbanden war, die ihn heimgesucht hatten.

Roberval und seine Gruppe machten sich gemächlich auf den Weg über die staubige Straße, die sie gewählt hatten, während die beiden jungen Männer in fieberhafter Eile ihre weniger befahrenen Wege entlang ritten. Gegen Mittag näherten sich die drei schnell dem gleichen Punkt, an dem sie fast gleichzeitig ankommen würden.

Claude, der auf einem Schnellpferd saß, das ihn mehr als einmal zum Sieg bei einem Turnier geführt hatte, erreichte diesen Punkt als Erster. Als er den Boden absuchte, stellte er fest, dass bisher noch keine Kavallerie diesen Weg passiert hatte. Während er auf seinem Pferd saß und wartete, drang das gemessene Galoppieren der Hufe, die auf Paris zukamen, in seine Ohren. Da er keine Fremden treffen wollte, zog er sich in ein dichtes Wäldchen am Straßenrand zurück. Kaum hatte er sich versteckt, als ein halbes Dutzend harter Reiter, die an jeder Stelle gut beritten und bewaffnet waren, genau an der Stelle die Zügel anzogen, an der er sein Ross zum ersten Mal aufgehalten hatte. Sie überblickten eilig die Straße und stürzten sich auf ein Wort ihres Anführers in ein Dickicht auf der gegenüberliegenden Seite.

Irgendwem droht Ärger ", sagte sich Claude. „Wenn ich mich nicht sehr irre, ist der Anführer dieser Bande von Halsabschneidern kein anderer als Narcisse Belleau, den ich trotz seines guten Französisch und seiner vehementen Beteuerungen für einen spanischen Spion halte. Und nun zu meinem Dolch und meinem Schwert; Vielleicht brauche ich sie. Ich wünschte, La Pommeraye wäre nur hier, um dem kommenden Kampf sein Auge und seinen Arm zu leihen.

Kaum hatte er seine Waffen untersucht, als ihm eine Staubwolke, die sich langsam in der Ferne bewegte, verriet, dass eine beträchtliche Gruppe auf dem Weg zum Hinterhalt war. Er wartete gespannt auf ihre Annäherung und erkannte bald Robervals Picard-Eskorte und die flatternden Röcke der Frauen. Wenn die Männer im Hinterhalt auf sie warteten , waren sie verloren, es sei denn, er konnte sie warnen. Aus seinem Versteck herauszukommen bedeutete fast den sofortigen Tod, aber man musste es riskieren; Also machte er sich langsam auf den Weg zur Straße und war bald am äußersten Rand des Hains. Als de Roberval nur noch hundert Meter entfernt war, gab er seinem Pferd die Sporen, und das Pferd schien die Gefahr zu wittern und stürmte vorwärts, vorbei am Versteck der Attentäter. Der Spanier und seine Kameraden waren so überrascht, dass sie für einen Moment seine Absichten nicht erkannten ; aber De Narvaez rief mit einem Eid: „Es ist De Pontbriand ; schießen Sie den Hund nieder!“ Ihre Petronels ertönten, aber die schwerfälligen Waffen schossen daneben, und im Handumdrehen war Claude bei seinen Freunden, die, alarmiert durch die Schüsse und den wilden Ansturm des herannahenden Reiters, plötzlich zum Stehen gekommen waren. Bevor sie Zeit hatten, De Pontbriand zu befragen , waren die Spanier bei ihnen und stürmten mit heftigem Geschrei und gezückten Schwertern in die Gruppe, die nun eine schützende Truppe um Marguerite, Marie und Bastienne bildete . Plötzlich kam es zu einem plötzlichen Zusammenstoß galoppierender Rosse, zu einem Aufeinanderprallen von Waffen, zu einem schweren Sturz verwundeter Männer, und drei von De Robervals Gruppe und einer der Feinde lagen im Staub. Als De Narvaez vorbeischoss, legte er sein Petronel an seine Brust und feuerte aus nächster Nähe auf De Roberval, aber die schlagfertige Bastienne , die seine Absicht erkannte, traf das Pferd ihres Herrn auf die Nase, und das wild umherwirbelnde Tier nahm den Inhalt auf die Ladung im Herzen. Die Spanier kehrten schnell zum Angriff zurück. Den drei Picards , die bei Claude und Roberval verblieben waren, standen nur noch fünf von ihnen gegenüber , und sie erwarteten einen leichten Sieg. Zwei der Picards fielen vor ihrem Angriff, und De Roberval selbst wurde von einem heftigen Säbelhieb niedergestreckt, der seinen Helm beschädigte. Claude wurde von zwei der Raufbolde gleichzeitig hart bedrängt. Es muss gleich enden.

Aber die Schüsse, die abgefeuert worden waren, lockten einen Reisenden an , der immer auf einen Kampf aus war. Gerade im kritischen Moment bog La Pommerayes Pferd um die Kurve. Sein gewohntes Auge erfasste die Lage sofort. Sein Schwert sprang aus der Scheide und mit einer Energie, die er selten aufbringen musste, wappnete er sich für den Kampf. Er war augenblicklich bei Claudes Angreifern; Ein schneller Stoß und ein stämmiger Spanier fiel nach vorne auf sein Gesicht. Die Waffe schien den Mann kaum berührt zu haben, so schnell wurde sie zurückgezogen; und mit der gleichen Bewegung, mit der es herausgezogen wurde, ließ La Pommeraye es durch den Helm des anderen Raufbolds krachen. De Narvaez und seine beiden Gefährten sahen, dass sie vereitelt wurden, und schlugen heftig auf Claude ein, der unter ihren vereinten Schlägen zu Boden ging, und wandten sich zur Flucht um. Aber sie hatten eine Sekunde zu viel verloren. Dieser letzte Schlag war ihr Ruin. Charles war wie ein Wirbelwind über ihnen. Sein Schwert blitzte wie ein vernichtender Sonnenstrahl, und zwei andere fielen leblos auf die Straße, während ihre Rosse wild davongaloppierten. De Narvaez drehte sich zu seinem Feind um; und sein dunkles Gesicht erbleichte unter dem wilden Blick des französischen Riesen. Es war nur ein Moment. Charles kreuzte mit ihm die Schwerter; einmal, zweimal – und als hätte er gesagt: „Eins, zwei, drei, stirb!" Er stieß seine Klinge durch und durch den Körper des Spions.

„Heiße Arbeit, aber herrlich!" rief er, als der Spanier schwer in den Staub fiel. „Fünf in ebenso vielen Minuten. Aber ich muss auf meine Freunde achten."

Bastienne saß mit dem Kopf ihres Herrn im Schoß. Marie hatte Claudes Helm abgenommen und zeigte eine schreckliche Wunde an der Schläfe. Marguerite stand neben ihrem Pferd und beschattete ihre Augen mit der Hand. Ihr Gesicht war angespannt und angespannt, während sie den Ausgang des Kampfes beobachtete. Erst als der Sieger, errötet, aber triumphierend, in seinem bunten Reitanzug mit Blut und Staub bedeckt, vortrat und seinen Hut fast bis zum Boden abnahm und sich tief vor ihr verneigte, erkannte sie La Pommeraye .

„Mademoiselle ist unverletzt, nehme ich an?" sagte Charles.

Das Blut war ihr in die Wangen gestiegen, als sie in ihrem Bewahrer den unhöflichen Angreifer von fast einem Jahr zuvor sah, aber sie behielt die ruhige Würde ihres Benehmens bei. Sie zog einen Handschuh aus, streckte ihre Hand aus und sagte dabei:

„Monsieur, bei Gott verdanken wir Ihnen unser ganzes Leben. Was wäre ohne Ihr rechtzeitiges Erscheinen aus drei wehrlosen Frauen geworden, als mein Onkel fiel?"

Die zarten Finger lagen für einen Moment in La Pommerayes mächtigem Griff, als er sie ehrfürchtig an seine Lippen hob und kaum an sein eigenes Glück glaubte. Sie zogen sich jedoch sofort zurück und Marguerite eilte an die Seite ihres Onkels.

Bastiennes Geschick überlassen werden . Anders war es bei Claude. Die Wunde war schwer, wie Charles sofort erkannte .

„Verzeihen Sie", sagte er zu Marie, die, weniger selbstbeherrscht als Marguerite, nachgegeben hatte, nachdem die Krise vorüber war, und hysterisch weinte, „verzeihen Sie, Mademoiselle, aber ich muss ihn aus der Hitze herausholen und …" Staub."

Mit zarten Händen hob er seinen Kameraden hoch und trug ihn in den Schatten. Er war ein erfahrener Chirurg, der durch viel Erfahrung ausgebildet wurde, und mit der Hilfe der Frauen gelang es ihm bald, die Wunde zu verbinden. Inzwischen hatte sich Roberval von seiner Ohnmacht erholt und rieb sich voller Erstaunen über die seltsame Wendung, die die Ereignisse genommen hatten, die Augen .

„Wie bist du hierher gekommen ?" rief er La Pommeraye zu .

„Mein böses Genie veranlasste mich, einem undankbaren Adligen zu Hilfe zu kommen", antwortete Charles lachend. „Aber es war genauso gut für dich, dass ich es getan habe. Es war jedoch ein großartiger Kampf; und könnte ich in Frankreich nur jeden Tag einen solchen haben, würdest du mich nicht dazu bringen, nach Kanada zu gehen. Aber ich werde nicht zweideutig sein, Sieur", fügte er mit leiserer Stimme hinzu und zog Roberval ein wenig beiseite, „ich bin hierher gekommen, wie zweifellos auch De Pontbriand , der, glaube ich, gestern in Paris war, um Sie auf Ihrem Weg in die Picardie zu begleiten. Nun, Sie Ich weiß es am besten, aber wir können jetzt nicht darüber sprechen.

De Roberval runzelte die Stirn und rief dann voller Begeisterung aus:

„Du bist ein edler Kerl! Als ich fiel, waren fünf gegen uns, und jetzt erzählt dein blutiges Schwert eine heroische Geschichte. Aber hier, Etienne", und er wandte sich an seinen einzigen überlebenden Diener, der die ganze Zeit dagestanden und dumm angestarrt hatte La Pommeraye, als wäre er ein Gott, stieg plötzlich vom Himmel herab. „Schau auf die Verwundeten, und du, Bastienne , hilf ihm. Sind alle meine tapferen Kameraden tot? Sehen Sie, was getan werden kann, und reiten Sie dann wie der Wind zum." Wir werden das Gasthaus fünf Meilen vor uns besuchen und Männer holen, um die Toten zu begraben und die Verwundeten nach Hause zu tragen. Aber was ist das? De Pontbriand verwundet?"

Claude war immer noch bewusstlos. Er wurde auf einem groben Astbett zum Gasthaus getragen, und dort bewachte und pflegte La Pommeraye ihn, bis er außer Gefahr war. Aber er war immer noch zu schwach, um bewegt zu werden, und angesichts der miserablen Unterbringung und Betreuung, die das Gasthaus bot, dürfte seine Genesung nur langsam vonstatten gehen. Als De Roberval dies sah, ließ er ihn auf sein Schloss bringen, das nur wenige

Meilen entfernt war, und dort musste Charles, der nicht in der Einladung enthalten war, seinen Freund widerwillig verlassen und allein nach St. Malo zurückkehren. Er wäre viel zurückhaltender gewesen, wenn nicht die Tränen, die Marie, wie er sich vorgestellt hatte, über Claudes Körper vergossen hatte, ihn noch stärker davon überzeugt hätten, dass sie der Gegenstand seiner Zuneigung sei.

Vignan bewacht und betreut wurde, während seine Kräfte langsam zurückkehrten .

KAPITEL VI

Der Winter verging schnell, und als der Frühling kam, kehrten Claudes Kräfte langsam zurück. Der Arzt, der ihn betreute, verordnete jedoch vollkommene Ruhe während der Sommermonate; Als die Nachricht kam, dass Cartier seine fünf Schiffe alle seebereit, mit Proviant beladen und vollständig bemannt hatte, musste er widerstrebend zustimmen, in Frankreich zu bleiben. Aber er sollte nicht allein bleiben. Ohne reichlich Schusswaffen, Artillerie und Kriegsmunition konnte De Roberval keine dauerhafte Kolonisierung in Amerika erreichen . Aber das fröhliche Leben am Hofe hatte die königliche Schatzkammer erschöpft, und im Moment schien es, als wären alle seine Vorbereitungen umsonst gewesen. König Franziskus war jedoch genauso bestrebt, die Neue Welt zu kolonisieren wie Roberval selbst, und er schickte einen Boten nach St. Malo, in dem er Cartier befahl, mit den von ihm getroffenen Vorbereitungen zu beginnen, und versprach, Roberval kurz darauf mit drei voll ausgerüsteten Schiffen zu schicken mit Pulver, um ein Magazin aufzubewahren, Kugeln, die jahrelang halten, und Waffen, die ausreichend und stark genug sind, um die vorgesehene Kolonie geschickt zu schützen.

De Roberval war nicht in St. Malo, als die Nachricht eintraf, La Pommeraye jedoch schon, und die Gelegenheit, die Nachricht der Picardie selbst zu überbringen, war zu schön, um sie zu verpassen.

Als er das Schloss erreichte, stellte er zu seiner großen Enttäuschung fest, dass Marguerite schon seit einiger Zeit in Paris war, während Claude schon lange zuvor in sein eigenes Haus in Rouen zurückgekehrt war. De Roberval war jedoch immer noch dort und schloss seine letzten Vorbereitungen für die Abreise ab. Als er von der erzwungenen Verzögerung erfuhr, geriet er in rasende Wut; aber es gab keine Hilfe dafür. Also schickte er Charles zurück, um Cartier zu sagen, er solle sofort anfangen und ihn im Herbst erwarten. In der Zwischenzeit sollte er Samen säen, seine Festungen bauen und Plattformen für schwere Geschütze und ein gut geschütztes Pulvermagazin einrichten.

Zufällig war Marie noch im Schloss. Marguerite war zu einer Tante in Paris gegangen, und ihre Freundin sollte sich ihr und De Roberval anschließen, sobald dieser seine Angelegenheiten endgültig geregelt und die Verwaltung seines Nachlasses übernommen hatte.

Während der wenigen Tage, die Charles in der Picardie verbrachte, hatte er viel mit Madame zu tun. de Vignan , und mit einem fast jungenhaften Impuls zog er sie in sein Vertrauen und erzählte ihr seine scheinbar hoffnungslose Liebe zu Marguerite. In seiner Begeisterung bemerkte er kaum, wie wenig sie ihn ermutigte, sonst deutete er ihr Schweigen als günstiges Zeichen. Aber als er weg war, stand das großherzige und eindrucksvolle Mädchen da und schaute ihm nach, bis er und sein Pferd nur noch ein Fleck in der Ferne waren, und dann ging sie in ihr eigenes Zimmer, schloss sich ein und weinte bitterlich.

Eine Woche später war Cartier auf dem Weg nach Hochelaga, und Charles stand in Träumen versunken an seiner Seite auf dem Deck der *La Grande Hermine* und hörte, während er den Blick auf die Küste richtete, die sie verließen, kein Wort von Cartier. Die Neue Welt hatte für ihn ihren Reiz verloren. Seine Seele würde keinen Inhalt finden, bis er wieder in Frankreich war oder zumindest bis er wieder in der Nähe von Marguerite de Roberval war.

Im Mai und Juni segelten die Schiffe über den Ozean, gelangten ohne Zwischenfälle in den Sankt-Lorenz-Golf und segelten den breiten Fluss Hochelaga hinauf. Die Entdecker landeten am Cap Rouge und begannen, den Wald zu roden, Rübensamen zu säen und Festungen zu bauen. Als die Arbeiten bereits in vollem Gange waren und Vicomte de Beaupré die Leitung am Cap Rouge überließen, begaben sich Cartier und La Pommeraye auf eine Erkundungsreise ins Landesinnere, in der Hoffnung, bei ihrer Rückkehr De Roberval in der Festung zu finden.

Die ganze Zeit über war De Roberval damit beschäftigt, in Frankreich auf und ab zu rennen; Doch der König zögerte, den Geldbeutel der Nation zu öffnen, und der Winter kam, ohne dass irgendwelche Vorbereitungen getroffen worden waren, um Cartier zu folgen. Roberval ärgerte sich über die Enttäuschung, konnte aber nichts dagegen tun.

Im Sommer hatte er plötzlich und überraschend den Entschluss gefasst, seine Nichte und ihr Mündel mit nach Kanada zu nehmen. Die Ankündigung dieses Plans erregte großes Erstaunen, aber Roberval wollte auf keine Einwände hören. An Bord seines Schiffes müssten für sie besondere Unterkünfte eingerichtet werden, und sie müssten lernen, mit den Strapazen umzugehen und sich an das Leben der Kolonisten zu gewöhnen. Bis zu seiner Rückkehr nach Frankreich könnten noch Jahre vergehen, und er hatte sich entschieden, sie nicht zurückzulassen. Was auch immer seine Absichten wirklich gewesen sein mochten, er hatte sich offenbar entschieden und ließ sich von seiner Entschlossenheit nicht abbringen. Die Mädchen selbst fragten sich nichts Besseres. Voller Jugend und Abenteuerlust freuten sie sich auf die Aussicht, an einer Expedition teilzunehmen, auf die halb Frankreichs Augen und Hoffnungen gerichtet waren , und machten sich eifrig an die Vorbereitungen für die Abreise.

In der Zwischenzeit jedoch, eines Tages Anfang November, wurde De Roberval von einer Bitte von Claude de Pontbriand – inzwischen wieder vollständig gesund – um Erlaubnis überrascht, seine Ansprachen an Marguerite halten zu dürfen. Seine Ablehnung des Vorschlags erfolgte so prompt und so nachdrücklich formuliert, dass Claude völlig verblüfft war. Er war arm und hatte lange gezögert, seine Liebe zu bekunden, weil er glaubte, dass seine Armut in Robervals Augen natürlich ein Einwand gegen ihn sein würde; aber in Bezug auf Geburt und Stellung war er Marguerite völlig ebenbürtig, und jetzt, da sie ihren Onkel nach Kanada begleiten wollte, wo in einem neuen Lebensbereich alle auf eine gleichberechtigtere Grundlage gestellt werden würden, hatte er den Mut dazu gefasst bietet sich als ihr Verehrer an. Aber De Roberval weigerte sich nicht nur, ihm zuzuhören, sondern entließ ihn auch mit so hochmütigen Worten, dass der Stolz des jungen Mannes rebellierte und er eine Erklärung verlangte. Es folgten hochtrabende Worte, und ein Streit konnte nur durch Claudes Diplomatie und Geistesgegenwart abgewendet werden, als er sich darüber im Klaren war, dass sein Fall im Falle eines Duells tatsächlich hoffnungslos sein würde. Aber er wusste nicht, wie unhöflich sein Vorschlag aufgenommen worden war.

Marguerite hatte jedoch einen Schlüssel zum Rätsel. Sie hatte von ihrer alten Amme gehört, dass ihr Onkel vor Jahren unsterblich in Claudes Mutter verliebt gewesen war und dass diese edle Dame seine Hand abgelehnt und stattdessen den armen, aber gutaussehenden jungen Kapitän Maurice de Pontbriand geheiratet hatte . Der bittere Groll, den Roberval diesem Namen verdankte, schien bei der Idee, einen seiner Familienangehörigen mit dem Sohn seines erfolgreichen Rivalen zu vereinen, wieder zum Leben erwacht. Auch sein Temperament war gereizt durch die lange Verzögerung, mit der er seine Expedition in Angriff nehmen konnte, und durch die vielen Belästigungen, mit denen er zu kämpfen hatte. Die Entdeckung, dass Claude bereits die Zuneigung seiner Nichte gewonnen hatte, verstärkte das Feuer seines Zorns und er verbot alle weiteren Interviews oder Kommunikationen zwischen den Liebenden.

Marguerite hatte sich so lange bedingungslos dem starken Willen ihres Onkels ergeben – den sie wie einen Vater verehrte, da sie keinen anderen kannte –, dass sie nie daran dachte, einen Ungehorsam zu versuchen. Sie schrieb an Claude, der sie überredet hätte, sich heimlich mit ihm zu treffen, und ihn gebeten hätte, zu warten, selbst wenn sie ohne ihn nach Amerika hätte reisen müssen. Denn seit diesem Streit mit de Roberval war es für Claude unmöglich, mit demselben Schiff zu fahren, aber er konnte ihr problemlos folgen. In der Neuen Welt würden sich alle Lebensbedingungen ändern, und dort könnten sie hoffen, die Zustimmung ihres Onkels zu ihrer Verbindung zu gewinnen.

Obwohl Claude mit dieser Vereinbarung unzufrieden war, sah er nichts anderes übrig, als den richtigen Zeitpunkt abzuwarten. Er unternahm vorerst keine weiteren Versuche, Marguerite zu treffen, sondern behielt de Robervals Bewegungen sorgfältig im Auge, damit er mit Sicherheit wüsste, wann er lossegeln wollte.

Der Winter kam, und der König tat immer noch nichts. De Roberval war mit seinem Haushalt in Paris, und Claude hatte in derselben Stadt sein Quartier bezogen. Endlich kamen Neuigkeiten, die De Robervals Herz wieder voller Hoffnung erfüllten. Der König hatte sich endlich aufgerafft; nein, er hatte bereits drei Schiffe gekauft – drei edle Schiffe – und sie lagen jetzt im Hafen von La Rochelle, bereit für Roberval, um sie auszurüsten und zu bemannen. Das war Ende Februar. Den ganzen März über überwachte der Edelmann die Lagerung des Pulvers, das Laden der Geschütze und die Beschaffung der Mannschaften. Letzteres war keine leichte Angelegenheit. Aber nur wenige der zähen französischen Seeleute wagten es, die Reise anzutreten, und in seiner Verzweiflung war Roberval gezwungen, seine Mannschaften und Kolonisten fast ausschließlich aus den Gefängnissen zusammenzuziehen.

Anfang April war alles fertig; Und eines hellen Morgens stahlen sich die drei Schiffe über die umliegenden Inseln hinaus, erhaschten einen letzten Blick auf den Laternenturm und segelten nach Amerika. Marguerite und Marie standen zusammen mit der treuen Bastienne auf dem Deck von De Robervals Schiff und blickten zurück auf die Küste von La Belle France. Über ihrem Aufbruch schien eine Wolke zu hängen, und sie hatte nicht die freudige Aufregung, die sie erwartet hatten. Marguerite war hin- und hergerissen zwischen ihrer Liebe zu Claude und ihren Pflichtvorstellungen gegenüber ihrem Onkel. Eine Nachricht von De Pontbriand hatte ihr versichert, dass er beabsichtige, sich der Expedition anzuschließen, und sie vermutete, dass es ihm gelungen sei, an Bord eines der anderen Schiffe zu gehen; Aber ihr Herz war schwer bei dem Gedanken an die Rache ihres Onkels, wenn er es erfahren würde. Sie konnte sich nicht einmal sicher sein, ob er sich überhaupt eingeschifft hatte, und sie verließ Frankreich, vielleicht für immer , ohne ein Abschiedswort von seinen Lippen.

Marie hatte ihre eigenen inneren Verwirrungen. In der Neuen Welt, in die sie wollten, würden sie mit Sicherheit auf La Pommeraye stoßen , und das Geheimnis, das sie so treu für ihn gehütet hatte, lastete schwer auf ihr. Sie war mehrmals im Begriff gewesen, es Marguerite zu sagen, aber aus irgendeinem Grund schreckte sie davor zurück, seinen Namen auszusprechen. Ihre Gefühle ihm gegenüber hatten sich verändert, was zur Folge hatte, dass sie jede Erwähnung des Mannes vermied, dessen Lob einst ständig auf ihren Lippen gewesen war. Sie sah voraus, dass ein Wiedersehen mit ihm nichts als Unglück für sie zur Folge haben würde, und dennoch konnte sie einen Herzschlag nicht zurückhalten, als seine kräftige Gestalt und seine hübschen Gesichtszüge vor ihr auftauchten.

Die beiden Mädchen standen schweigend da und hatten den Blick auf das schnell verschwindende Ufer gerichtet. Die alte Bastienne neben ihnen war in Tränen aufgelöst. Sie hätte ihre junge Geliebte nicht im Stich gelassen; Aber in ihrem Alter war es eine schwere Prüfung, ihr Heimatland zu verlassen und sich den Gefahren eines neuen und unbekannten Landes zu stellen.

Als die geliebten Küsten am Horizont in einem blauen Dunst verschwanden, war auf dem Deck ein vertrauter Schritt zu hören, der sich der traurigen kleinen Gruppe näherte. Marguerite drehte sich mit einem plötzlichen Schauer im Herzen um und erblickte De Pontbriand .

Ihr Erstaunen ließ ihr keine Worte, um ihn zu begrüßen. Marie erholte sich zuerst.

„Herr de Pontbriand !" Sie rief: „Wie bist du hierher gekommen?"

„Ganz einfach", antwortete Claude. „Ich bin gestern Abend einfach an Bord gekommen und habe mich bis zu diesem Moment außer Sichtweite gehalten. Jetzt, wo ich hier bin und wir so weit vom Land entfernt sind, kann der Sieur de Roberval mir kaum eine Unterkunft verweigern mich über Bord zu werfen.

„Du kennst meinen Onkel nicht, Claude", sagte Marguerite besorgt. „Ich zittere vor Deiner ersten Begegnung mit ihm. Er ist es nicht gewohnt, dass man ihn vereitelt. Bete zum Himmel, dass er sich nicht weiter streitet. Er ist ein gefährlicher Mann, wenn sein Wille einmal abgelehnt wird."

Fast während sie sprach, erschien De Roberval an Deck und kam sofort auf sie zu. Dann folgte eine stürmische Szene. Claude bat um ein Interview in De Robervals Privathütte. Allein mit dem empörten Edelmann versuchte er, seinen Zorn zu beruhigen, doch Erklärungen und Überredungen waren vergebens. Schließlich war Claude besorgt um Marguerite und befürchtete, ihr Onkel könnte sie der Mittäterschaft bei einer Verschwörung zur Sicherung seiner Anwesenheit an Bord verdächtigen und sich auch an ihr rächen. Deshalb entschloss er sich zu einem Kompromiss.

„Hören Sie mich, Sieur", sagte er bestimmt mit einer Stimme, die Aufmerksamkeit erregte. „Ich liebe deine Nichte, wie du weißt, und ich würde ihr folgen, auch wenn du sie bis ans Ende der Welt gebracht hättest. Aber um ihretwillen und um dir zu beweisen, dass sie keinerlei Duldung an meiner Anwesenheit hat, werde ich es tun." Vermeiden Sie ihre Gesellschaft für den Rest der Reise. Es wird ausreichen, sie aus der Ferne zu sehen und zu wissen, dass sie in Sicherheit ist. Sie brauchen kein weiteres Eindringen von mir zu befürchten, jedenfalls nicht, bis die Neue Welt erreicht ist. Ich gebe Du bist mein Wort.

De Robervals Wut hatte ihn so vollständig beherrscht, dass es schien, als hätte ihn die Sprache fast verlassen. Seine Worte kamen schwer.

„Gehen Sie, Sir", sagte er schließlich und zeigte auf die Tür, „und achten Sie darauf, wie Sie Ihr Versprechen brechen. Wenn Sie es wagen, meine Nichte auf dieser Reise noch einmal als Geliebte anzusprechen, werden Sie sterben. Und wenn wir das Neue erreichen." Welt , ich werde sehr dafür sorgen, dass du deinen Geschäften nachgehst. Denk daran, was ich sage. Wenn ich höre, dass du mir nicht gehorcht hast, werde ich dich, trotz deines edlen Blutes, an die Rahe hängen, als erstes Beispiel des Schicksals was sicherlich den Mann überholen wird, der es wagt, einen De Roberval zu vereiteln."

Mit großer Mühe konnte sich Claude dieser beleidigenden Sprache enthalten, die ihn nur seine Sorge um Marguerite hätte ertragen können. Er wusste, dass De Roberval durchaus in der Lage war, seine Drohungen wahr zu machen; und er war kühl genug, um darüber nachzudenken, dass Marguerites Lage unendlich schlechter werden würde, wenn er ihn noch mehr provozieren würde, während es keine Hoffnung mehr gab, dass mit Gewalt etwas erreicht werden könnte. Er zwang sich daher, sich schweigend zu verneigen, und machte sich auf den Weg.

Als er die Kabine verließ, bemerkte er eine schlanke, unbeweglich aussehende Person mit dem Stempel „Spion" auf jeder Gesichtslinie, die an der offenen Gangway stand. Er hatte einen kränklich grünen Teint und trug, als ob er zu diesem Farbton passen würde, ein schäbiges grünes Wams, eine grobe grüne Mütze, ein grünes Wams und eine gleichfarbige Hose . Es war Michel Gaillon , der erste Kriminelle, der auf kanadischem Boden starb. Bisher war er der Hand des Gesetzes entgangen, wurde aber, während er dort stand, von allen Seiten wegen eines brutalen Mordes gejagt. Er trug kein Rapier. Hätte er eine solche Waffe besessen, hätte er wahrscheinlich Angst gehabt, sie zu ziehen, weil er sich sonst verletzen könnte; aber als Giftmörder war er in Frankreich seinesgleichen. Ein Verbrechen war ihm vor Augen geführt worden; er sah, dass es ihn den Hals kosten würde; und er hatte es geschafft, sich an Bord *der L'Heureux zu verstecken* , und machte sich nun auf den Weg, De Roberval seine Anwesenheit zu erklären, wobei er auf sein Glück und seinen scharfen Verstand vertraute, um in die Gunst dieses Adligen zu gelangen.

Er hatte jedes einzelne Wort gehört und erkannte sofort, dass er ein Feld für seine teuflischen Machenschaften haben würde. Hätte Claude den lüsternen

Blick gesehen, mit dem die gespenstische Erscheinung ihm im Vorbeigehen folgte, wäre er vor dem Gefühl einer drohenden Gefahr erschaudert. Er blickte jedoch nicht zurück, und der Mann in Grün wurde in die Kabine eingelassen, nachdem er um eine Audienz bei De Roberval gebeten hatte.

De Robervals Hand wanderte zu seinem Schwert, als er die außergewöhnliche Gestalt und das finstere Gesicht seines Besuchers erblickte.

„Wer bist du und was führt dich hierher?" sagte er streng. „Du gehörst nicht zu meiner Crew."

„Möge es Ihnen gefallen, edler Sieur", sagte der Mann und verneigte sich tief, „ich bin gekommen, um Ihrer Expedition meine Dienste als Arzt anzubieten. Ich kenne mich gut mit Drogen aus, und im Umgang mit dem Messer ist kein Mann in Frankreich geschickter. " . Ich habe dem Herzog von Orleans das Leben zurückgegeben , als der Hofarzt ihn aufgab; und –"

"Genug!" sagte De Roberval, der seinen scharfen Blick keinen Augenblick vom Gesicht des Mannes abgewendet hatte. „Genug! Ich habe von dir gehört. Du bist Gaillon , der Giftmörder!"

Der Mann sprang zitternd zurück, als er seinen eigenen Namen hörte.

„Ich kannte dich in dem Moment, als mein Blick auf dich fiel", fuhr De Roberval fort. „Sie sind an Bord gekommen, um dem Schicksal zu entgehen, das Sie in Frankreich erwartet. Wenn ich meine Pflicht täte , würde ich befehlen, Sie sofort über Bord zu werfen."

Der Unglückliche stand kauernd da.

„Edelster Sieur", stockte er, „ich bin aus Frankreich geflohen, um ein neues Leben in einer neuen Welt zu führen."

„Ruhe, Lügner!" donnerte De Roberval. „Sie sind aus Frankreich geflohen, um dem Tod wegen der Ermordung von Paul d'Auban zu entgehen . Sie sehen, ich kenne Ihren Charakter. Aber mir ist der Gedanke gekommen", fuhr er mit einem grimmigen Lächeln fort, „dass ich einen Henker brauchen werde." Ich werde meine Kolonie in wenigen Monaten verlassen, und du würdest wahrscheinlich meinen Zweck erfüllen. Geh!" Er fügte hinzu, seine Stirn zog sich plötzlich vor Wut zusammen: „Lassen Sie mich aus den Augen und achten Sie darauf, dass Sie keinen Ihrer Pläne in die Tat umsetzen, während Sie an Bord dieses Schiffes sind. Solange Sie tun, was ich Ihnen befehle, brauchen Sie nichts zu fürchten; aber Gehorche mir nicht, und ich werde eine Teufelskrawatte um deinen Hals wickeln und Gott einen Dienst erweisen, indem ich dich von seiner gesegneten Erde sende.

Der erstaunte Verbrecher schlich aus dem Zimmer. Als er die Gangway hinaufstieg , dachte er darüber nach, dass er, als er seine Verfolger in La Rochelle zurückließ, aus der Bratpfanne ins Feuer gesprungen zu sein schien. Aber er sah seinen Weg klar vor sich. In der Zwischenzeit würde er Robervals leichtester Laune gehorchen; und wenn sich eine Gelegenheit bot, schmeichelte er sich so sehr in die gute Meinung des Adligen ein, dass er zu seinem Vertrauten gemacht wurde. Er hatte uneingeschränktes Vertrauen in seine eigenen Kräfte und einen Ehrgeiz, der keine Grenzen kannte. Das Schicksal schien ihn zu begünstigen . Er hatte bereits ein Interview mitgehört, das ihm Einblick in einige der intimsten Angelegenheiten Robervals verschafft hatte. Er würde abwarten und auf eine Gelegenheit warten, sein Wissen zu nutzen.

Einige Tage vergingen ohne Ereignisse. Claude hielt sich sorgfältig an sein Versprechen und vermied die Gesellschaft der beiden Mädchen so weit wie möglich. Er teilte die Unterkunft mit einem alten Schulfreund, Paul d'Auxhillon , und ging nur selten an Deck, wenn auch nur die geringste Wahrscheinlichkeit bestand, dass die Frauen dort sein würden.

Sie steuerten fast eine Woche lang über mäßig ruhige See nach Westen, als in einer herrlichen Mondnacht die Brise stärker wurde und das kleine Schiff auf den steigenden Wellen zu kippen begann. Die Kabine war immer in der Nähe, aber nachts verbrachte Claude fast immer die meiste Zeit an Deck. In dieser besonderen Nacht hatte er kein Verlangen nach Schlaf, und um Mitternacht lief er immer noch auf und ab und beobachtete das Glitzern des Mondlichts auf dem tanzenden Wasser.

Gegen zwölf Uhr schlich Marguerite, bedrückt von der engen Luft zwischen den Decks und benommen von der leichten Neigung des Schiffes, leise aus ihrer Kajüte, ohne Marie zu stören, und suchte die freie Luft auf. Sie war noch nicht lange an Deck, als ihr die Anwesenheit eines Mannes bewusst wurde, der nicht zu den gewöhnlichen Matrosen gehörte. Einen Moment lang glaubte sie, die bewegungslose Gestalt mit dem Rücken zu ihr sei ihr Onkel; aber ein zweiter Blick verriet ihr, dass es De Pontbriand war . Sie bewegte sich geräuschlos auf ihn zu, während er auf die weite, vom Mond erleuchtete Weite blickte, seine Gedanken beschäftigt mit dem bitteren Schicksal, das ihn seiner Liebe so nahe und doch so weit von ihr entfernt hielt, und indem sie sanft seine Schulter berührte, atmete sie seines ein Name.

Er drehte sich um: Ihre Lippen trafen sich, und die Abscheu des Gefühls war so groß, dass keiner von ihnen für einige Augenblicke sprechen konnte. Aber sie standen dort, wo sie entweder vom Steuermann oder vom Wachposten hätten beobachtet werden können, und Claude zog sie sofort in den Schatten des Vorderdecks. Hier waren sie vor Blicken geschützt und konnten sich wieder dem Entzücken des Zusammenseins hingeben. Keiner von ihnen bemerkte eine dunkle Gestalt, die keine drei Fuß von ihnen entfernt auf dem Deck hinter einer Spiere kauerte. Es war Gaillon . Er hatte Marguerite die Gangway hinaufgehen sehen , und da er wusste, dass Claude an Deck war, war er ihr wie ein Panther gefolgt, um ihre Bewegungen zu beobachten. Sein schneller Verstand ahnte sofort, dass, wenn ein Treffen zwischen den Liebenden geplant gewesen wäre, sie wahrscheinlich den Schatten aufsuchen würden, den das Vorschiff bot; und in den wenigen Augenblicken, in denen ihre Aufmerksamkeit ganz auf einander gerichtet war, war er lautlos über das Deck gekrochen und hatte sich versteckt, wo er jedes ihrer Worte belauschen konnte.

Es wurde sehr wenig gesagt, aber ihm entging keine Silbe. Marguerite erlaubte Claude zum ersten Mal, harte Dinge über ihren Onkel zu sagen. Dennoch versuchte sie, Ausreden für ihn zu finden.

„O Claude", sagte sie, „er ist verrückt! Ich habe ihn Tag für Tag beobachtet und wollte es nicht glauben. Aber sein gewalttätiger Ehrgeiz und die Vereitelung, der er ausgesetzt war, haben seinen Verstand aus den Fugen gebracht. Das hoffe ich." dass das aktive Leben, das er unbedingt in Kanada führen muss, seine Vernunft wiederherstellen wird. Aber jetzt ist er verrückt, und um meinetwillen haben Sie Geduld mit ihm und ertragen Sie ihn. Er war grausam zu uns, unfreundlich zu mir, brutal zu Ihnen, aber er ist es nicht der Onkel, den ich einst kannte und liebte. Sicherlich wird seine alte Natur zurückkehren, wenn wir uns in unserem neuen Zuhause niederlassen, und er wird unserer Heirat zustimmen."

Claude konnte sich des Gedankens nicht erwehren, dass es wenig Anlass zur Ermutigung gab, aber er wollte ihre süße Hoffnung nicht dämpfen. Sie unterhielten sich noch etwas länger in einem fröhlicheren Tonfall, wobei jeder versuchte, die Stimmung des anderen zu heben.

„Lieber", sagte Claude schließlich, „um deinetwillen werde ich geduldig sein und warten. Aber du darfst nicht hier bleiben. Die Wache könnte uns entdecken; und dein guter Name würde in unserer neuen Kolonie zum Inbegriff werden. Sag mal Gute Nacht und geh.

Die beiden umarmten sich lange, was die wochenlange Trennung wettmachte.

„Wenn Sie mich jemals brauchen sollten", sagte Claude, „werden Sie mich hier finden – jede Nacht – zu dieser Stunde. Aber kommen Sie nicht wieder, es sei denn, Sie brauchen mich. Es sind Männer an Bord, mit denen wir gerne Ärger machen würden Dein Onkel. Die schlangenartigen Augen dieses Gaillon verfolgen mich wie ein Albtraum.

Sie trennten. Marguerite kehrte in ihre Kabine zurück; und Claude setzte mit leichterem Herzen seine Wanderung auf dem Deck fort, völlig unbewusst, dass die Augen, die er gerade beschrieben hatte, ihn mit einem teuflischen Glitzern beobachteten, das für seine Zukunft nichts Gutes verhieß.

Schließlich ging er nach unten, und Gaillon kroch aus der dunklen Ecke, in der er geduckt gelegen hatte, aus Angst, sich zu rühren, aus Angst, Claudes Aufmerksamkeit zu erregen . Als er aus seinem Versteck hervorkam, wurde ihm eine Hand auf die Schulter gelegt und er sah sich einem jungen Seemann aus der Picardie gegenüber, Blaise Perron mit Namen, einem ehrlichen, freundlichen jungen Kerl, dem das schwarze Aussehen aufgefallen war Er schlich sich um den grüngekleideten Schurken herum und hatte beschlossen, ein Auge auf ihn zu haben.

"Was machst du hier?" schrie er, als er Gaillon hinter der Spiere hervorkriechen sah.

Gaillon antwortete mit einem Eid und einer Ermahnung, sich um seine eigenen Angelegenheiten zu kümmern und ehrliche Männer in Ruhe zu lassen.

„Ehrliche Männer schleichen sich nicht in Ecken herum und beobachten das Treiben anderer Leute“, antwortete der junge Mann, der jedoch gerade erst an Deck gekommen war und von der Szene zwischen Claude und Marguerite nichts wusste. „Lassen Sie mich Sie dabei erwischen, wie Sie eine Schurkerei gegen den Sieur de Pontbriand planen , und ich werde Sie zuerst über Bord werfen und anschließend Bericht erstatten.“

Gaillon erkannte, dass seine Pläne wahrscheinlich vereitelt werden würden, wenn er nicht etwas Vorsicht walten ließ, und ließ sich zu der Erklärung herab, dass er in seiner Ecke eingeschlafen sei, gerade erst aufgewacht sei und auf dem Weg nach unten zu seiner Koje sei. Aber als er die Gangway hinunterstieg, warf er hinter sich einen bösen Blick auf den jungen Matrosen auf seinem Posten und schwor, dass er sich zu gegebener Zeit und auf seine Weise an ihm rächen würde.

Kapitel VII

Eine weitere Woche verging, und mit dem Mondwechsel, wie es die alten Seeleute an Bord prophezeit hatten, änderte sich auch das Wetter. Der Wind nahm stetig zu, und schon bald knarrte und ächzte das stabile Fahrzeug, während es die Wellen des Ozeans hinaufstieg oder schnell an seinen steilen Seiten hinabglitt. Am Abend des 24. hatte der Wind zu einem Sturm zugenommen. Alle oberen Segel waren eingeholt und die unteren doppelt gerefft; Dennoch schlug ab und zu eine Welle mit gewaltigem Krachen auf das Deck, wirbelte an den Seiten entlang und gurgelte durch die Leespeigatten.

Um Mitternacht ging Claude, getreu seinem Versprechen, an Deck. Er hatte natürlich nicht damit gerechnet, Marguerite zu sehen, aber er hatte es nicht versäumt, sein Wort zu halten und jeden Abend am vereinbarten Ort zu sein.

Als er das Deck erreichte, tobte der Sturm. Es regnete nicht, aber der Himmel war mit fliegenden Wolken bedeckt, durch die der abnehmende Mond stoßweise hervorbrach, nur um sofort wieder verschluckt zu werden. Die hungrigen Wellen rollten hoch über das kleine Schiff und schienen es zu überwältigen; aber sie pflügte tapfer voran und tastete sich wie ein Lebewesen durch die weglose Wasserwüste.

Ein Matrose kam mit einem fröhlichen „Gute Nacht, Monsieur. Eine stürmische Nacht!" an Claude vorbei.

Als Claude seinen Gruß erwiderte, erkannte er den jungen Picard, Blaise Perron, den er gut kannte und der ihm während seines Aufenthalts auf De Robervals Schloss oft kleine Dienste geleistet hatte. Die Einsamkeit, in die sein Leben gerade versunken war, war so groß, dass er für den Klang einer freundlichen Stimme dankbar war, den Gruß mit großer Herzlichkeit erwiderte und im Vorbeigehen noch ein oder zwei freundliche Worte hinzufügte.

Mit Mühe gelangte er über das rutschige Deck. Das Tauwerk sang ein wildes Lied über ihn, die Gischt sprang ihm stechend ins Gesicht, und das Schiff ächzte in jeder Planke und jedem Holm.

Im Schutz des Vorschiffs herrschte vergleichsweise Ruhe und Sicherheit. Eine in einen Umhang gehüllte Gestalt stand im tiefsten Schatten und kam auf ihn zu, als er heraufkam. Er konnte seinen Sinnen kaum trauen. Es war Margarete!

"Meine Liebe!" rief er, schloss sie zärtlich in seine Arme und zog sie weiter zurück in den Unterschlupf. „Dass du hier sein solltest, und zwar in so einem Sturm!"

Während er sprach, traf eine Welle das Schiff mittschiffs, ließ einen Gischtregen auf sie niederprasseln und fiel mit lautem Aufprall zu ihren Füßen.

„Das ist knapp entkommen", fuhr Claude fort. „Wären wir einen Fuß näher am Heck gewesen, wären wir gegen die Schanzkleider geschleudert worden, und das ganze Schiff hätte von unserer Begegnung hier gewusst. Aber was hat dich hierher gebracht, mein Liebling? Stimmt etwas nicht? Ich schaudere, wenn ich daran denke die Risiken, die Sie eingegangen sein müssen, als Sie bei diesem Wind hierher gekommen sind.

„Der Sturm ist herrlich, Claude, und ein bisschen Salzwasser wird mir nicht schaden. Ich konnte nicht unten bleiben. Du wirst mich für dumm halten, aber ich hatte einen Traum von dir – einen so schrecklichen Traum, dass ich das Gefühl hatte, ich müsste kommen." um dafür zu sorgen, dass du in Sicherheit bist. Ich dachte, ich sähe dich in den Fängen einer monströsen Schlange. Sie hatte sich um dich geschlungen und schien dich in ihren Falten zu zerquetschen. Ich versuchte, sie abzureißen, aber sie packte dich, je näher sie kam ; und als ich zurücktrat und es entsetzt betrachtete, schien es die Form und die Gesichtszüge dieses elenden Wesens in Grün anzunehmen, das meinem Onkel den ganzen Tag wie ein gepeitschter Hund folgt.

„Schatz", sagte ihr Geliebter, „es war ein gesegneter Traum, denn er hat dich zu mir gebracht. Es gibt mir neues Leben, dich zu sehen. Aber ich wundere mich nicht, dass der Anblick dieses Kerls dir Albträume bescheren sollte. Das erste Mal." Als ich ihn sah, konnte ich nicht anders, als ihn die Seeschlange zu taufen. Sein unheilvolles Auge scheint immer auf mich gerichtet zu sein. Wenn ich ihn heute Abend treffen sollte, wäre ich versucht, ihn in die Tiefen des Ozeans zurückzuschicken, von wo aus er aussieht er war erst vor kurzem gekommen.

„Lieber, mach keine Witze über ihn. Ich bin nicht abergläubisch, aber ich fürchte diesen Mann und möchte, dass du vor ihm auf der Hut bist. Um dich vor ihm zu warnen, habe ich es riskiert, heute Abend zu dir zu kommen."

Sie war sehr aufgeregt, und Claude beruhigte und tröstete sie, indem er ihren Umhang umwickelte, um sie vor dem Sturm zu schützen, und sie mit Versprechungen und zärtlichen Worten beruhigte.

Während sich diese Szene an Deck abspielte, spielte sich unten in Robervals Kabine eine ganz andere ab. Gaillon , der so fit gewesen sein musste, dass er ohne Schlaf auskommen konnte, hatte gesehen, wie Marguerite ihre Kabine verließ und die Gangway hinaufstieg. Er wusste, dass Claude an Deck gegangen war, und es bestand kein Zweifel daran, dass die Liebenden zusammen waren. Jetzt war seine Chance. Er schlich sich zu De Robervals Hütte, öffnete die Tür auf eine Weise, die er selbst am besten kannte, und berührte beim Eintreten den schlafenden Edelmann an der Schulter.

Roberval war augenblicklich auf den Beinen und ein Dolch schoß an Gaillons Kehle. Der Mann war jedoch vorbereitet und ging schnell zur Tür zurück, wo das Licht aus dem Flur sein Gesicht voll beleuchtete. Roberval stieß einen Fluch aus, als er sah, wer es war.

„Hund von einem Attentäter!" rief er, „was führt dich hierher?"

„Wenn Ihre edelste Hoheit mich sprechen lässt", sagte Gaillon und zuckte unterwürfig zusammen, „ich habe wichtige Neuigkeiten, die ich nicht bis zum Morgen erhalten werde. Ihre Nichte ist nicht in ihrem Zimmer."

"Schurke!" brüllte De Roberval, „sei vorsichtig, was du sagst, sonst, beim Himmel, ich werde dich durchbohren!"

„Ihre Nichte, edler Sieur, hat ihre Kabine verlassen und ist jetzt mit ihrem Geliebten an Deck. Sie haben die Gewohnheit, sich nachts so zu treffen. Ich hätte Sie vorher gewarnt, aber ich fürchtete mich davor, Ihren Zorn selbst zum Ausdruck zu bringen Kopf. Selbst jetzt hätte ich geschwiegen, aber die Ehre deines Hauses hängt auf dem Spiel."

Roberval schien den letzten Teil dieser Rede kaum zu hören. Er hatte Gaillon den Rücken gekehrt und war dabei, schnell ein paar Klamotten anzuziehen. Nach zwei Minuten war er vollständig angezogen, drehte sich hastig um und rief: „Wer ist heute Abend der Ausguck?"

„Blaise Perron, der Picard, Sieur. Er hat sie zweifelsohne zusammen gesehen und hält jetzt Ausschau nach ihnen, um sich vor Eindringlingen zu schützen."

Das war eine Lüge, aber Gaillon blieb nicht bei Kleinigkeiten.

„Werde ihn für mich los", sagte Roberval knapp. „Es ist mir egal, wie."

Gaillon kicherte vor sich hin, als er seinem Herrn die Gangway hinauf folgte. Seine Pläne erwiesen sich als erfolgreicher als seine kühnsten Hoffnungen.

„Lasst uns in Luv schleichen, Sieur", flüsterte er. „Sie befinden sich auf der Leeseite des Vorschiffs, und wir werden sie zweifellos in den Armen des anderen finden."

Der Lärm des Windes und der Wellen übertönte ihre Schritte und sie konnten sich unbemerkt nähern, bis sie nur noch wenige Meter von den Liebenden entfernt waren. Claude war es gerade gelungen, Marguerite zu überreden, nach unten zu gehen und zu schlafen. Er hatte sie zum Abschied in die Arme genommen, und sie klammerte sich mit einer Ernsthaftigkeit, die ihren Vorahnungen entsprang, an ihn. Auf diese Weise überraschte Roberval sie.

Die erste Ahnung von seiner Anwesenheit war ein Fluch, der plötzlich aus der Dunkelheit ertönte. Claude sprang zurück und zog sein Rapier. De Roberval stand mit gezogenem Schwert vor ihm. Unfähig, einem Kampf zwischen ihrem Onkel und ihrem Geliebten beizuwohnen, warf sich Marguerite zwischen sie.

„Bedenken Sie, ich bitte Sie, Monsieur", sagte Claude hastig; „ Die Ehre Ihrer Nichte steht auf dem Spiel. Wenn wir die Aufmerksamkeit der Uhr erregen, wird der schöne Name eines De Roberval für immer besudelt sein."

Roberval senkte seine Waffe.

„Du sagst wahr", bemerkte er grimmig, „obwohl der Vorschlag meiner Meinung nach etwas spät kommt. Ich sollte mein Schwert entehren , um es gegen einen Lügner und einen Feigling zu ziehen. Handschellen und der Griff wären für jemanden wie dich ein passenderes Schicksal." ."

Bei diesen Worten ließ sogar Claudes Ausdauer nach, und er ignorierte Marguerites Bitten und stürzte sich auf De Roberval. Das Handgemenge lockte die Wache an, und mehrere Matrosen kamen angerannt. In der Dunkelheit und Verwirrung war es unmöglich, etwas klar zu erkennen, aber Claude war bald überwältigt, und De Robervals Stimme erklang über dem Tosen der Elemente und rief nach Handschellen. Gaillon erschien wie durch Zauberei bei ihnen; Und bevor die Besatzung etwas anderes als die Tatsache begreifen konnte , dass ihr Kommandant angegriffen worden war, waren Claudes Handgelenke aneinander gefesselt und er war machtlos. Als Gaillon damit fertig war, die Handschellen zurechtzurücken, warf sich der zuvor erwähnte junge Picard, der als einziger die Situation begriff, auf den Spion und packte ihn an der Kehle. Fast als sich seine Finger schlossen , lockerten sie ihren Griff wieder und er fiel kopfüber auf das Deck. Einige Augenblicke lang krümmte er sich vor Schmerzen, und als er auferweckt wurde, stellte sich heraus, dass er völlig tot war, obwohl an ihm keine Spuren von Gewalt zu finden waren.

„Es ist ein Urteil des Himmels", sagte Gaillon und bekreuzigte sich andächtig.

„Eher ein Urteil über die Hölle, aus der du gekommen bist", murmelte De Roberval. „Aber Sie haben Ihre Arbeit gut gemacht. Heben Sie das Aas über Bord", fügte er hinzu und versetzte dem Körper des jungen Seemanns einen verächtlichen Tritt. „Und jetzt zum Laderaum mit diesem Bösewicht. Und du", wandte er sich an seine Nichte, „in deine Kabine mit dir. Ich werde dir morgen mehr zu sagen haben."

Die ganze Szene war so schnell vergangen, dass das verwirrte Mädchen, bevor sie begreifen konnte , was passiert war, sah, wie ihr Geliebter in Ketten nach unten geführt wurde. Sie wäre ihm nachgeeilt, aber die starke Hand ihres Onkels hielt sie zurück, und sie musste zusehen, wie er verschwand, ohne sich von ihm verabschieden zu können.

Danach vergingen die Tage und Wochen, und Claude blieb in seinem Gefängnis, ohne Gefährten außer den Ratten, die ihn umschwärmten. Zum Glück waren seine Füße frei, sonst wäre er möglicherweise verschlungen worden. Sein Körper trug bereits die Spuren ihrer scharfen und hungrigen Zähne, mit denen sie ihn im Schlaf angegriffen hatten. Er wurde dünn und blass durch die enge Gefangenschaft und das erbärmliche Essen, das ihm dreimal am Tag von den Händen des Bösewichts Gaillon gebracht wurde . Sein Herz war bitter und er hatte die Hoffnung fast aufgegeben. Hätte er nicht gewusst, dass die Reise zu Ende gehen muss und dass sich seine Umstände dann ändern müssen, wäre er der Verzweiflung verfallen.

Er wurde von den rauen Kolonisten, die ihn vom Sehen kannten, vom Deck aus vermisst; Doch in der Mannschaft kursierte das Gerücht , er habe De Robervals Nichte beleidigt, und niemand wagte es, Mitleid mit seinem Schicksal auszudrücken. Die wenigen Männer von sanftem Blut an Bord kannten oder vermuteten die wahre Version der Geschichte, doch der Respekt vor Marguerites gutem Namen zwang sie zum Schweigen.

Während Claude in seinem Gefängnis schmachtete, wurde Marguerites Herz hart. Sie konnte sich nicht länger dazu durchringen, ihren Onkel zu respektieren. Sie vergoss keine Tränen und hörte auch nicht auf die mitfühlenden Worte ihrer Freundin Marie oder der alten *Bonne* ; aber ihr Gesicht wurde bleich und ernst, und um ihren Mund bildete sich ein entschlossener Ausdruck.

Die Seeleute verehrten sie als Heilige; und als sie an Deck erschien, nahm der raueste Mann seine Mütze ab, als sie vorbeikam, und brachte die Schimpfwörter auf seinen Lippen zum Schweigen. Der Verdacht über den wahren Sachverhalt kursierte im Ausland, aber niemand wagte es, Mitleid mit dem Gefangenen zu zeigen. Die Männer hatten große Ehrfurcht vor De Roberval und noch mehr vor dem schrecklichen Gaillon , der täglich die Gunst seines Herrn erlangte , dessen ergebener Diener er nun geworden war.

Die Dinge befanden sich immer noch in diesem Zustand, und De Roberval zeigte keine Anzeichen von Nachgiebigkeit, als Anfang Juni die zerklüfteten Küsten Neufundlands vor den dankbaren Augen der Besatzung auftauchten. Es war nicht ihr Ziel, aber zumindest war es Land; Und obwohl noch Gefahren zu überwinden waren, war es damals der weite Ozean, der die

Nerven der Seeleute auf eine harte Probe stellte. Sie freuten sich über den ersten Blick auf die Neue Welt nach der schrecklichen Langeweile der Reise.

Die drei Schiffe fuhren bald durch die enge Einfahrt, und die Seeleute waren erfreut, vor ihnen siebzehn Fischerboote sicher im Hafen liegen zu sehen . De Roberval warf den Anker, um seine Schiffe mit Fisch zu versorgen und frisches Wasser zu beschaffen. Doch kaum hatte er seine Vorbereitungen abgeschlossen, als die Nachricht durch die Schiffe ging, dass drei weitere Schiffe in den Hafen einliefen . Er wusste, dass die Spanier die Expedition bei ihrer Ausrüstung mit Eifersucht beobachtet hatten, und glaubte, dass der Angriff von Pamphilo de Narvaez auf ihn und seine Gruppe dazu gedacht war, dem Unternehmen ein Ende zu setzen. Da er also glaubte, es könnte sich um einen Feind handeln, der sich näherte, wollte er seinen Männern gerade den Befehl zu den Kanonen geben, als das führende Schiff die breite weiße Flagge entfaltete, die mit den *Lilien* Frankreichs übersät war. Als seine Männer den willkommenen Anblick sahen, stießen sie einen wilden Freudenschrei aus, der durch den Hafen hallte und von der Fischerflotte widerhallte. Wem könnten die Schiffe gehören? Hatte König Franziskus seine Großzügigkeit bereut und eine Flotte geschickt, um ihn zurückzurufen? Das kann kaum sein. Ein Schiff hätte hierfür ausgereicht. Während er in Gedanken über das wahrscheinliche Ziel der Flotte debattierte, drehte das führende Schiff um, ließ die Segel fallen, und als der Anker rasselnd in das dunkle Wasser sank, erkannte De Roberval es *La Grande Hermine* . Cartier verlässt seinen Posten? Was könnte das bedeuten?

Während die Aufmerksamkeit aller an Bord des Schiffes auf diese Weise abgelenkt wurde und keine Menschenseele unten blieb, um ihre Handlungen zu beobachten, beschloss Marguerite, einen Plan in die Tat umzusetzen, den sie schon vor langer Zeit geschmiedet hatte. Sie hatte ein loses Brett im Boden ihrer Hütte entdeckt und konnte es nun mithilfe von Bastienne und Marie entfernen. Ihre vereinten Bemühungen brachten ein Loch zum Vorschein, das groß genug war, dass sie hindurchpassen konnte. Als das Brett entfernt wurde, stürzte eine riesige Ratte heraus und löste bei den beiden anderen Frauen einen lauten Schrei aus. Marguerite schauderte, als sie in die schwarzen Tiefen unter ihr blickte und an die Schrecken dachte, die Claude all diese Wochen ertragen musste. Ohne zu zögern ließ sie sich auf den rauen Fässern, Kisten und Säcken nieder und begann, sich in der Dunkelheit zurechtzufinden, wobei sie leise den Namen ihres Geliebten rief. Eine Zeit lang kam keine Reaktion, aber als sie einen freien Raum erreichte, erkannte das Licht, das durch eine Öffnung im darüber liegenden Deck fiel, Claude, der ruhelos in seinem engen Gefängnis auf und ab ging , seine Ohren angestrengt, um die Bedeutung der Geräusche von oben zu erfassen. Sie war sofort an seiner Seite.

"Margerite!"

Er sagte nur ein einziges Wort und stand da und starrte sie an, ohne sie jedoch zu berühren. Als er plötzlich aus der Dunkelheit auf ihn zukam, hielt er sie für eine Vision. Aber ihre Arme schlangen sich um seinen Hals und der warme Druck ihrer Wange an seine überzeugte ihn von der Realität ihrer Anwesenheit. Er konnte sie nicht in seine gefesselten Arme nehmen; aber sie küsste die gefesselten Handgelenke und weinte, als sie den schrecklichen Unterschied sah, den die sechs Wochen in seiner einstmals robusten Gestalt bewirkt hatten. Der starke junge Soldat selbst, den der plötzliche Freudenschock nach seiner langen und trostlosen Einsamkeit so unerwartet überkam, konnte die Tränen nicht zurückhalten. Ihre Worte waren wenige und gebrochen. Marguerite erzählte ihm, wie sie einen Weg gefunden hatte, zu ihm zu gelangen, und wie die beiden anderen Frauen bis zu ihrer Rückkehr Wache hielten; und er zeigte ihr den engen Raum, in dem er all diese anstrengenden Tage in der Dämmerung auf und ab gegangen war, und die harte Matratze, auf der er geschlafen hatte. Bei diesem Anblick flossen ihr erneut die Tränen. Aber der zunehmende Lärm auf dem Deck darüber, die schweren Schritte und das Geschrei der Männer erinnerten sie an die Gegenwart.

„Wo sind wir, Liebste?" sagte Claude. „Wir können Charlesbourg Royal nicht erreicht haben?"

„Nein, wollte Gott, dass wir das hatten! Es ist Neufundland, und mein Onkel ist vor Anker gegangen, um frisches Wasser zu besorgen. O Claude, ich schaudere bei dem Gedanken, was aus uns werden wird. Mein Onkel ist sicherlich verrückt. Sein Temperament ist so unbändig geworden, dass Kaum ein Mann an Bord wagt es, ihn anzusprechen. Ich habe manchmal gedacht, dass dieser arme Gaillon , der ständig auf ihn aufpasst , ihn unter dem Einfluss einer Droge oder eines Zaubers halten muss, der sicherlich seine Intelligenz schwächt. Ich zittere, wenn er naht, denn ich weiß nicht, mit welcher neuen Beleidigung er mich überhäufen wird.

Claude knirschte mit den Zähnen.

„Wenn ich nur frei wäre und fünf Minuten lang meine Hände benutzen könnte!" er murmelte. „Warum habe ich mich ihm so lange unterworfen? Aber horchen Sie! Da geht sicher etwas von ungewöhnlicher Wichtigkeit über mir vor."

La Grande Hermine abgelegt , und man sah, wie Cartier hineinging. Roberval stand auf dem Achterdeck und beobachtete schweigend seine Annäherung. In diesem Moment berührte jemand seinen Arm. Es war Gaillon .

„Verzeihung, Sieur", murmelte er dem Edelmann ins Ohr, „aber jemand hat sich Zugang zu dem Gefangenen im Laderaum verschafft. Ich fürchte, er plant möglicherweise eine Flucht."

Roberval schwor einen furchtbaren Eid.

„Hier, Bruneau, Gachet !" „Runter mit euch in den Laderaum und hol mir den Gefangenen hierher und wer auch immer bei ihm ist. Von dort aus werden sie gut aussehen."

Er folgte den Männern die Gangway hinunter und wartete zwischen den Decks, während sie in Claudes Gefängnis hinabstiegen. Bevor sich die Liebenden trennen konnten, hatte einer der Raufbolde Marguerite unsanft an der Schulter gepackt. Claude hob seine gefesselten Arme und versetzte ihm einen Schlag, der ihn taumeln ließ, wurde aber selbst sofort von dem anderen Mann, Gachet , überwältigt und festgehalten . Bruneau, der sich wieder erholte und von dem Schlag, den er erlitten hatte, schmerzte, drehte sich zu Marguerite um, ergriff ihren Arm grob und rief: „Komm mit dir an Deck, du Luder!"

Roberval hörte die Worte und ihm wurde zum ersten Mal klar, dass es seine Nichte war, die unten war. Er sprang rechtzeitig vor, um zu sehen, wie sie totenbleich den Mann abschüttelte und allein die Leiter hinaufstieg. So außer sich vor Wut er auch war, er konnte nicht vergessen, dass sie eine Frau und eine De Roberval war. Er gab den Befehl, Claude in seinem Gefängnis festzuhalten, nahm mit eisiger Höflichkeit ihre Hand und führte sie zu ihrer Hütte, wo Marie und die alte Amme, halb verzweifelt vor Angst angesichts der Geräusche, die sie erreichten, noch immer am offenen Raum Wache hielten im Boden.

„Also, Madame", sagte Roberval zwischen zusammengebissenen Zähnen und mit einem stählernen Glitzern in den Augen, „das ist also die geniale Methode, mit der Sie es geschafft haben, Ihre Geliebte zu besuchen. Wir werden einen Weg finden, Sie beide zu tiefer Reue zu bewegen. " Ihre gestohlenen Interviews.

Er war verschwunden, bevor eine der Frauen ein Wort sagen konnte, und sie hörten, wie er sich mit seiner strengen und herrischen Stimme an den Mann wandte, der seine Nichte so grob angegriffen hatte.

„Du, Pierre Bruneau, Bösewicht und Halsabschneider, sollst lernen, was es heißt, einen De Roberval zu beleidigen. Bis zur Rahe mit ihm!" rief er den Männern zu, die sich um die Gangway versammelt hatten. „Cartier wird sehen, welche Art von Disziplin wir einhalten."

Niemand wagte es, ungehorsam zu sein. Bruneau wurde an Deck gebracht, die Schlinge wurde um seinen Hals gelegt, und als Cartier sich dem Schiff näherte, wurden seine erstaunten Augen vom Anblick der kämpfenden Gestalt des stämmigen Bösewichts begrüßt, als er sich in die Luft schwang.

Als Cartier an Bord kam, waren seine ersten Worte:

„Der Sieur De Roberval bereitet mir einen grässlichen Empfang."

„So ein Empfang", erwiderte De Roberval, „der alle erwartet, die meinen Befehlen nicht gehorchen oder meinen Namen beleidigen. Warum haben Sie Charlesbourg Royal verlassen?"

„Bevor ich diese Frage beantworte, Monsieur, muss ich wissen, ob sich Ihre letzte Bemerkung darauf bezieht, dass ich meinen Posten ohne Ihre Anweisung verlassen habe?"

„Was Sie wollen", sagte De Roberval hochmütig.

„Dann, Sieur, behalte ich mir das Recht vor, eine Antwort abzulehnen. Ich bin mein eigener Herr auf hoher See; und Jacques Cartier wird Beleidigungen von niemandem dulden."

Während er sprach, suchte seine Hand nach seinem Schwert, und De Robervals Waffe blitzte aus der Scheide.

Ein Streit stand unmittelbar bevor; aber Robervals Wut schien genauso plötzlich nachzulassen, wie sie aufgetaucht war.

„Stecken Sie Ihr Schwert hoch", sagte er streng. „Wir sind die Anführer, und der Tod eines oder beider von uns würde den Ruin des Unternehmens bedeuten."

„Soweit es mich betrifft, Sieur, ist es bereits zu Ende. Ich diene niemandem, am allerwenigsten einem, der solche Ausdrücke verwendet, wie Sie sie gerade auf mich angewendet haben. Ich habe es nicht eilig, zu streiten, aber da ich in Ich werde ehrenvoll daraus hervorgehen oder sterben.

„Bewundernswert gesagt", antwortete De Roberval, „und Kanada braucht genau so einen Mann wie Sie. Ich war in meiner Rede voreilig, aber ich hatte nicht den Verdacht, dass Sie Befehlen missachtet hätten. Ich nahm lediglich an, dass Sie Kanada wegen meiner langen Verspätung verlassen hatten hatte Sie zu dem Schluss gezwungen, dass ich das Unternehmen aufgegeben hatte. Sie haben mich zu schnell falsch interpretiert. Aber warum haben Sie Charlesbourg verlassen?" fragte er, als Cartier etwas widerstrebend sein Schwert in die Scheide steckte.

„Denn, Sieur, wir konnten dort nichts mehr tun. Die Eingeborenen waren unfreundlich und unsere Munition war fast erschöpft. Unsere Männer waren offen meuterisch; und ich konnte nichts mit den Halsabschneidern aus den Gefängnissen anfangen, von denen die Hälfte desertierte und wurden von umherziehenden Indianergruppen adoptiert.

Was auch immer De Roberval empfunden haben mag, als er diese Nachricht hörte, er ließ sich nichts anmerken.

„Seien Sie nicht entmutigt", sagte er. „Ich habe Waffen in Hülle und Fülle und Munition genug, um alle Wilden auf dem Kontinent zu besiegen. Kehren Sie zu Ihren Schiffen zurück und machen Sie sich bereit, morgen mit uns zurückzusegeln. Alles wird noch gut."

Aber Cartier hatte schnell einen Entschluss gefasst. Er würde nicht zurückkehren. Er sah die elende Bande von Kriminellen, die das Deck um ihn herum säumte, und er wusste, dass Robervals Unternehmen scheitern musste. Er beschloss, Zeit zu gewinnen.

„Sei es so, Sieur", antwortete er. „Morgen werden wir für die Rückreise bereit sein. Aber wo ist unser alter Freund, De Pontbriand ? Haben Sie ihn nicht mitgebracht?"

„Er ist an Bord", antwortete De Roberval mit ungerührter Stimme, „aber er war krank und hatte hohes Fieber. Für ihn ist vollkommene Ruhe angeordnet. Ich würde den Anweisungen des Arztes nicht gehorchen, wenn ich Ihnen erlauben würde, ihn zu sehen." ."

Etwas im metallischen Klang seiner Stimme löste bei Cartier einen kalten Schauer der Angst aus, eine drohende Gefahr drohenden Unheils. Es wäre jedoch sinnlos gewesen, sich weiter zu erkundigen, und so kehrte er zu seinem Schiff zurück, um sich mit La Pommeraye , seinem Stellvertreter, und seinen anderen Offizieren zu beraten.

KAPITEL VIII

La Pommeraye hatte die Verantwortung für *die La Grande Hermine* übernommen, während Cartier Robervals Schiff einen Besuch abstattete. Er wartete gespannt auf die Nachricht, die Cartier überbrachte, und seine ersten Anfragen richteten sich natürlich an seinen Freund De Pontbriand .

„Krank und in Gefahr?" rief er aus, als Cartier ihm die Worte von De Roberval wiederholt hatte. „Ich muss sofort zu ihm gehen."

„Habe ich Ihnen nicht gerade gesagt, dass ihn niemand sehen kann?" „Ich brauche seine Fürsorge. Aber uns wird befohlen, nach Kanada zurückzukehren", fügte er scharf hinzu.

"Niemals!" rief Charles voller Energie aus. „Das letzte Jahr hat uns eine Lektion erteilt. Die Bemühungen Frankreichs, an den zerklüfteten Ufern des Hochelaga eine Kolonie zu gründen, können keinen Erfolg haben."

„Ich fürchte", sagte Cartier, „dass es Ärger geben wird, wenn wir uns weigern, zurückzukehren." De Roberval würde nicht zögern, Gewalt anzuwenden; und unsere Männer sind nach den Strapazen, die sie ertragen mussten, so entmutigt und erschöpft, dass sie Widerstand leisten werden bis zum Tode jeden Versuch, sie zur Rückkehr zu zwingen."

„Wäre es nicht möglich, für kurze Zeit zurückzukehren und Charlesbourg zu verlassen, bevor der Winter kommt? Einen weiteren Winter werde ich nicht in Kanada verbringen – vor allem nicht mit den Schurken, die wir mitgebracht haben. Und wenn ich mich nicht irre, werden wir es tun." Von nun an müssen wir uns mit den Indianern herumschlagen, die jetzt von unseren elenden Deserteuren unterstützt werden."

„Wären wir noch einmal an Land", erwiderte Cartier, „wäre es sehr schwer, wieder wegzukommen. Roberval ist ein entschlossener Mann und er hat ganze zweihundert bewaffnete Männer auf seinen Schiffen. Wir wären zahlenmäßig unterlegen und leicht zu überwältigen." Wenn die Kolonisten, die er mitgebracht hat, einer besseren Klasse angehörten als unsrigen, gäbe es vielleicht Hoffnung auf endgültigen Erfolg; aber die elende Mannschaft, die seine Decks säumt, ist von der untersten Sorte. Sehen Sie, einer von ihnen schwingt gerade jetzt von dort drüben! Ich fürchte, der Galgen, den wir als Warnung für unsere Mitmenschen errichtet haben, wird gute und reiche Früchte tragen, sobald er sich in Kanada etabliert. Nein, Charles, wir müssen ihm im Schutz der Dunkelheit entkommen und uns nach Frankreich begeben. Das würde ich tun ihn nicht im Stich lassen, wenn es eine Chance auf Erfolg gäbe; aber mit seiner Gefolgschaft gesetzloser Ausgestoßener wäre es, selbst wenn es ihm gelingen sollte, eine Kolonie zu gründen, nur ein Seuchenfleck auf der Erde.

„Aber", unterbrach La Pommeraye , „haben Sie vergessen, dass De Pontbriand krank an Bord dieses Schiffes liegt? Ich kann nicht so niedrig sein, meinen Freund im Stich zu lassen."

„Darüber habe ich auch nachgedacht. Aber was kann man durch Bleiben nützen ? und werde mich zweifellos erholen. Ich habe außerdem einen Plan im Kopf, um unsere Freunde und die Ehre Frankreichs zu retten. König Franziskus vertraut mir. Er wagte dieses Unternehmen, um die erschöpfte Staatskasse Frankreichs zu füllen und das gesegnete Königreich Frankreichs zu verbreiten Herrgott, ich werde ihn davon überzeugen, dass die Bemühungen, eine Kolonie auf dem Hochelaga zu gründen, nur seine Ressourcen belasten werden und dass er genauso gut versuchen könnte, einen Malouin davon abzuhalten, zur See zu fahren, als zu versuchen, den roten Mann ins Königreich zu führen Père Grand und Père Boisseau werden mich in dem, was ich sage, bestätigen; und ich werde dann um ein Schiff bitten, das in die Neue Welt fährt, und Roberval und seine Kolonisten zur Rückkehr zwingen, wenn sie ihre Existenz in der Zwischenzeit nicht beendet haben der Kolonie, indem sie sich gegenseitig die Kehle durchschneiden. Es wird keine andere Möglichkeit geben, Claude zurückzubekommen; und sobald wir in Frankreich sind, können wir unsere ganze Energie in profitablere Reisen nach Indien stecken; Oder Sie finden einen Ausweg für Ihren Eifer , indem Sie Ihr Schwert gegen England und Spanien einsetzen. Franziskus wird sich nicht mehr lange aus dem Krieg heraushalten können."

„Aber seinen Freund im Stich zu lassen, und dieser Freund ist krank und hilflos! Das kann ich nicht", sagte La Pommeraye .

„Es ist keine Desertion. Sie können nichts Gutes bewirken, wenn Sie an Bord *der L'Heureux gehen* , und Sie können viel Schaden anrichten. In der gegenwärtigen Stimmung von De Roberval fürchte ich, dass die einzige Möglichkeit, unnötiges Blutvergießen zu verhindern, darin besteht, abzureisen, bevor er von unserem erfährt Absicht. Sobald wir sicher in Frankreich angekommen sind, wird es nicht mehr lange dauern, bis wir wieder in Kanada sind, um diesem törichten Plan der Kolonisierung ein Ende zu setzen. Um die Erlaubnis zur Rückkehr und ein Schiff für die Rückkehr zu bekommen, brauche ich Ihre Hilfe."

„Sie haben wohl Recht, aber es fällt mir schwer, Claude den Rücken zu kehren. Und wie soll ich jemals die Nachricht von seiner Krankheit der Mademoiselle de Vignan überbringen ?"

„Mdlle. de Vignan ? Ich dachte, es wäre die schwarzäugige Nichte dieses verrückten Tyrannen da drüben."

„Das habe ich zunächst auch getan; aber wenn Sie so viel gesehen hätten wie ich, würden Sie anders denken. Aber das erinnert mich daran – ich dachte, ich hätte Frauen an Bord von De Robervals Schiff gesehen, als wir ankamen ."

„Deine Augen haben dich nicht getäuscht. Es gab ein paar von ihnen auf dem Deck – elende Kreaturen, passende Gefährten für die Hangdogs, die das Rückgrat von Neu-Frankreich bilden werden. Es gibt einige von ihnen auf allen Schiffen; sie auch , wurden aus den Gefängnissen rekrutiert. Was für eine Rasse von Sündern wird in Charlesbourg Royal auftauchen, wenn wir zulassen, dass diese Kolonie Wurzeln schlägt!"

„Dann denken Sie daran, ich gehe davon aus, dass wir zurückkehren, sobald wir den König dazu bringen können, die Expedition zurückzurufen. Ich werde keinen glücklichen Moment erleben, bis ich Claudes Hand noch einmal ergreife."

Um ehrlich zu sein, hat die Aussicht, Marguerite so bald und ohne die wachsame Aufsicht ihres Onkels zu sehen, La Pommeraye erheblich dazu bewogen, der Abreise zuzustimmen. Dennoch blieb er seinem Freund treu; Und hätte man irgendetwas finden können, um Claude vor dem Schicksal zu retten, das ihn in der neuen Kolonie erwartete, wäre er nicht gegangen, ohne den Versuch unternommen zu haben. Aber wenn ihr Plan Erfolg haben soll, muss er sofort in die Tat umgesetzt werden. Eine Verspätung von einem Tag könnte fatal sein.

Cartier ließ die Kapitäne der anderen Schiffe an Bord *der La Grande Hermine kommen* . Bei ihrer Ankunft zeigte er auf die Leiche, die noch immer an den Rahen von de Robervals Schiff hing, und erzählte ihnen, was sie erwarten würden, wenn sie zurückkehren würden.

Sie hatten genug von Kanada und stimmten Cartiers Fluchtplan eifrig zu. Sie kehrten zu ihren Schiffen zurück, um auf ein Zeichen ihres Anführers hin den sofortigen Aufbruch vorzubereiten.

Die Nacht senkte sich über den Hafen ; und am ruhigen Juniabend begannen die Seeleute, jubelnd darüber, nach den Gefahren des breiten Atlantiks einen Zufluchtsort erreicht zu haben, einige der Chansons ihrer Heimat in der Alten Welt zu singen . Die Fischer in den Booten hörten das Lied auf, und ein fröhlicher Chor erklang über das stille Wasser; aber auf Cartiers Schiffen herrschte Stille. Die Besatzungen hatten erfahren, dass Roberval ihre Rückkehr befohlen hatte, und sie wussten auch, dass Cartier nicht die Absicht hatte, zu gehorchen. Hätte er es tatsächlich versucht, wären sie von dem trostlosen und mühsamen Leben in Charlesbourg Royal so angewidert gewesen, dass sie zweifellos meutert hätten. Ihre entschlossenen Gesichter blickten durch die zunehmende Dunkelheit. In dieser Nacht ging niemand zur Ruhe. Sie wussten, dass Cartier, wenn eine Brise aufkam, dies ausnutzen und sich aus dem Hafen stehlen wollte .

Ein Sänger nach dem anderen wurde müde, und gegen Mitternacht durchbrachen nur noch ein paar unterbrochene Töne die Stille. Bald war alles still wie im Grab, bis auf den gelegentlichen Schrei eines Tieres, das am Ufer auf der Suche nach Nahrung umherstreifte.

Gegen ein Uhr morgens wehte vom Land her eine sanfte Brise über das Wasser. Ein stummes Signal ertönte zwischen Cartiers Schiffen, und sofort bewegten sich dunkle Gestalten auf ihren Decks hin und her. Es war kein Geräusch zu hören, aber es wurden Vorbereitungen getroffen, um sofort loszufahren. Es war unmöglich, die Anker zu heben, ohne De Roberval zu alarmieren; So wurden die Taue leise abgezogen, die Segel ebenso leise gehisst, und die drei Schiffe drehten sich gleichzeitig um, sausten bis auf hundert Meter an De Robervals Schiff heran und steuerten auf die Hafeneinfahrt zu . Der Ausguck sah sie, sagte aber im Halbschlaf und in der Annahme, sie seien Teil der Fischereiflotte, kein Wort.

In der Zwischenzeit war Marguerite, erschöpft von allem, was sie tagsüber durchgemacht hatte, in einen unruhigen Schlaf gefallen, der von unruhigen Träumen unterbrochen wurde. Nach der Szene mit ihrem Onkel, die mit der Erhängung des unglückseligen Bruneau geendet hatte, hatte sie ihren Beichtvater, den guten Père Lebeau , den einzigen Priester an Bord *der L'Heureux , holen lassen* . Dieser gute Mann hatte durch seinen Einfluss bei De Roberval Zutritt zu Claudes Gefängnis erlangt und ihn wiederholt besucht, Trost und Trost gespendet und ihn ermutigt, hoffnungsvoll und geduldig auf das Ende der Reise zu warten. Zufällig hatte er das Schiff in einem der Boote verlassen, die sich auf den Weg gemacht hatten, um frisches Wasser zu holen; und war daher während der stürmischen Szene im Frachtraum oder dem darauf folgenden Interview zwischen Cartier und Roberval nicht anwesend. Bei seiner Rückkehr erhielt er jedoch von Margaretens Lippen einen ausführlichen Bericht über alles, was geschehen war. Er blieb einige Zeit bei ihr, tröstete und beruhigte sie und ließ sie einigermaßen getröstet zurück durch sein Versprechen, De Roberval aufzusuchen und sich noch einmal zu bemühen , ihn von dem falschen Weg zu überzeugen, den er einschlug.

Nach Einbruch der Dunkelheit Marguerite mit Mdlle. De Vignan und die alte Bastienne schlichen sich an Deck, um frische Luft zu schnappen und mit wehmütigen Augen auf Cartiers Schiffe zu blicken. Der Körper von Bruneau schwankte immer noch von den Höfen, ein gespenstisches Bild im trüben Zwielicht. Sie schauderten, als sie es sahen.

„Aber Mut, Marguerite", flüsterte Marie. „Cartier ist in der Nähe, und er und La Pommeraye werden sicherlich in der Lage sein, Ihren Onkel zu beeinflussen. Ich bin sicher, dass uns morgen bessere Dinge bringen werden."

„Das hoffe ich", sagte Marguerite traurig. „Es ist in der Tat an der Zeit. Wenn Charles de la Pommeraye das Schicksal seines Freundes erfährt, wird er nicht ruhen, bis er Claude befreit hat, da bin ich mir sicher. Aber mein Onkel wird keinen Widerstand dulden; und ich fürchte, dass es vorher noch mehr Blut vergießen wird." alles kann erreicht werden.

Sie seufzte, während sie sprach; und nach einer Weile kehrten die drei Frauen in ihre engen, beengten Gemächer zurück, wo Marie, ihre Freundin in den Armen haltend, sie mit Hoffnungen auf das, was der Morgen bringen würde, zu trösten versuchte. Gerade als sie einschliefen und durch diesen Hoffnungsschimmer in ihrer Einsamkeit ein wenig aufgeheitert waren, schlich *La Grande Hermine* schweigend in der Dunkelheit draußen vorbei und machte sich auf den Weg nach Frankreich.

Als De Roberval am nächsten Morgen an Deck kam, ließ er seinen Blick über den Hafen schweifen , suchte aber vergeblich nach Cartiers Schiffen.

„Schicken Sie mir sofort die Wachposten der letzten Nacht", rief er seinem Segelführer Jehan Alfonse zu. „Welche Uhr hast du genommen?" fragte er streng einen jungen Malouin , der zitternd vor ihm stand.

„Von acht bis zwölf, Sieur."

„Und hast du gesehen, wie die Schiffe den Hafen verlassen haben ?"

„Nein, Sieur; kein Schiff ist an uns vorbeigefahren, als ich auf meinem Posten war."

„Und ich, Sieur", sagte ein braungebrannter alter Seemann, der jeden Teil der damals bekannten Welt erkundet hatte, „ging heute Morgen um vier Uhr weiter, aber seitdem rührte sich keine Maus mehr; und tatsächlich hätten sie ohne mein Wissen nicht entkommen können." , denn seit dieser Stunde ist heller Tag.

„Ich fürchte, Sieur", sagte schüchtern ein junger Picard aus Robervals Anwesen, der stumm im Hintergrund gestanden hatte, „dass ich schuld daran bin, dass ich das Schiff nicht alarmiert habe, falls irgendjemand dafür verantwortlich ist. Ich hatte mich kaum auf den Weg gemacht." Beobachten Sie, wie die drei Schiffe an uns vorbeifuhren. Sie fuhren so lautlos, dass ich sie für schläfrige Fischer auf dem Weg zum Ufer hielt.

„ *Sacré Dieu!* " schrie Roberval; „Du hast uns alle ruiniert! Hätte ich dir das Schicksal gegeben, das du verdienst, würde ich dich genauso hoch aufhängen wie Bruneau gestern! Bring ihn nach unten", rief er den Männern zu, die daneben standen, „und halte ihn für die ganze Zeit in Ketten." Rest der Reise.

„Seien Sie nicht zu streng mit dem jungen Mann, Sieur", warf Jehan Alfonse ein und trat vor; „Er ist ein treuer und treuer Seemann; und wir haben zu wenige zuverlässige Männer an Bord, um diejenigen gegen uns aufzubringen, auf die wir uns verlassen können."

"Schweigen!" brüllte De Roberval, jetzt in überwältigender Leidenschaft. „Habe ich Sie um Rat gefragt? Ich weiß, worauf ich mich verlassen kann – auf meinen eigenen Willen und das Seil dort drüben. Passen Sie auf, dass Sie nicht Ihren eigenen Kopf darin finden."

„Sieur", erwiderte der Segelmeister bestimmt, „Sie können mich beleidigen – Sie können mich hängen, wenn Sie wollen – aber ich muss sprechen. Ich warne Sie, dass die Expedition ruiniert sein wird, bevor wir sie erreichen, wenn Sie Ihren jetzigen Kurs beibehalten Charlesbourg Royal, wenn es nicht schon ruiniert ist. Ihre hastigen Worte an Jacques Cartier gestern haben uns den besten Seemann der Welt verloren, denn er hat zweifellos die Segel nach Frankreich gesetzt."

„Zumindest werden Sie feststellen", rief De Roberval, der zu diesem Zeitpunkt in glühender Hitze war, „dass ich der Kommandant meines eigenen Schiffes bin. Verlassen Sie das Schiff sofort. Gehen Sie an Bord der *François* und nehmen Sie diesen Bösewicht mit, dessen … Nachlässigkeit hat unser Vermögen ruiniert. Und bleiben Sie. Ich werde großzügig sein. Sie sind von der verrückten Idee besessen, dass Sie durch die Reise nach Norden einen Weg nach China und Indien finden. Gehen Sie also, und wenn Sie mit Ihrem törichten Auftrag fertig sind, kehren Sie zurück Charlesbourg Royal, und bereiten Sie sich darauf vor, meinen Befehlen zu gehorchen.

Jehan Alfonses Herz hüpfte vor Freude. Beleidigungen machten ihm jetzt nichts aus; Er war frei, hatte das Kommando über ein Schiff und konnte den geschätzten Plan seines Lebens verfolgen! Er würde finden, was Kolumbus nicht entdeckt hatte: die lange gesuchte Nordwestpassage. Irgendwo muss dieser große Polarstrom herkommen, der von Norden herabströmt. Er würde der Küste von Labrador folgen. Dieser mächtige Kontinent könnte nicht ewig bestehen ; Es musste einen Weg geben, ihn zu umgehen, und sein Name würde als der Entdecker überliefert. Es dauerte nicht lange, bis er *L'Heureux* verließ , und bevor der Tag zu Ende ging, war er außer Sichtweite und machte sich auf den Weg nach Norden.

De Roberval hatte ein finsteres Motiv, ihn wegzuschicken. Er hatte eine schlaflose Nacht verbracht. Am Abend zuvor hatte Père Lebeau eine lange Unterredung mit ihm geführt und sich für die Sache Marguerites und ihres Geliebten eingesetzt, De Roberval ihrer Unschuld versichert und ihn gebeten, nicht länger in der grausamen Gefangenschaft von Claude zu verharren. Aber De Robervals gefühllose Wut steigerte sich nur noch. Er weigerte sich, auf die Argumente zu hören und befahl dem Priester, seine Anwesenheit zu verweigern. Der gute Vater, der sah, dass seine Bemühungen die Situation nur verschlimmerten, musste von seinen Bitten absehen und verließ die Hütte schweren Herzens. Die ganze Nacht über lag De Roberval wach und grübelte darüber nach, wie er seine beleidigte Autorität rächen könnte. und am Morgen hatte er beschlossen, dass De Pontbriand der Besatzung ein Exempel statuieren sollte. Die Gestalt von Bruneau schwankte vor seinem verwirrten geistigen Blick immer wieder hin und her, und als er sie betrachtete, beschloss er, dass die von De Pontbriand an ihre Stelle treten sollte. Als der teuflische Gedanke Gestalt annahm, schreckte er zunächst davor zurück. Hängen Sie einen Gentleman von Frankreich! Aber ein Wahnsinn erfasste ihn, und er unterdrückte seine besseren Impulse und beschloss, seinen Entschluss in die Tat umzusetzen und allen an Bord zu lehren, dass jedem Mann – ob Adliger oder Bauer – das gleiche Schicksal bevorstand, der seinem Willen nicht gehorchte.

Aber er fürchtete Jehan Alfonse. Er wusste, dass der überzeugte und mutige Segelführer sich seiner Aktion widersetzen würde; und er beschloss, ihn loszuwerden. Er lächelte grimmig, als er sah, wie sein Schiff schnell auf den Atlantik zusteuerte. Er fürchtete sich auch vor Cartier; und hatte beschlossen, die Hinrichtung aufzuschieben, bis er ihn auf den Weg nach Charlesbourg Royal geschickt hatte. Jetzt konnte er jedoch mit seinem Plan fortfahren; Beide Hindernisse waren beseitigt, und nichts hinderte ihn daran, seinen Plan sofort auszuführen. Aber er fürchtete, dass Paul d'Auxhillon und die ein oder zwei Freunde von Claude, die ihn begleitet hatten, sich seinem Plan widersetzen könnten; und dementsprechend beriet er sich mit Gaillon , bevor er es in die Tat umsetzte.

Dieser Bösewicht war erfreut über die Wendung, die die Dinge nahmen.

„Sie handeln klug, edler Sieur“, sagte er. „Ich hatte schon lange das Gefühl, dass De Pontbriand dort in der Festung die größte Bedrohung für den Erfolg unserer Kolonie darstellte. Ich habe bereits mehrere Pläne für seine Freilassung entdeckt und wusste schon lange, dass nur sein Tod uns Sicherheit bringen könnte. Aber tun Sie das nicht.“ Fahren Sie mit seiner Hinrichtung bis zum nächsten Tag fort. Heute Abend werde ich die Gläubigen anhören und sie bereit machen, jeden niederzuschlagen, der auch nur den geringsten Widerstand leistet. Wäre es nicht gut, wenn alle an Bord Zeugen dieses Treffens wären – aus Gerechtigkeit?“

„Alle“, rief De Roberval. „Jede Seele, einschließlich seiner Geliebten. Verlass mich jetzt und halte bis zum Morgen alles bereit.“

Als das erste Grau der Morgendämmerung begann, die Nebel der Nacht zu vertreiben, begann die Glocke von *L'Heureux* über das Wasser zu läuten. Seine Warnhinweise lösten einen Schauer der Erwartung durch das Schiff aus. Die meisten an Bord wussten, was dieses feierliche Geläut bedeutete; und als die Glocke nach den üblichen acht Schlägen, die das Ende der Wache markierten, mit ihrem gemessenen Läuten fortfuhr, erfüllten die übrigen die vage Beunruhigung darüber, dass sie nicht wussten, was. Die Fischer im Hafen wurden durch das Geräusch geweckt, und die Mannschaften der Boote stellten ihre Takelage auf, bereit, nach dem schrecklichen Schauspiel, das sie bei der Ankunft von *L'Heureux begrüßt hatte, ein neues* Beispiel von De Robervals Disziplin zu sehen .

Bald standen alle Menschen an Bord des Schiffes mit Ausnahme der drei Frauen an Deck, und de Roberval, der ihre Abwesenheit bemerkte, ging unter sich und befahl ihnen grob, sich anzuziehen und sofort nach oben zu kommen.

Als alle versammelt waren, sprach De Roberval zu ihnen. Sein Gesicht war blass und ernst, und in seinen Augen glitzerte eine kalte und grausame Entschlossenheit.

„Du bist gekommen", sagte er, „um zu sehen, wie ein Verbrechen seine gerechte Strafe erhält, und obwohl Schande über meine eigenen Verwandten gekommen ist, wird meine Hand nicht nachlassen. Bring den Gefangenen an Deck."

Als Gaillon und zwei Mitglieder der Besatzung sich auf den Weg machten, um Claude abzuholen, eilte Père Lebeau , der die Entwicklung der Ereignisse mit Entsetzen beobachtet hatte, an Robervals Seite und bat ihn mit der Hand auf dem Arm, darüber nachzudenken.

„Ihre Nichte ist unschuldig, Monsieur", rief er. „Wirst du deinen Namen entehren und einen unschuldigen Mann ohne Gerichtsverfahren ermorden?"

De Roberval schüttelte ihn wütend ab und befahl ihm, sich nicht weiter einzumischen, sonst sollte er Claudes Schicksal teilen.

„Ich kümmere mich nicht um mich selbst", sagte der unerschrockene Priester. „Ich kann nicht tatenlos zusehen, wie ein Mord kaltblütig geschieht. Gibt es in dieser Menge keinen mutigen Mann, der mir helfen wird, diesem Tyrannen zu widerstehen?"

Paul d'Auxhillon und die ein oder zwei anderen Herren an Bord, denen nun zum ersten Mal klar wurde , was passieren würde, sprangen mit gezogenen Schwertern vor und wurden von ein paar Picard-Gefolgsleuten von Roberval begleitet. Für einen Moment sah es so aus, als könnte Claudes Schicksal abgewendet werden.

Aber Gaillon hatte seine Arbeit gut gemacht. Auf ein Zeichen von De Roberval stürmten die Männer, die auf beiden Seiten des Decks aufgestellt waren, vorwärts; Das halbe Dutzend Freiwillige war schnell überwältigt und nach einem kurzen Kampf gefesselt und hilflos.

In diesem Moment erschien Gaillon mit dem Gefangenen. Der Anblick seines blassen Gesichts und der ungepflegten Haare, seiner abgenutzten, fast abgemagerten Gliedmaßen und seiner verletzten und geschwollenen Handgelenke erweckte selbst bei den gesetzlosen Schurken, aus denen die Besatzung bestand, ein mitfühlendes Murmeln.

Marguerite, die während dieser Ereignisse wie in einem Traum gestanden hatte, erkannte beim Anblick ihres Geliebten zum ersten Mal, was Robervals Absichten waren. Ihr stolzer Geist, der sie während der gesamten Reise so edel getragen hatte, gab schließlich nach, und sie warf sich ihrem Onkel zu Füßen und flehte ihn um Gnade an.

Roberval gewährte ihr keine Antwort, aber er hob sie mit eisernem Griff hoch und trug sie halb ohnmächtig zu Marie und Bastienne , die zusammen an der Seite des Schiffes kauerten.

„Tun Sie Ihre Pflicht", sagte er zu Gaillon ; „Und wenn jemand ein Wort des Protests erhebt, soll er vom anderen Ende des Hofes aus zuschlagen."

Gaillon brauchte kein zweites Gebot. Die Schlinge wurde schnell um Claudes Hals geworfen; Das Seil wurde festgezogen, und der Priester, an den niemand Hand angelegt hatte, stand da, das Kruzifix vor seinen Augen haltend, und murmelte die letzten Ämter der Kirche. Gerade als der junge Mann hochgeschwungen werden wollte, wandte er sich mit unerschütterlicher Ruhe an De Roberval und sagte mit fester, unerschütterlicher Stimme:

„Der Sohn von Louise d'Artignan verflucht dich mit seinem letzten Atemzug! Mögest du durch deine eigene mörderische Hand elend umkommen!"

De Robervals gesamter Gesichtsausdruck veränderte sich augenblicklich von kalter Gleichgültigkeit zu wilder Wut. Er machte einen Schritt nach vorne, als hätte er selbst Claudes Leben mit einem Schlag beendet, hielt dann inne – und hob die Hand.

„Bleib, Gaillon ", donnerte er. „Nimm den Hund zur Strecke! Schicke ihn zurück in seinen Zwinger! Die verfluchten Augen deiner Mutter haben dich gerettet!" er zischte Claude an. „Ich werde einen anderen Weg finden, dich leiden zu lassen."

Er drehte sich auf dem Absatz um, und diejenigen, die ihm am nächsten standen, hörten ihn murmeln: „Louise d'Artignan !" unter seinem Atem. Als die Worte seine Lippen verließen, fiel er kopfüber auf das Deck und hatte Schaum vor dem Mund.

Gaillon schickte seinen Gefangenen nach unten, zog ein Fläschchen aus seiner Tasche und drückte ein paar Tropfen zwischen die fest zusammengebissenen Zähne des Edelmanns. Dann trug er ihn zu seiner

Koje und blieb an seiner Seite, beobachtete und kümmerte sich allein um ihn; Während an Deck jeder Mann freier atmete und geflüsterte Worte des Erstaunens von Lippe zu Lippe gingen.

KAPITEL IX

Den ganzen Tag und die folgende Nacht lagen *L'Heureux* und ihre Gefährten vor Anker. Gegen Nachmittag erholte sich Roberval ausreichend, um Befehle zu erteilen, die Gaillon an die Besatzung übermittelte. Die Männer waren von den seltsamen Szenen, deren Zeuge sie geworden waren, so beeindruckt, und sie hatten so große Ehrfurcht vor Roberval und dem schrecklichen Gaillon , dass es nicht zu der Unordnung kam, die man natürlich hätte erwarten können. An die Stelle von Jehan Alfonse trat ein erfahrener und entschlossener Seemann namens Jacques Herbert, zu dem Roberval vollkommenes Vertrauen hatte. Unter seiner Leitung kehrten die Männer zu ihren Berufen zurück; die Gefangenen des Vormittags wurden freigelassen; und bald war von den außergewöhnlichen Ereignissen, die stattgefunden hatten, keine Spur mehr zu sehen. Claude blieb im Frachtraum und Marguerite war zu krank, um ihre Kabine zu verlassen.

Als Roberval am nächsten Morgen an Deck kam, fegte ein starker Südwind über den Hafen . Herbert erhielt sofort den Befehl, das Schiff seebereit zu machen. Mannschaft und Kapitän waren gleichermaßen bestrebt, den Ort zu verlassen, der Schauplatz so vieler Schrecken gewesen war, und willige Hände entfalteten bald die Segel, den Anker auf dem Katamaran und das Ruder fest unten, während das Schiff herumschwang raste davon in Richtung des breiten Atlantiks.

„Nach Norden", sagte De Roberval, als Herbert zu ihm kam, um zu erfahren, welche Richtung er einschlagen sollte. „Es ist der kürzere Weg, wenn auch gefährlicher. Wir werden den Spuren von Jehan Alfonse folgen. Und vielleicht möchte ich die kargen Ländereien von Labrador berühren. Gold wird immer in kargen Regionen gefunden, und Gold wird für unsere Zwecke benötigt." Kolonie."

Herbert war ein robuster Seemann, der mehr an ein Stück Pökelfleisch und eine Flasche Brandy dachte als an Goldbarren. Für ihn war Gold nur zum Ausgeben nützlich; und welchen Nutzen es in der Neuen Welt haben würde, wo es nichts zu kaufen gab, was man nicht für ein paar Glasperlen und ein oder zwei bleierne Schmuckstücke bekommen konnte, konnte sich sein Verstand nicht vorstellen. Er zuckte mit den Schultern angesichts der Laune des Edelmanns, wie er es für richtig hielt, antwortete aber mit einem fröhlichen „Ja, ja, Monsieur." Und als die Schiffe hinter der Landzunge hervorragten und auf das weiße Gewässer zusteuerten, erklang seine Trompetenstimme: „Steuerbord, Steuerbord! ‚Kümmert euch um die Schoten!'"

Einen Augenblick später segelte das tapfere Fahrzeug mit aufgeblasenen Segeln vor der folgenden Brise weiter nach Norden und segelte über die Gipfel der jagenden Wellen. Die ganze Nacht segelte sie und den ganzen darauffolgenden Tag hindurch, und immer noch standen die zerklüfteten Küsten Neufundlands zu ihrer Linken. Am dritten Tag erschien vor uns am Horizont eine kleine, neblige Wolke. Zuerst dachten die Seeleute, es sei ein anderes Schiff, aber einer, der scharfsichtiger war als die anderen, erklärte, es sei eine Insel.

"Eine Insel?" sagte ein zäher Fischer, der seit der Entdeckung durch Kolumbus viele Reisen in die Neue Welt unternommen hatte, um dort Fische zu fangen, „dann muss es die ,Insel der Dämonen' sein." Ich habe danach Ausschau gehalten. Die Luft ist seit einigen Stunden heiß und drückend.

„Unsinn, Laurent! Das ist deine Einbildung."

„Gehen Sie davon weg", beharrte der Seemann. „Lasst uns das Hauptufer umarmen. Ich kenne die Stelle; kein Schiff segelt jemals in der Nähe davon. Mehrere taten es in frühen Zeiten, aber die Dämonen stürzten sich auf sie, zerschmetterten ihre Schiffe an den Felsen und verschleppten die Besatzungen zu ihren Plätzen."

Auch andere hatten davon gehört, und in der Mannschaft breitete sich ein Schauer abergläubischer Ehrfurcht aus. Als das ferne Land näher rückte, riefen die Lippen, die immer von Obszönitäten befleckt waren, und die Herzen, die vor Verbrechen schwarz waren, die Heiligen, sie zu retten und zu beschützen; und selbst der skeptische Herbert, als er auf den dunklen Felsen blickte, der von lockigen Nebeln gekrönt war, bildete sich zusammen mit den anderen ein, er könnte seltsame, schreckliche Gestalten sehen, die über dem Ufer schwebten. Der Schrecken des Ortes erfasste ihn. Er stürzte zum Ruder, drückte es kräftig nieder und bemühte sich , der gefürchteten Insel einen möglichst großen Bogen zu machen.

In diesem Moment erschien Roberval am Tatort, um sich nach der Ursache der Störung zu erkundigen.

"Was bedeutet das?" rief er Herbert zu.

„Die Insel der Dämonen", murmelte der nun völlig alarmierte Seemann. „Kannst du nicht ihre wilden Stimmen hören, die uns nachjagen ?"

„Die Insel der Dämonen! Was kümmern mich die ganzen Dämonen in der Hölle? Kehren Sie sofort zu Ihrem Kurs zurück; wir haben bereits zu viel Zeit verloren."

„Aber, Monsieur", sagte der alte Fischer, der zuerst gesprochen hatte, „es ist bekannt, dass sie Schiffe und Menschen völlig zerstört haben. Guillaume de Noué wagte es, sich ihnen zu widersetzen, und versuchte, in die Nähe der

Insel zu segeln, aber e Als sein Schiff einen Ankerplatz erreichen konnte, sank es ohne Vorwarnung und riss die gesamte Besatzung mit sich, mit Ausnahme von Guillaume, der von den Dämonen in die Luft getragen und zu ihren Wohnsitzen im Landesinneren getragen wurde.

„Und wer", antwortete De Roberval sarkastisch, „kann für die Geschichte bürgen, als die gesamte Besatzung umkam und der tapfere Kapitän in die Unterwelt versetzt wurde? Du musst dir eine bessere Geschichte ausdenken, guter Laurent."

„Verzeihen Sie, Monsieur, aber ich kann dafür einstehen, dass es wahr ist. Ich war mit Guillaume auf der *Belle Marie* unterwegs Die Teufel. Es gab keinen Zweifel an ihm; sein roter Schlauch und sein scharlachroter Hut waren die einzigen an Bord seines Schiffes. Ich hätte versucht, ihn zu retten, aber meine Mannschaft, die ebenfalls Zeuge des Anblicks war, fiel über mich her, ergriff das Ruder, und ruhten weder Tag noch Nacht, bis wir sicher im Hafen von St. Malo waren, und kein einziger von ihnen konnte jemals wieder überredet werden, ein Schiff zu betreten, das in die Neue Welt fuhr.

„Pisch!" sagte Roberval verächtlich. „Legen Sie Ihr Ruder an Backbord, Herbert, und steuern Sie auf diese Insel zu. Ich bin der Kapitän dieser Expedition, und wenn es irgendwelche Dämonen auf dem Land gibt , müssen sie mir huldigen. Aber ich glaube, wir werden weder den roten Schlauch deines Freundes noch finden der Wohnsitz aller Dämonen, außer ein paar Rothäuten, die aus Neufundland hierher geweht wurden und es nicht wagen, zurückzukehren.

„Aber, Herr –", begann der zitternde Herbert.

„Aber nicht ich", sagte De Roberval. „Nehmen Sie Ihr Ruder auf Backbord, oder ich lasse Sie durch!" und er zog drohend sein Rapier. In einem Augenblick änderte sich der Kurs des Schiffes und es steuerte zur Bestürzung der Seeleute auf die verwunschene Insel zu. Das schwarze Wasser wurde immer schwärzer, je näher sie kamen, und jeden Augenblick erwarteten sie, dass ihr Schiff unter ihnen versinken würde. Das Blei wurde geworfen, aber es konnte kein Ankerplatz gefunden werden; und erst als sie nur noch wenige hundert Meter vom Ufer entfernt waren, war das willkommene Geräusch der rasselnden Kette und des fallenden Ankers zu hören.

Das Land war tatsächlich nicht einladend. Karg, unfruchtbar, braun wie ein Herbstfeld; An allen Seiten erhoben sich graue Klippen, deren Gipfel nicht zu erkennen waren, denn ein dichter Nebel hing über ihnen und ließ nur den dunklen Fuß erkennen. Möwen und Seeschwalben flogen schreiend über uns hinweg und schossen um das seltsame Schiff herum, das es gewagt hatte, in die heiligen Gebiete ihrer Insel einzudringen. Die großen Wellen, die an das eisenbewehrte Ufer heranrollten, sorgten für ununterbrochene Artillerie, während die mächtigen Felsbrocken den steinigen Strand entlang schlugen. Dumpfes, hohles Stöhnen drang aus den vielen Höhlen, die die Zeit in den Klippen hinterlassen hatte; und das Rauschen des Wassers, das Dröhnen der Felsen, das ständige Brüllen der Wellen am Ufer und die wilden Schreie der Vögel – all das ließ die verängstigten Seeleute glauben, sie hätten tatsächlich die Wohnstätte des Prinzen von erreicht Teuflisch.

Aber zwei Männer waren weder von der Szene noch vom Aufruhr betroffen – Michel Gaillon und De Roberval. Letzterer hatte einen plötzlichen Entschluss gefasst. Seine Nichte und ihre Gefährten müssen bestraft werden. Er konnte sie nicht mit eigener Hand töten, und sie aus dem Weg zu räumen, ohne ein öffentliches Exempel an ihnen zu statuieren, wäre Rache ohne Zweck; denn der Mann war trotz seiner wahnsinnigen Barbarei davon überzeugt, dass er große und edle Ziele verfolgte. Nun bot sich ihm eine herrliche Gelegenheit, eine heilsame Lektion zu erteilen. Er würde die Frauen an diesem trostlosen Ort landen lassen, ihnen Proviant für ein Jahr geben und vor diesem Zeitpunkt zurückkehren und sie in seine Kolonie bringen. Dies würde sicherlich seine Autorität untermauern und für die Zukunft eine Warnung an alle Übeltäter sein.

Er drehte sich zu Gaillon um, der neben ihm stand und über die Schrecken der Besatzung lächelte.

„Machen Sie das Boot bereit und befehlen Sie den Frauen, sich auf die Landung vorzubereiten. Ich werde ihnen einen Urlaub auf der Insel schenken.“

Dies war ein Projekt ganz nach Gaillons Herzenswunsch. Er rieb sich mit teuflischer Freude die Hände und machte sich daran, die notwendigen Befehle zu erteilen. Bald wurde ein Boot zu Wasser gelassen und reichlich mit Proviant, Kleidung und Munition gefüllt. Gaillon und zwei oder drei der Desperados, die er vollständig unter seiner Kontrolle hatte, zogen ihre Fracht an Land und landeten. Roberval selbst überwachte die Auswahl der Schiffsvorräte und befahl dem Boot dreimal, zurückzukehren, jedes Mal mit so viel Ladung, wie es tragen konnte.

Die ganze Zeit über stand der Rest der Besatzung vor Erstaunen da und konnte sich nicht vorstellen, was Robervals Absichten sein könnten, war aber bereit, bei der geringsten Verstärkung ihrer abergläubischen Ängste in offene Meuterei zu geraten.

Endlich kehrte das Boot von seiner dritten Reise zurück. In der Zwischenzeit hatte Roberval den Frauen befohlen, sich bereit zu machen, an Land zu gehen, und nun kamen sie an Deck, verwirrt vor Überraschung und unsicher, welches Schicksal ihnen bevorstehen würde. Roberval befahl ihnen, das Boot zu betreten, das jetzt längsseits lag. Ein Murmeln der Bestürzung und des Mitgefühls ging um das Schiff herum, als der Mannschaft der ganze Schrecken seines Vorhabens dämmerte; aber niemand wagte es einzugreifen, außer Père Lebeau . Unbeeindruckt von seiner Zurückweisung vor ein paar Tagen trat der Priester auf De Roberval zu, blickte ihn fest an und rief aus:

„Sieur, hüten Sie sich vor dem, was Sie tun! Was sind Ihre Absichten gegenüber diesen hilflosen Frauen, die keinen anderen Beschützer außer sich selbst haben? Sie können sich nicht so sehr in jeglichem Sinn für Ehre und Ritterlichkeit verlieren, dass Sie sie dem Untergang an diesem trostlosen Ufer überlassen! Wie können Sie das?" Erwarten Sie den Segen Gottes für dieses Unternehmen, wenn Sie vorsätzlich dieses große Unrecht begehen? Achten Sie darauf, dass die Kirche sich nicht weigert, Ihnen zu verzeihen, und den Mann aus ihrem Schoß stößt, der sich eines so ungeheuerlichen Verbrechens schuldig gemacht haben könnte.

Für einen Moment wanderte Robervals Blick unter der bissigen Empörung des Priesters hin und her, dann zog er ihn hastig beiseite und murmelte mit gedämpfter Stimme:

„Schone deinen Zorn, guter Vater; ich habe nur vor, ihnen eine Lektion zu erteilen. Ich werde zu gegebener Zeit für sie zurückkommen – das schwöre ich. Es ist nur eine notwendige Disziplin, die ich ihnen geben würde, damit sie lernen, mir zu gehorchen." für die Zukunft."

„Sie werden vor Schrecken sterben!" sagte der Priester. „Sie haben die Legenden über die Dämonen gehört, die die Insel heimsuchen; und woher wissen Sie, welchen Gefahren Sie sie durch die Wilden aussetzen, wenn nicht sogar durch böse Geister?"

„Es gibt keine Anzeichen von Besiedlung auf der Insel", sagte De Roberval ungeduldig. „Meine Männer haben es gründlich erkundet. Es waren noch nie Indianer dort, und ein guter Schreck wird ihnen nicht schaden. Dämonen", fuhr er fort und hob seine Stimme, damit alle es hören konnten, „was kümmern mich Dämonen? Unsere Seligen." Der Herr hat sieben von ihnen aus Maria Magdalena vertrieben, und ich denke, dass diese Trompete und ihre Gefährten jeweils noch siebzigmal sieben in ihren ungehorsamen Körpern haben. Aber an Land werden sie gehen. Bitten Sie nicht für sie; Ihre Gebete werden vergeblich sein.

Der Priester hätte weiter gesprochen, aber Marguerite, die nun die Absichten ihres Onkels verstand, trat mit dem Mut und der Würde hervor, die sie selten im Stich ließ, und sagte mit erhobenem Haupt und unerschütterlicher Stimme ruhig:

„Machen Sie sich keine Sorgen mehr um unseretwillen, guter Vater. Ich begrüße mit Freude jedes Schicksal, das mich von der zärtlichen Gnade eines Tyrannen befreien wird. Das also", und sie richtete ihren klaren Blick auf ihren Onkel, „ist die Fürsorge des Vaters." Sie zeigen ein Waisenkind? Dies ist der Schutz, den Sie dem anderen vater- und mutterlosen Mädchen gewähren, das Sie erst kürzlich in Ihrer Obhut gelassen haben? Kann es sein, dass ein De Roberval zu einem so unwürdigen Verstoß gegen Ehre und Glauben herabgesunken ist? Ich bete zu Gott." Sie fuhr sanfter fort, „damit er den bösen Geist vertreibe, der dich besessen hat, und deine edle und großzügige Natur wiederherstelle. Du bist nicht mehr der Onkel, den ich einst geliebt habe."

Sie hörte auf zu sprechen und ließ sich ruhig ins Boot hinablassen. Marie folgte ihr bitterlich weinend, und schließlich wurde die alte Bastienne , die die Luft mit Schluchzen und Wehklagen erfüllte, neben ihrer Herrin abgesetzt. Die Männer nahmen ihre Ruder und warteten auf das Signal zum Aufbruch.

Roberval ging düster auf dem Deck auf und ab. Die Worte seiner Nichte waren ihm klar geworden, und er war kurz davor, nachzugeben. Aber er hatte schon einmal zugelassen, dass seine Schwäche ihn von seinem Vorhaben abbringen ließ, und vor den Augen seiner versammelten Mannschaft erneut zu scheitern, war eine zu große Demütigung, als dass man sich das vorstellen konnte. Er verhärtete sein Herz und sagte streng zu Gaillon :

„Sehen Sie, wie sie sicher landen. Passen Sie auf, dass es ihnen an nichts mangelt, und kehren Sie schnell zurück. Wir müssen hier raus, bevor die Dunkelheit hereinbricht. Der Wind nimmt zu, und ich möchte nicht an dieser Küste gefangen werden, sollte ein Sturm aufziehen." "

Das Boot machte eine eilige letzte Fahrt und die drei Frauen wurden am einsamen Strand abgesetzt. Die Ruderer brauchten nicht Gaillons Worte: „Jetzt zurück, mit aller Macht", um ihre Rückreise zu beschleunigen. Sie zogen um ihr Leben; und durch den überhängenden Nebel schienen sie die Gestalten der Dämonen zu sehen, die unheimlich herabtanzten, um ihre Beute zu ergreifen. Als wir wieder im Schiff waren, wurde der Anker eilig gelichtet und alle Hände halfen eifrig dabei, wieder in See zu stechen.

Aber während dies geschah, hatte Robervals Herz einen noch grausameren Racheplan ersonnen.

„Bringen Sie den Gefangenen an Deck", rief er, „und lassen Sie ihn die Folgen seines Ungehorsams sehen."

Als Claude neben ihm auf dem hohen Achterdeck stand, befahl er ihm, einen Blick auf die Insel zu werfen, wo die drei Frauen zusammen am Strand standen. Der lange Aufenthalt im Halbdunkel des Laderaums hatte Claudes

Sehvermögen beeinträchtigt, und einen Moment lang konnte er, als er über die Linien der glänzenden Wellen blickte, nichts sehen. Doch gerade als das zurückkehrende Boot die Bordwand erreichte und die Männer eilig an Bord kamen, erblickte er die Gruppe am Ufer.

„Oh, gerechter Gott!" Er rief: „Kann das erlaubt sein?"

„So", antwortete De Roberval, „hat mich ein gerechter Gott zum Instrument zur Züchtigung des Lasters gemacht. Siehe, junger Mann, das Werk deiner Hände!"

„Wenn ich die Hände frei hätte", sagte De Pontbriand grimmig, „würde ich ein Werkzeug Gottes werden, um die Welt von dem niederträchtigsten Lügner und Tyrannen zu befreien, der jemals seinem Herrn, dem Teufel, gedient hat."

„Ich werde großzügig sein", sagte De Roberval. „Befreien Sie die Hände des Hundes und lassen Sie ihn seiner Geliebten ein letztes Lebewohl zuwinken."

Das rostige Schloss drehte sich, die Handschellen fielen auf das Deck und Claude stand frei. Aber frei in einem Ozeangefängnis, mit Feinden auf allen Seiten! Er warf einen kurzen Blick in die Runde, begegnete den grausamen Augen von Gaillon dicht hinter sich und stürzte wie ein Blitz kopfüber in den Ozean.

„Erschieß den Bösewicht!" rief De Roberval.

Einer der Männer ergriff eine Arkebuse und richtete sie auf die kämpfende Gestalt im Wasser. Er drückte den Abzug, aber kaum spritzte das Pulver in die Pfanne, als die Waffe in seinen Händen zerplatzte und ein Stück Metall in sein Gehirn eindrang und ihn tot auf das Deck legte.

„Die Dämonen, die Dämonen!" rief die panische Mannschaft. „Die Dämonen beanspruchen den Schwimmer für sich!"

"Lass ihn gehen!" sagte De Roberval. „Er ist zu schwach, um das Ufer zu erreichen. Er hat mir die Mühe erspart, seinem Leben ein Ende zu setzen, wie ich es früher oder später hätte tun müssen. Nun zu Charlesbourg Royal. Kein Mensch wird es wagen, sich in Zukunft meinem Willen zu widersetzen."

Der Anker war bereits gelichtet, und in wenigen Augenblicken begann *L'Heureux* vorwärtszudrängen und den Raum zwischen ihr und der verfluchten Insel zu vergrößern.

Da Claude auf dem Achterdeck gestanden hatte , war er für die Beobachter am Ufer gut sichtbar. Sie sahen ihn ins Meer springen und hörten den Knall der Arkebuse . Ihre Herzen standen vor Angst still, aber sie blickten eifrig über die blendende Wasseroberfläche. Konnte er entkommen sein? Ja, dort auf dem Gipfel einer Welle, im Kielwasser des schnell zurückweichenden Schiffes, sahen sie ihn kämpfen. Er schwamm. Er machte sich auf den Weg zum Ufer. Gott steh ihm bei! Heilige Mutter, hilf ihm! Gesegneter Jesus, leite ihn und gib ihm Kraft!

alten Bastienne war inbrünstigen Gebetsrufen gewichen; und während sie betete, hielt sie das Kreuz vor sich, das König Franziskus De Roberval geschenkt hatte – die kostbare Reliquie, die angeblich aus einem Fragment des wahren Kreuzes unseres Herrn gefertigt worden war.

Bastienne war eine fromme Seele und darüber hinaus eine schlagfertige. Sie hatte die Legenden über die Insel gehört, die unter den Seeleuten umgegangen waren, und als ihr klar wurde, dass sie an Land gebracht werden sollten, suchte sie sich einen Vorwand, um nach unten zurückzukehren, schlich sich in De Robervals Hütte und stahl die kostbare Reliquie daraus seinen Koffer und verbarg ihn sorgfältig in ihrem Mieder. Kein böser Geist konnte in die Nähe des Ortes kommen, wo dieses gesegnete Stück Holz sein könnte; Mit diesem Besitz waren sie vor allen Mächten der Finsternis sicher. Sie hielt nun das Kreuz hoch und glaubte, dass es dem Schwimmer die Kraft geben würde, das Ufer zu erreichen.

Pontbriand war durch seine lange Gefangenschaft geschwächt, seine Arme waren aufgrund mangelnder Beschäftigung fast nutzlos, seine Kräfte waren aus Mangel an angemessener Ernährung geschwächt und er kämpfte mannhaft mit den salzigen, grünen Wellen. Sein Kopf sank immer tiefer, eine tödliche Taubheit erfasste seine Glieder und sein Herz versagte fast, als seine halb geschlossenen Augen den Glanz des goldenen Kreuzes erblickten, auf das die untergehende Sonne fiel, hoch in der Luft gehalten von Bastienne . Er machte keine weiteren Versuche zu schwimmen. Zwischen ihm und dem Ufer lagen gut hundert Meter. Er muss mit seinen Kräften haushalten. Er wusste, dass die Wellen ihn an Land tragen würden; und mit gerade genug Bewegung in seinen Gliedmaßen, um ihn über Wasser zu halten, ließ er sich mitreißen. Aber das nördliche Wasser ließ ihn bis ins Mark erfrieren; und obwohl er die Frauen am Strand deutlich sehen und ihre Gebete und aufmunternden Schreie hören konnte, spürte er, wie er sank, und De Robervals Prophezeiung schien sich zu erfüllen . Als er sich nur noch zwölf Meter vom Ufer entfernt befand, entspannten sich seine erkalteten Glieder, seine Augen schlossen sich und er verschwand unter der Wasseroberfläche.

Aber Bastienne hatte ihren ganzen Verstand in der Hand. In ihren jungen Tagen hatte sie sich ebenso freudig in die Somme gestürzt wie die tapfersten Picard-Jungs, und so alt sie auch war, ihre Glieder waren immer noch stark und kräftig. Ohne einen Moment zu zögern, als sie sah, dass Claudes Kräfte ihn verließen, stürzte sie sich ins Wasser, schlug kühn in seine Richtung, und gerade als er außer Sichtweite war, packte sie ihn mit ihrem starken Arm. Mit all ihrer verbliebenen Kraft zog sie ihn hinter sich ans Ufer, und Marguerite und Marie stürzten sich bis zur Hüfte ins Wasser, um ihr mit ihrer Last zu helfen.

Weit entfernt im sich zurückziehenden Schiff glaubten die Beobachter, dass er den Dämonen zum Opfer gefallen sei. Als sie an einer Landzunge vorbeikamen, stießen sie auf einen ausgewachsenen Seehund, der von den Felsen ins Meer glitt und ihnen sein halbmenschliches Gesicht präsentierte. Da sie glaubten, es sei ein Dämon, bekreuzigten sie sich entsetzt, und als Claude aus ihrem Blickfeld verschwand , waren sie überzeugt, dass der Dämon sich auf die Suche nach ihm gemacht und ihn in die höllische Welt gezerrt hatte.

Währenddessen saß Marguerite am Ufer, mit Claudes blassem Gesicht in ihren Händen, küsste seine Lippen und Augen und betete zur Heiligen Jungfrau, ihn wiederherzustellen und ihr nicht ihre letzte Hoffnung zu nehmen.

KAPITEL X

Eine Zeit lang schien es, als wäre Claude tatsächlich tot. Die Frauen rieben seine kalten Hände und taten alles, was Bastiennes Geschick zu bieten hatte; aber ihre Bemühungen schienen erfolglos, und sie hatten die Hoffnung fast aufgegeben, als Marie, die in den Vorräten suchte, eine Kiste Brandy fand und sich beeilte, seine Lippen mit dem Schnaps zu befeuchten. Zu ihrer großen Freude begann bald das Blut wieder in seine Wange zu fließen und sie konnten seinen Herzschlag spüren. Schließlich öffnete er seine Augen wie im Traum und begegnete denen von Marguerite, die sich über ihn beugte. Der Albtraum, den er gerade durchgemacht hatte, kam ihm wieder in den Sinn – der furchtbare Kampf, das Ufer zu erreichen, das Rauschen des Wassers in seinen Ohren, wie das Läuten unzähliger Glocken, das Gefühl der Verzweiflung, das ihn überkommen hatte, als er spürte, wie er sank . Als er Marguerites Stimme hörte, die ausrief, erlangte er wieder volles Bewusstsein:

„Er lebt! O Maria, sei gepriesen, wir sind gerettet!"

In der Tat gerettet, aber wofür? Ein Inselgefängnis in einem menschenleeren Ozean, wo Jahre vergehen könnten, bis ein Schiff in Sichtweite schwebte. Die Nacht brach schnell herein, und sie waren ohne Obdach , in einer trostlosen, unbekannten Einöde, unwissend welchen Gefahren ausgesetzt. Es waren drei hilflose Frauen, von denen zwei zärtlich umsorgt wurden und weder Not noch Entbehrungen gewohnt waren; und De Pontbriand war nicht in der Lage, ihm zu helfen. Ihre Lage schien tatsächlich verzweifelt, und Claude verfluchte das bittere Schicksal, das ihn zum Grund dafür gemacht hatte, seiner Geliebten so viel Unglück zu bringen.

Aber die alte Bastienne kam erneut zu Hilfe. Ihre beharrliche, bäuerliche Ausdauer und ihr scharfsinniger Picard-Witz kamen der ganzen Gruppe zugute. Sie fand einen Feuerstein und Stahl – denn De Roberval hatte für alles Notwendige gesorgt – und sammelte mit Hilfe der beiden Mädchen genug Reisig und trockene Äste zusammen, um ein riesiges Feuer zu entfachen, dessen hoch in die Luft aufsteigender Rauch sichtbar war am Horizont vom abfahrenden Schiff. Die Seeleute fielen bei diesem Anblick vor Schrecken auf die Knie und glaubten, dies sei ein weiterer Beweis dafür, dass die Dämonen ihre Opfer mit unauslöschlichen Flammen verzehrten.

Bastienne ließ Claudes nasse Kleidung bald trocknen und seine Kräfte wurden durch heiße Stimulanzien wiederbelebt. Sie hatten reichlich Proviant – von der einfachen Kost, die damals an Bord der Schiffe zur Verfügung stand –, und die alte Frau bereitete hastig eine Mahlzeit zu, von der sie die beiden Mädchen zwang, daran teilzunehmen. Aber zu diesem Zeitpunkt hatte sich bereits die Dunkelheit um sie herum gesammelt, und es war unmöglich, in dieser Nacht noch etwas zu tun.

Glücklicherweise war die Jahreszeit günstig . Das Wetter war selbst für Juni warm; und der Sturm, den Roberval vorhergesagt hatte, schien zumindest vorerst vorüber zu sein. Die milde Luft und der klare Himmel einer kanadischen Sommernacht machten die Aussicht, sie unter freiem Himmel zu verbringen, viel weniger schrecklich, als es sonst gewesen wäre. Sie ließen ihr Feuer die ganze Nacht hindurch zum Schutz brennen, wurden aber nicht beunruhigt und blieben unbehelligt, außer von den Insekten, die in der Luft um sie herum schwärmten und vom Licht angezogen wurden. Claude, erschöpft von der Müdigkeit, schlief tief und fest, und Marguerite verbrachte den größten Teil der Nacht damit, an seiner Seite zu wachen, während die beiden anderen Frauen sich um das Feuer kümmerten.

Die kurze Juninacht machte bald der gespenstischen, grauen Dämmerung vor der Morgendämmerung Platz; und schließlich verkündeten die willkommenen Farbstreifen im Osten den müden Beobachtern, dass wieder Tageslicht nahte. Ihre erste Nacht in ihrem Inselhaus war vorbei.

Der Morgen brach hell und wolkenlos an, und die kleine Viererkolonie machte sich daran, ihre Lage zu überblicken und ihr neues Reich zu erkunden. Sie fanden es tatsächlich eine Wildnis – karg, felsig, fast ohne Vegetation, abgesehen von den rauhen Farn- und Wacholdersträuchern, die fleckig wuchsen, und gelegentlich einem Büschel Birken, verkümmerter Kiefern oder Tannen. Es konnte kein Anzeichen dafür entdeckt werden, dass irgendein menschlicher Fuß außer ihrem eigenen es jemals besucht hatte; und die einzigen Tiere, denen sie begegneten, waren Hasen in Hülle und Fülle und Füchse, sowohl rote als auch schwarze, die bei ihrer Annäherung erschrocken davonhuschten und sie von dort aus beobachteten aus der Ferne mit hellen, schüchternen Augen. Seevögel schwebten in großer Zahl um die Klippen am Ufer herum, und was ihr Erstaunen und Interesse am meisten erregte, waren die ernsten, ungelenken Alken, die am Strand ihre Wohnsitze hatten. Diese unhöflichen und hilflos aussehenden Vögel, die bei ihrer Beschäftigung mit dem Fischen in den felsigen Untiefen gestört waren, watschelten erschrocken davon, als die Eindringlinge näherkamen, die über ihre ungeschickten Bewegungen unwiderstehlich zum Lachen gebracht wurden. Zweifellos hatten diese seltsamen Kreaturen zum Teil zu vielen seltsamen Geschichten über die dämonischen Bewohner der Insel geführt.

De Pontbriand , dessen Stärke durch die lange Pause und die von Bastienne wunderbar rekrutiert wurde Nach einer geschickten Behandlung machte man sich daran, eine Art Unterschlupf für die Frauen vorzubereiten, bevor eine weitere Nacht über sie hereinbrechen sollte. Seine Erfahrungen als Soldat und vor allem seine Abenteuer in der Wildnis Kanadas kamen ihm zugute, und es dauerte nicht lange, bis er eine Art primitives Wigwam baute, wie er es bei den Indianern gesehen hatte, wo immer sie ihre Lager aufschlugen. Duftende Kiefernzweige bildeten ein luxuriöses Sofa, und die erschöpften Mädchen waren froh, sich niederzulassen und zu schlafen, während Claude draußen am Feuer Wache hielt. Am nächsten Tag und an den beiden folgenden beschäftigte er sich damit, die primitive Behausung mit Birkenrinde und allen Materialien, die er finden konnte, zu decken, um den Regen von den abfallenden Seiten abzuleiten. Für sich selbst fand er eine geschützte Höhle zwischen den Felsen, wo weder Wind noch Regen ihm viel anhaben konnten, und ihre Vorräte verteilte er in den vielen ähnlichen Felshöhlen, von denen es auf der Insel reichlich gab.

Seine Vorbereitungen waren nicht allzu schnell abgeschlossen. Die Wolken, die mehrere Tage lang herumgehangen hatten, sammelten sich schließlich eines Nachmittags und rollten in schweren, donnernden Massen vom Südhimmel herauf. Die Luft wurde dunkel und schwül, Blitze zuckten aus den Tiefen der violetten Wolkenbank; Bald krachte der Donner über uns hinweg, und die Wellen schlugen wütend gegen das Ufer. Der Sturm wütete mit aller Wucht über ihnen. Es dauerte nicht lange, aber in der Nacht folgte heftiger Regen, und am nächsten Morgen wehte ein heftiger Sturm. Die Wellen stiegen so hoch, dass die Gischt ihrer Wellenkämme über den schwachen Unterschlupf spritzte, den Claude errichtet hatte; und er erkannte, dass etwas Dauerhafteres und Dauerhafteres erfunden werden musste. Der Sommer würde vergehen und der Winter könnte aus dem trostlosen Norden über sie hereinbrechen, bevor es eine Chance auf Rettung gab. Es muss eine Behausung errichtet werden, die vor Kälte, Schnee und den beißenden Winden des kanadischen Winters schützt. Aber wie? Und mit welchen Materialien? Werkzeuge hatte er in Hülle und Fülle, aber wie man aus den verkrüppelten und windgepeitschten Bäumen, die das einzige Holz waren, das die Insel bot, eine Behausung bauen sollte, war ein Rätsel, das er nicht lösen konnte.

Doch wie sich herausstellte, hatte das Schicksal ihn glücklich gemacht . Als er am nächsten Tag einen hohen, felsigen Teil des Ufers entlangwanderte, sah er im seichten Wasser zu seinen Füßen etwas, das wie der Rumpf eines Schiffes aussah. Als er die Klippe hinunterging, stellte er zu seiner Freude fest, dass dies tatsächlich der Fall war. Zweifellos waren dies die Überreste desselben unglückseligen Bootes, das Laurent, der Fischer, in den Wellen verschwinden sah. Die Balken waren aus guter Eiche gewesen, und die Wellen, die von der gewaltigen Weite draußen heranrollten, hatten sie auseinandergebrochen und viele von ihnen hoch und trocken ans Ufer gespült. Es gab genug Platz für eine Hütte, und mit diesen und der Hilfe der Bäume, die ihm zur Verfügung standen, hoffte er, vor dem Einsetzen der Kälte eine substanziellere Behausung errichten zu können.

In der Zwischenzeit kam er schnell wieder zu Kräften, und in den langen, hellen Sommertagen und herrlichen Nächten schien das Leben für die kleine Gruppe immer noch Möglichkeiten der Freude und Hoffnung zu bieten. Sie wurden mit dem Lebensnotwendigen versorgt – obwohl sie darauf achteten, ihre Vorräte so gut wie möglich zu schonen; und Claude konnte ihre einfache Kost durch Zugabe von ausgezeichnetem Fisch und gelegentlichem Vogel abwechseln – denn sie waren gut mit Feuerwaffen und Munition ausgestattet. Das robuste Leben unter freiem Himmel schien den beiden Mädchen zu gefallen; und alle vier wetteiferten darum, einen entschlossenen und fröhlichen Mut zu bewahren und jeden Hinweis auf die Schrecken zu vermeiden, die die Zukunft bereithalten könnte.

In der Bucht, in der die gesunkene Brigg lag, hatte Claude ein einfaches Floß gebaut, und mit der Hilfe von Marie, deren starke junge Arme und ihr kluger, mutiger Geist für ihn von unschätzbarem Wert waren, hatte er bald genug Bretter und Holz an den Ort transportiert, wo sie waren war gelandet. Es war keine leichte Sache, sie an Land zu bringen und an den Ort zu bringen, den er als den geschütztesten und geeignetsten für seinen Zweck ausgewählt hatte ; aber mit der Zeit und den vereinten Anstrengungen der gesamten Partei wurde jedes Hindernis nach und nach überwunden. Das Gebäude, obwohl klein, wurde nur langsam fertiggestellt, und wochenlang störte das Geräusch von Claudes Hammer und Säge die urzeitliche Stille der kleinen Nordinsel. Die Frauen leisteten ihre Hilfe auf jede erdenkliche Weise; und beobachtete mit Bewunderung die geschickte Art und Weise, mit der Claude für jeden Notfall gesorgt hatte, der der kleinen Wohnung widerfahren könnte; Keiner gab ein Zeichen der geheimen und gehegten Hoffnung aller ihrer Herzen, dass sie es nie fertigstellen oder nach der Fertigstellung bewohnen müssten.

So vergingen Juli und August; und gegen Ende des letzten Monats war das „Schloss", wie Marie es fröhlich genannt hatte, endlich fertig. Sie brachten sich und ihr Hab und Gut gerade noch rechtzeitig in das Tierheim. Das Wetter änderte sich plötzlich, wie zu dieser Jahreszeit üblich, und ein heftiger Sturm fegte über die Insel. Drei Tage lang regnete es in Strömen, und die wilden Wellen rollten immer höher den Strand hinauf, bis die Stelle, an der ihre Sommerhütte gestanden hatte, völlig bedeckt war. Auch die Nächte wurden kalt und trostlos; und das düstere Kreischen des Windes durch die Bäume und das heisere Brüllen des Meeres zwischen den Felsen und Höhlen hatten eine schreckliche Wirkung, die es selbst den tapferen Geistern dieser hochgeborenen Französinnen schwer machte, ihre ruhige und hoffnungsvolle Haltung zu bewahren .

Mit den kürzer werdenden Tagen und den Herbstwinden breitete sich in der kleinen Kolonie eine Traurigkeit aus, die sich nicht abschütteln ließ. Seinen Einfluss spürte vielleicht Marie am stärksten, obwohl ihre strahlende

Lebhaftigkeit sie nie im Stich ließ, wenn die anderen anwesend waren. Die Liebenden konnten nicht völlig unglücklich sein, solange sie einander hatten. Ihre Zukunft war voller Ungewissheit und die Gegenwart voller Schwierigkeiten und Gefahren, aber zumindest waren sie zusammen, und die Trennung war die bitterste ihrer Prüfungen gewesen. Bei Marie war es zwangsläufig anders. Sie kam nicht umhin, sich allein zu fühlen, in einem Sinne, den die anderen beiden nicht kannten; und es wurde zu ihrer Gewohnheit, in den milden Septembertagen allein am Ufer entlang zu wandern, oft stundenlang da zu sitzen, die Hände auf den Knien verschränkt, und vergeblich auf den fernen, leeren Horizont zu starren. Sie hatte einen Begleiter – einen jungen Fuchs, den Claude für sie gefangen und gezähmt hatte. Das kleine Tier war ihr treu ergeben, und als es älter wurde, wurde es ihr ständiger Begleiter auf all ihren Streifzügen. Marguerite konnte die lange Abwesenheit ihrer Freundin nicht übersehen, machte sich oft auf die Suche nach ihr und brachte sie zurück, um Claude und sich selbst bei allem zu begleiten, was sie gerade taten; aber Marie war immer fröhlich und fröhlich mit ihr, und in Margaretes Herzen erwachte kein Verdacht der Melancholie, die sich allmählich über sie ausbreitete.

An der alten Bastienne begann sich der Klimawandel am deutlichsten zu bemerkbar zu machen. Die treue alte Frau hatte die Strapazen, die ihre jungen Geliebten ohne Murren ertragen konnten, klaglos ertragen; aber ihre alten Knochen hatten durch den nächtlichen Tau und die feuchte Seeluft gelitten; Durch die kalten Herbstwinde wurde sie von Rheuma befallen und verlor die Aktivität und Energie, die ihnen allen so gute Dienste geleistet hatte. Sie hat viel gelitten; Ihr Stöhnen hielt die beiden Mädchen oft nachts wach; und selbst Claude, der sich auf der geschützten Seite des „Schloss" einen winzigen Unterstand gebaut hatte, konnte ihre Klagen hören .

Mit dem ersten Frost im Oktober nahmen die Blätter ihre kurzlebige Herbstpracht an, verwelkten jedoch und fielen ab, so dass die kleine Insel nicht einmal mehr ihr spärliches Erscheinungsbild an Vegetation besaß. Der Winter mit seinem trostlosen Atem senkte sich über sie; Und als die ersten frühen Schneefälle durch die Luft schwebten, wurde ihnen klar , dass lange, trostlose Monate des Leidens vor ihnen lagen.

Aber zumindest einem von ihnen sollte die schreckliche Tortur erspart bleiben.

An einem ruhigen, milden Tag, als der sanfte, blaue Dunst des Oktobers die Luft mit seiner trügerischen Schönheit erfüllte, war Marie zu einem ihrer Lieblingsplätze entlang der Klippen gegangen – einem hohen Felsvorsprung, den sie lachend „Blick" getauft hatten -aus." Als sie dort saß und auf das neblige, schlafende Meer hinunterblickte, fiel ihr Blick auf das Leuchten einer Gruppe spätblühender Wildblumen, der letzten der Saison, an einer

Felsspitze unter ihr. Sie hatte Lust, es für Marguerite zu besorgen. Sie streckte die Hand aus und hatte es fast in der Hand, als eine leichte Bewegung hinter ihr dazu führte, dass sie ein wenig zusammenzuckte, das Gleichgewicht verlor und kopfüber über die käferige Klippe stürzte. Sie fiel auf die Steine unten und blieb regungslos liegen, während der kleine Fuchs, dessen raschelndes Herannahen zwischen den trockenen Blättern ihre hastige Bewegung verursacht hatte, oben am Rande stand und mit erstaunter Neugier auf die stille Gestalt seines fröhlichen Spielkameraden herabblickte. Die Alken und Papageientaucher, die von ihren felsigen Sitzplätzen aufgeschreckt waren, stürzten sich ins Meer und erhoben sich in einiger Entfernung, um nach der Ursache der Störung zu suchen. Da sie keinen weiteren Grund zur Besorgnis sahen, fassten sie Mut und kehrten nach und nach zurück, und ihre kuriosen, ungelenken Gestalten standen staunend in Gruppen um das regungslose Mädchen herum, das mit ausgestrecktem Arm im kalten Wasser der Bucht lag.

In der Zwischenzeit warteten ihre Freunde auf Maries Rückkehr zum Mittagessen. Aber sie kam nicht; und schließlich machten sie sich auf die Suche nach ihr, riefen ihren Namen am Ufer entlang, erhielten aber keine Antwort außer dem wilden Schrei der Möwe, die über ihnen kreiste, und dem seltsamen Lachen des großen Tauchers, der seinem antwortenden Kameraden zurief. Sie kannten ihren Lieblingsfelsenpunkt , und als sie ihn erreichten, stand der kleine Fuchs immer noch am Rand und blickte nach unten. Als sie näher kamen, sprang es plötzlich ab und verschwand zwischen den Büschen.

Mit unbestimmter Angst vor neuem Unglück sank Claude das Herz, als er zum Rand der Klippe ging und hinüberschaute. Er sah sofort, was passiert war. Die Steine oben waren locker und frisch aufgewühlt, und die niedrigen Sträucher, die den Felsen säumten, waren zerdrückt und zerbrochen. Er zog Marguerite hastig zurück, forderte sie auf, sofort zur Hütte zurückzukehren und Bastienne zu warnen , sich mit Stärkungsmitteln und Decken zu versorgen , und eilte zum Fuß der Klippe. Die Flut stieg schnell und die Entfernung war beträchtlich. Bei all seiner Eile kam er gerade noch rechtzeitig. Als er den vorspringenden Felsvorsprung umrundete, der eine Seite der Bucht bildete, erreichte das Wasser, das zunächst nur einen von Maries Armen bedeckt hatte, ihr Haar, und nach ein paar weiteren Minuten musste es über ihr Gesicht gestiegen sein. De Pontbriand zog die verletzte und bewusstlose Gestalt höher die Felsen hinauf und fühlte eifrig ihr Herz. Es gab ein schwaches, langsames Pochen, das ihm verriet, dass dort immer noch ein schwaches Leben tobte. Er hob sie in seine Arme und trug sie mit größtmöglicher Eile zur Hütte, wo alle ihnen zur Verfügung stehenden Mittel und Fähigkeiten versucht wurden, um sie wieder zu Bewusstsein zu bringen, und es schien vergeblich zu sein. Endlich, als der kurze Oktobernachmittag

in einem violetten Dunst verblasste und der traurige, graue Abend sich über
sie legte, öffnete Marie ihre Augen. Sie war bei vollem Bewusstsein und
schien keine Schmerzen zu verspüren. Doch das Ende war offenbar nahe.
Sie sprach nur wenig und lag ganz still da, mit Marguerites Hand in ihrer.
Kurz bevor es zu dunkel wurde, um sie zu sehen, winkte sie Claude zu sich,
und als er neben ihrem Sofa stand, legte sie Marguerites Hand in seine,
lächelte friedlich, als sie spürte, wie sich der starke Griff darüber schloss, und
schloss sie Mit ihren Augen, den Kopf ein wenig zur Seite gedreht, verstarb
sie so ruhig, dass man nicht hätte erkennen können, wann ihr letzter
Atemzug getan hatte.

Als ihnen klar wurde , dass sie tatsächlich tot war, war ihre Trauer nicht in
Worte zu fassen. Die alte Bastienne , am Fußende der Couch, rezitierte die
Gebete für die Toten mit schluchzender Stimme und Tränen, die über ihre
faltigen Wangen liefen; Aber Marguerite kniete schweigend mit trockenen
Augen neben dem Körper ihrer Freundin und blickte in das stille, ruhige
Gesicht. Schließlich hob Claude sie auf, wickelte sie zärtlich in einen Umhang
und führte sie von der Hütte zum Strand hinunter. Sie standen schweigend
und zitternd in den Armen des anderen, ihre Herzen waren zu voll, um zu
reden oder zu weinen, während der kühle Oktoberwind vom Meer her
hereinpfiff und die Möwen und Brachvögel schreiend um ihre Köpfe flogen.

KAPITEL XI

In derselben Nacht, ungefähr in der Stunde, in der Marie ihren letzten Atemzug tat, ritt Charles de la Pommeraye wütend die Straße entlang, die nach Osten nach Paris führte, wo der König vorübergehend Hof hielt. Er ritt die ganze Nacht, und gerade als die ersten schwachen Morgenstreifen in der Ferne die grauen Umrisse der Türme von Notre Dame erkennen ließen, donnerte sein Pferd in die schlafende Stadt.

Er hatte eine anstrengende Heimreise hinter sich; welche Winde es gab, waren ungünstig gewesen; Fast einen Monat lang lagen Cartiers Schiffe mitten im Ozean in Stille; und erst Ende August wurde St. Malo mit seinen hohen Mauern und schroffen Zinnen erreicht.

Die drei Schiffe wurden von den Malouins freudig begrüßt . Die Kaufleute, die den kühnen Abenteurern große Fortschritte gemacht hatten, in der Hoffnung, von den Schätzen der Neuen Welt wieder hereingeholt zu werden, verspürten für einen Moment einen Schmerz über ihre Verluste; aber die private Enttäuschung wurde in der Öffentlichkeit vergessen, die sich über die sichere Rückkehr ihres Wagemuts freute und der weltberühmte Mitbürger Jacques Cartier.

La Pommeraye fand an diesen Feierlichkeiten wenig Freude. Er war von dem Gedanken besessen, Marguerite so schnell wie möglich zu sehen. Die Abwesenheit hatte ihr Bild in seinem Gedächtnis keineswegs getrübt; so wankelmütig und leicht zu beeinflussen er normalerweise war, so war der beste und edelste Teil seiner Natur durch die Liebe zu dem schönen Mädchen geweckt worden, das er unter so ungewöhnlichen Umständen kennengelernt und von dem er bisher so wenig gesehen hatte. Jetzt, da das Glück ihn zu begünstigen schien , verfluchte er jedes Hindernis, das ihn einen Augenblick länger von ihrer Seite fernhielt. Bei der ersten Gelegenheit entkam er den enthusiastischen und bewundernden Malouins ; und nachdem er eine Menge kostbarer Pelze losgeworden war, die er in Tadousac gekauft hatte , bevor er den Sankt-Lorenz-Strom verließ, kaufte er ein Pferd und machte sich auf den Weg in die Picardie – als der wahrscheinlichste Ort, um Neuigkeiten von Mademoiselle zu erfahren. de Roberval, auch wenn er sie nicht im Schloss fand.

Um so schnell wie möglich davonzukommen, musste er Cartier entkommen. Letzterer wollte unbedingt sofort vor Gericht gehen, das Scheitern seines Versuchs, eine Kolonie zu gründen, melden und die Erlaubnis zur Rückkehr und Rückführung von De Roberval einholen. Ein Beginn vor dem Frühjahr kam jedoch nicht in Frage, da die Saison bereits so weit fortgeschritten war; und La Pommeraye beschloss, Cartier ohne ihn vor Gericht gehen zu lassen, da der Winter ihnen genügend Zeit geben würde, über ihre Pläne nachzudenken.

Nebenbei erfuhr er, dass Roberval von La Rochelle aus gesegelt war und nicht, wie er vermutet hatte, von St. Malo; Aber der Gedanke, dass er seine Nichte mitgenommen haben könnte, kam ihm natürlich nie in den Sinn, und niemand in St. Malo konnte ihm Auskunft geben.

Deshalb bestieg er eines Morgens Anfang September sein Pferd und machte sich auf den langen Ritt zum Ufer der Somme. Es war eine lange Reise; aber die Liebe ließ ihn weder Tag noch Nacht ruhen, bis er am Ende angelangt war. Er schaffte es auch nicht ohne Abenteuer. Eines Morgens, etwa einen Tagesritt von seinem Ziel entfernt, traf er zwei fröhliche Kavaliere mit fein geschmückten Pferden, die auf dem Weg nach Paris rasten. Sie sahen das staubbefleckte Pferd und den noch staubigeren Reiter, und da sie dachten, es wäre ein schöner Zeitvertreib, ihre Klingen an seinem ungelenken Schwert zu schärfen, stürzten sie sich auf ihn.

Aber sie hatten ihren Mann falsch eingeschätzt; Und als der erste Galant sein Pferd nur wenige Meter von La Pommeraye entfernt aufhielt , wurde ihm das Herz schwach, als er den entschlossenen Blick und die lächelnden Lippen des Mannes sah, von dem er erwartet hatte, dass er sich umdrehte und vor ihm floh.

„Habe dich, mein zierliches Rotkehlchen!" sagte La Pommeraye . „Ich glaube, der Rauch aus der Herberge deutet auf ein fertiges Frühstück hin, und nach ein wenig Bewegung werde ich dem Essen noch mehr gerecht werden. Probieren Sie es!"

Der junge Adlige wurde bleich bis auf die Lippen, stellte sich aber mannhaft dem Prozess, den er selbst eingeladen hatte. Ihre Pferde tanzten einige Augenblicke lang umeinander, Funken flogen von ihren blitzenden Klingen, aber der Kampf war ungleich. Der junge Mann versuchte mit aller Kraft, die Brust seines Gegners zu erreichen, aber jeder seiner Stöße wurde von einem entschlossenen Wächter abgewehrt; und als La Pommeraye glaubte, die Atempause vor dem Frühstück sei ausreichend lang gewesen, machte er ein paar schnelle Schritte, denen das Auge des jungen Mannes nicht folgen konnte, schlug das Schwert seines Gegners und führte einen Blitzstoß nach einem breiten silbernen Ornament aus, das das Zimmer schmückte Er berührte die Brust des fröhlichen Reiters, stieß ihn von seinem Pferd und lachte fröhlich, als der Junge sich auf der staubigen Straße aufsetzte und sich über seine Flucht wunderte. Sein Begleiter, der dem Wettbewerb genossen hatte, stimmte herzlich in das Lachen ein.

„Edel gemacht!" rief er voller Bewunderung aus: „Sie handhaben Ihr Schwert, als ob Sie es gewohnt wären , vor König Franz zu spielen. Henri, Sie sind kein geeigneter Schüler; Sie hätten Ihr Pferd mehr benutzen und sich weniger auf Ihre Waffen verlassen sollen. Wenn Monsieur nicht müde vom Wettstreit ist, würde er sich freuen, mit mir die Schwerter zu messen? Er wird feststellen, dass ich kein bloßer Junge bin."

„Bei aller Freude des Lebens", sagte Charles lächelnd, „aber ich fürchte, der Speck in dem Gasthaus wird knusprig verbrennen, wenn ich mich nicht beeile; also ziehe sofort zu, ich habe keine Zeit, Worte zu verlieren." "

„Pass auf dich auf, Jules", rief Henri; „Er ist der Teufel."

La Pommeraye hat den Namen verstanden.

„Habe ich die Ehre , mit Jules Marchand die Schwerter zu kreuzen?" sagte er. „Dein Ruhm ist mir nicht unbekannt; und wäre es nicht so, dass ich es eilig hätte, das Ende meiner Reise zu erreichen, würde ich den Kampf gerne verlängern; so wie er ist, muss er kurz und scharf sein."

Wie ein Blitz schoss seine Waffe hervor; wie ein Blitz traf es der andere. Aber obwohl der Schwertkämpfer La Pommeraye an Fähigkeiten ebenbürtig war, mangelte es ihm an Muskelkraft; und kaum hatten sie eine Minute gespielt, als Jules Marchand das Schwert aus seiner Hand gerissen wurde und er schwarz vor Zorn auf seinem Ross sitzen blieb, das wieherte, als würde es das Missgeschick seines Herrn erkennen.

„Verzeihung, meine Herren", sagte Charles lächelnd, „ich darf übrigens nicht länger trödeln. Wenn Sie nicht in die entgegengesetzte Richtung gehen würden, würde ich Sie zum Frühstück mit mir einladen. Aber seien Sie im Nachhinein auf der Hut, wie Sie Alleinreisende angreifen ; Wäre Frankreich nicht, jetzt wo Spanien wieder einmal gegen es bewaffnet ist, auf jeden Mann angewiesen, der ein Schwert tragen kann, hätte ich zumindest einen von euch am Straßenrand zurückgelassen."

Mit diesen Worten winkte er den beiden Galanten lachend zum Abschied und ritt davon.

„Der Teufel oder La Pommeraye ", sagte Jules.

„Weder noch! Zu lustig für den Teufel", antwortete Henri, „und La Pommeraye wurde, wie wir hörten, in Paris getötet."

„Nein", antwortete Jules, „diese Meldung war falsch. Aber es stimmt, dass er nicht mehr in Frankreich ist. Guillaume Leblanc sah ihn an Bord eines von Cartiers Schiffen auf dem Weg in die Neue Welt. Ich war froh über die Nachricht, ich." Ich muss gestehen. Sein Können und seine Stärke ließen mich davor zurückschrecken, ihm zu begegnen; und sein Weggang machte mich zum ersten Schwertkämpfer Frankreichs; denn trotz De Robervals Ruf war er von einer alten Schule und leicht zu besiegen. Aber jetzt scheint es, dass ich es nicht mehr bin eine schlechte Sekunde. Aber lasst uns nach Paris gehen und herausfinden, wer dieser schneidige Kavalier sein könnte."

La Pommeraye setzte seine Reise fort und blieb unterwegs nur wenig, bis er die Picardie erreichte. Einige von Robervals Gefolgsleuten hielten sich in seiner Burg auf; und von ihnen erfuhr er, dass der Edelmann nicht nur selbst in die Neue Welt gegangen war, sondern auch seine Nichte mitgenommen hatte.

Die Nachricht traf ihn wie ein Blitz. Tausende Meilen stürmischer See lagen zwischen ihm und dem Gesicht, das ihn in seinen Träumen verfolgte. Als er darüber nachdachte, wie nahe er ihr im Hafen von St. John gewesen war , raste sein Herz wild in seinem Inneren, und seine Augäpfel pochten auf sein Gehirn.

Aber er brauchte nicht lange, um eine Vorgehensweise zu planen. Er würde sich beeilen, vor Gericht zu gehen und Wege finden, sofort in die Neue Welt zurückzukehren. Auf die Kolonisten konnte nur die Zerstörung warten, und er schauderte, als er an die liebevoll umsorgten Mädchen dachte, die den heftigen Stürmen und der bitteren Kälte eines kanadischen Winters ausgesetzt waren.

So wurde sein gutes Pferd noch einmal gesattelt, und der gemessene Schlag seiner Hufe wurde immer schneller, je näher er Paris kam.

In der Stadt angekommen, verlor er keine Zeit und beantragte eine Audienz beim König, und die Bekanntgabe seines Namens und der Art seines Auftrages verschaffte ihm ohne weiteres Zutritt zu Franziskus' Anwesenheit.

Er stellte fest, dass Cartier einige Tage vor ihm gewesen war und auf die Notwendigkeit hingewiesen hatte, Roberval zurückzurufen, und auf die Hoffnungslosigkeit aller Versuche, die Neue Welt zu kolonisieren . Der König war vom Scheitern aller Hoffnungen und strahlenden Prophezeiungen, mit denen die Expedition begonnen hatte, sehr enttäuscht. Er hatte Cartiers Tapferkeit und Unternehmungsgeist mit dem Versprechen eines Adelspatents belohnt, schien jedoch nicht bereit zu sein, die Idee eines Abzugs der zweiten Kolonistenabteilung zu fördern. Er neigte zu der Annahme, dass die Eifersucht auf De Roberval und die Enttäuschung über sein eigenes Versagen etwas mit Cartiers Besorgnis zu tun hatten, einen Plan zu durchkreuzen, den er ein Jahr zuvor ins Leben gerufen hatte. La Pommeraye sah, wie seine Hoffnungen in die Ferne schwanden; sein Herz sank in ihm.

„Aber was denkt der Herzog von Guise?" sagte der König plötzlich und wandte sich an den erfahrenen Adligen, der jetzt sein Hauptberater war und den Platz einnahm, den Anne de Montmorenci so lange eingenommen hatte.

Der Herzog hatte während des Interviews schweigend danebengestanden und La Pommeraye mit meditativer Miene betrachtet.

vergeblichen Unternehmungen verschwendet ; und jetzt, da Spanien unsere größte Aufmerksamkeit erfordert, können wir keinen der beiden Männer verschonen." noch Geld für ausländische Kolonisierungspläne ."

„Sie hören, Herr La Pommeraye ", sagte Francis, „was der Herzog sagt; aber wir hatten gehofft, unsere Kassen mit den Reichtümern Kanadas zu füllen."

„Möge es Ihrer Majestät gefallen", sagte Charles, „es gibt dort keine Reichtümer, außer ein paar Pelzen und Fischen. Diese könnten dazu dienen, einem Kaufmann aus St. Malo oder Rochelle genug Reichtum zu verschaffen, um sich zur Ruhe zu setzen und für seine Töchter zu sorgen, würden es aber tun." Ich werde nicht sehr weit gehen, um ein Bataillon auszurüsten. Ich hatte große Hoffnungen in das Unternehmen gesetzt, aber die Erfahrungen des letzten Winters haben mich gelehrt, dass unser Kampf um die Kolonisierung des kargen Nordens nichts bringt . Die edlen Kerle, die ihr Geld verschwenden In diesem unfruchtbaren Land lebt, mit nur Mördern und Räubern als Gefährten, wäre es in Frankreich weitaus besser, seine Küsten vor fremden Invasionen zu schützen.

„In dem, was Sie sagen, ist die Wahrheit", antwortete der König nach einer kurzen Pause. „Wir brauchen De Roberval dringend. Die Picards verehren den ‚Kleinen König von Vimeu ', und wenn er nicht zurückkommt, befürchten wir, dass wir von den kräftigen Männern seiner Provinz nur knappe Mittel und wenige Truppen bekommen werden. Aber was ist? es, dass du hättest?

Pommeraye prompt , „bemannt und ausgerüstet für eine Reise nach Kanada und mit der Erlaubnis für Cartier, darin zurückzukehren und Roberval nach Frankreich zurückzurufen."

„ *Parbleu !* " sagte der König, „eine bescheidene Bitte! Nun, wir werden die Angelegenheit prüfen und sehen, welcher Weg der beste ist."

„Aber, Sire", sagte Charles, während sein Kummer und seine Angst die Oberhand über seine Diplomatie gewannen, „der Winter rückt näher, und wenn wir nicht sofort aufbrechen, werden wir Charlesbourg Royal erst im Frühjahr erreichen können."

wandte sich der Herzog von Guise, der sich in den letzten paar Sätzen mit jemandem in seiner Nähe unterhalten hatte , an den König.

„Möge es Ihnen gefallen, Sire", sagte er, „dieser verrückte Neffe von mir wünscht sich eine Gunst von Ihren Händen. Es scheint, dass er sein Leben diesem tapferen Herrn verdankt, und er bittet mich, Sie zu bitten, ihm alles zu gewähren, was er will." Anfragen."

Während er sprach, erkannte Charles in dem fröhlichen jungen Kavalier, der jetzt vortrat, seinen verunsicherten Gegenspieler des Abenteuers auf der Straße in die Picardie.

„Wir sind uns schon einmal begegnet", sagte er und verneigte sich vor La Pommeraye . „Sire, das ist niemand anderes als der gefürchtete Schwertkämpfer, dessen Taten eine Woche lang am Hofe herumschwirrten – zum anhaltenden Leidwesen von Jules Marchand. Onkel, wenn Sie mich lieben, sind Sie ihm zu Dank verpflichtet. Das bin ich nicht." Dass du in diesem Moment im Himmel für deine Seele betest, ist einzig und allein seiner Großzügigkeit zu verdanken."

„Nein", unterbrach La Pommeraye , „meine Großzügigkeit hat dich nicht gerettet; es war der silberne Stern, den du auf deiner Brust trugst. Ich hatte vorgehabt, dich durchzumachen, aber dieses funkelnde Schmuckstück fiel mir ins Auge, und ich konnte dem neuartigen Erlebnis nicht widerstehen." dass ich dich mit meinem Rapier angreife.

Ein herzliches Lachen, in das auch der König einstimmte, ertönte von denen, die in der Nähe standen, denn alle wussten von dem Abenteuer, das der fröhliche Heinrich von Guise mit gebührender Ausschmückung erzählt hatte.

„Seit wir nach Paris kamen, hatten wir keinen so guten Scherz mehr, wie uns diese Begegnung beschert hat. Ihre tapferen Taten verdienen eine Belohnung. Das Schiff gehört Ihnen, und Cartier hat unsere Erlaubnis zu gehen; aber wir werden es tun." Zwingen Sie ihn nicht, Frankreich zu verlassen, es sei denn, er möchte. Und was die Besetzung des Schiffes betrifft, müssen Sie andere Mittel finden, denn jeder Sohn wird benötigt, um Frankreich vor unseren spanischen Feinden zu schützen.

So kam es, dass La Pommeraye Ende September erneut den Sillon überquerte , mit der Macht, ein Schiff zu kaufen und sofort damit zu beginnen, Roberval zur Rückkehr nach Frankreich aufzufordern. Sein erster Schritt bestand darin, Cartier aufzusuchen und ihn über seine erfolgreiche Mission zu informieren.

Er stellte jedoch fest, dass der erfahrene und vorsichtige Seemann nicht zu überreden war, die Reise vor dem Frühjahr anzutreten. Er zeigte wenig Wärme gegenüber den Zugeständnissen des Königs; und erklärte, dass es aufgrund der unvorhergesehenen Verzögerungen, die sie auf der Heimreise verzögert hatten, jetzt so spät sei, dass es Wahnsinn wäre, zu versuchen, den Ozean vor Einbruch des Winters zu überqueren.

„Jedenfalls", sagte er, „kann de Roberval nicht anders, als wir es getan haben. Dieser Winter wird ihnen beweisen, dass ihre Bemühungen vergeblich sind; im Frühjahr werden sie gezwungen sein, zurückzukehren."

„Aber", sagte La Pommeraye , „denken Sie an die edlen Frauen bei ihnen! Der Winter wird sie töten!"

„Ich wusste nicht, dass sie bei Roberval waren", sagte Cartier. „Ich nahm an, dass er klug genug gewesen wäre, sie zurückzulassen."

„Ich war in der Picardie und in Paris", erwiderte Charles, „und ich habe zweifelsfrei erfahren, dass sie mit ihm gingen. Wir müssen sie sofort erreichen, sonst werden Skorbut, Kälte oder Indianer sie mit Sicherheit vernichten."

„Wir müssen uns auf jeden Fall bis zum Frühjahr auf die Vorsehung verlassen", antwortete Cartier. „Wir konnten den St.-Lorenz-Golf nicht erreichen, bevor sich das Eis bildete. Es würde Oktober sein, bevor wir losfahren konnten, und Sie erinnern sich, dass die Hochelaga letztes Jahr nur einen Monat später überbrückt wurde. Kein Schiff braucht Hoffnung, die beschwerliche Reise überqueren zu können." den Atlantik in weniger als sechs Wochen.

La Pommeraye hatte in seiner Impulsivität nicht daran gedacht; und als ihm die Wahrheit der Worte des Seemanns klar wurde, hatte er das Gefühl, dass seine Freunde dem Untergang geweiht waren.

Er nahm das Unvermeidliche mit so viel Stoizismus hin, wie er nur konnte, und da er nicht in St. Malo bleiben konnte, kehrte er nach Paris zurück, um seine Zeit so gut es ging auszunutzen, bis der Frühling kam. Doch das fröhliche Leben am Hof übte für ihn keine Faszination aus. Würfel und der Weinbecher lockten ihn nicht an, und die Frauen staunten über den hübschen jungen Herkules, der all ihren Reizen so gleichgültig gegenüberstand. Er muss eine Aufregung männlicherer Art haben; und obwohl keine Schlachten von großer Bedeutung ausgetragen werden mussten, boten die Grenzkämpfe reichlich Gelegenheit für solche Schwerter wie seines. Sein alter Ruf kehrte bald zu ihm zurück; und Geschichten über seinen wundersamen Wagemut fanden ihren Weg nach Fontainebleau, wo sie von seinem treuen Freund und Bewunderer Henri von Guise wunderbar erweitert wurden.

Aber er wich nie von seinem Vorsatz ab, und sobald die Märzsonne begann, den Boden zu erwärmen, wandte er den Kopf seines Pferdes in Richtung St. Malo.

Als er dort ankam, stellte er zu seiner Überraschung fest, dass Cartier von der Expedition nicht begeisterter war als im Herbst. Dieser unersättliche Wanderer schien endlich genug von den Abenteuern zu Wasser und zu Lande zu haben. Er hatte vom König sein Adelspatent erhalten, und seit den Leiden und Entmutigungen seiner letzten Reise schien die Aussicht auf Trost und Ehre in Frankreich für ihn mehr Anreiz zu bieten als die Vorstellung, sich erneut den Gefahren der Tiefe zu stellen. Seine Glieder waren nicht mehr so kräftig wie früher, sein Auge hatte etwas von seiner Schärfe verloren und die Nöte und Ängste des letzten Winters hatten ihre Spuren an ihm hinterlassen. Er hatte genug Geld, um bis zum Ende seiner Tage zu ernähren, und er hatte das herrschaftliche Herrenhaus von Limoilou gekauft – das alte Steinhaus, das die Malouins noch immer mit Stolz als Wohnsitz ihres großen Seemanns bezeichnen. Als Charles ankam, war er gerade dabei, sich und seine Familie in seiner neuen Bleibe niederzulassen .

die L'Emerillon , zu verkaufen und alles in seiner Macht Stehende zu tun, um den Erfolg seiner Bemühungen voranzutreiben, aber er zögerte offensichtlich, sich noch einmal von dem friedlichen Zuhause loszureißen, dessen Trost er war Er begann erst zu begreifen, dass Charles beschloss, sein Versprechen nicht einzuhalten, sondern die Reise allein anzutreten. Ein fähiger Segelführer, Gaspard Girouard, wurde gefunden, *L'Emerillon* war bald ausgestattet; Und da sie angeblich nur nach Kanada ging, um eine Ladung Pelze zurückzubringen, strömten mehr robuste Seeleute als nötig herbei, um sie auf ihrer Reise zu begleiten.

Die Aprilbrise trug sie ohne Zwischenfälle über den Atlantik. Sie wollten die südliche Passage nehmen, aber ein heftiger Frühlingssturm brachte sie weit von ihrem Kurs ab und sie steuerten auf die Straße von Belle Isle zu. Als die Seeleute die Küste Neufundlands umrundeten, sahen sie am Horizont eine ferne Felseninsel. Als Charles darauf blickte, bemerkte er, dass Rauch aufstieg.

„Was für seltsame Orte", sagte er und wandte sich an Girouard, „an denen sich diese nackten Wilden aufhalten! Ich bin viel in der Wildnis Kanadas umhergewandert, bin aber nie an einen Ort gekommen, der für sie zu verlassen schien."

„Diese Feuer machen keine Wilden", sagte ein alter Seemann, der daneben stand. „Dort drüben ist der Rauch der Hölle. Das ist die Insel der Dämonen."

La Pommeraye lachte über den absurden Aberglauben und hielt seinen Blick auf die ferne Landspitze mit der Rauchsäule gerichtet, die mit jedem

Augenblick größer zu werden schien. Doch bald wurde es dunkel, und die dunklen Umrisse der Insel verschwanden schließlich aus seinem Blickfeld.

Hätte er es doch gewusst! Dieser Rauch war ein Signal der müden Beobachter auf der Insel, die an einem der unglücklichsten und traurigsten Tage ihres trostlosen Lebens in diesem fernen Segel Hoffnung auf Befreiung aus ihrem grausamen Gefängnis sahen. Eifrig entfachten sie ein riesiges Feuer, um das vorbeifahrende Fahrzeug anzulocken, ohne zu ahnen, dass sie auf der Suche nach ihnen auf ihrem weißflügeligen Weg voranraste.

In wenigen Tagen war *L'Emerillon* von der St.-Lorenz-Bucht in den Fluss Hochelaga übergegangen. Ein günstiger Wind trug sie an der tiefen, schwarzen Mündung des Saguenay vorbei, und bald breitete sich die Insel Bacchus vor den müden Augen der Seeleute aus, grün, schön und frisch, mit den hohen Wasserfällen von Montmorenci , die wild auf der gegenüberliegenden Seite in die Tiefe stürzten Ufer. Weiter segelten sie nach Charlesbourg Royal; und eine schreckliche Angst erfasste La Pommeraye , als er sich dem Ort näherte. An den steilen Ufern des breiten Flusses herrschte Totenstille. An der Stelle, an der Cartier seine einfache Festung errichtet hatte, stand jetzt ein stattliches Bauwerk, dessen zwei Türme vor den Augen der Franzosen aufragten. Hier und da waren andere Gebäude zu sehen, aber keine lebende Seele war in Sicht; und im Ankerplatz, wo er nach den Schiffen der Kolonisten gesucht hatte, war nicht einmal ein Kanu zu sehen. Könnte es sein, dass sie des Lebens hier überdrüssig wurden und weiter flussaufwärts aufbrachen – vielleicht nach Hochelaga? Aber es durfte keine Zeit verloren gehen. Als das stille Ufer nur noch einen Steinwurf entfernt war, wurde der Anker ausgeworfen und das Schiff ruhte von seiner langen Reise. Ein Boot wurde zu Wasser gelassen, und La Pommeraye ging an Land und erkundete das schlossartige Bauwerk, das die Höhen krönte, die leeren Hallen und Kammern, die klaffenden Regale und Behälter in den Lagerhäusern, die tiefen und leeren Keller, die großen Öfen und vieles mehr zwei stille Wassermühlen erzählten ihm alle von den Hoffnungen, die das Herz von De Roberval erfüllt hatten. Alles war sorgfältig von dem Ort entfernt worden, und es gab deutliche Spuren von Indianern; Aber da es keine Anzeichen eines Kampfes gab und keine Toten zu sehen waren, kam Charles zu dem Schluss, dass sie den Ort lediglich besucht hatten, um alles einzusammeln, was die Weißen zufällig zurückgelassen hatten.

Ein unbebautes Grundstück mit mehreren neu angelegten Gräbern verriet ihm, dass König Tod die junge Kolonie besucht hatte, und der hohe Galgen auf dem Platz deutete an, dass der strenge Edelmann der Kälte und dem Skorbut geholfen hatte, die Bevölkerung zu verringern.

Charles würde nicht zurückkehren, ohne sich zu vergewissern, dass seine Freunde die Neue Welt verlassen hatten, und so bestieg er nach einer erfolglosen Suche nach Eingeborenen, die sich offenbar in bessere Jagdgründe begeben hatten, sein Schiff, lichtete den Anker und ruhte sich erst aus er befand sich im Schatten von Mont Royal. Hier traf er einen Häuptling mit Namen Agona, den er früher gekannt hatte und der den Platz des alten Donnacona eingenommen hatte . Von ihm erfuhr er von De Robervals Leiden und Versagen. Er konnte nichts Genaues über Claude oder Marguerite erfahren, aber da es in der Kolonie auch andere Adlige gegeben hatte, wunderte ihn das nicht so sehr. Aber es bestand kein Zweifel daran, dass sie alle gegangen waren. Seine Reise war vergeblich gewesen; und mit schwerem Herzen machte er sich daran, noch einmal all die ermüdenden Meilen zurückzuverfolgen, die zwischen ihm und der Frau, die er liebte, lagen.

KAPITEL XII

Nachdem Roberval seine Nichte und ihre Gefährten auf der Insel der Dämonen zurückgelassen hatte, hatte er Kurs auf die Hochelaga genommen, und etwa Mitte Juni ragten die felsigen Höhen von Stadacona vor ihm auf. Seine tyrannische Strenge auf der Reise hatte allen seinen Männern Ehrfurcht vor ihm eingeflößt, und sein leisestes Wort des Tadels würde selbst den hartnäckigsten Bösewicht auf seinem Schiff zum Zittern bringen. Alle waren tatsächlich froh, als die Anker vor Cap Rouge geworfen wurden, und niemand mehr als Roberval selbst.

Die engen Grenzen des Decks seines Schiffes hatten seinem ehrgeizigen Geist zum Opfer gefallen; und die Schrecken der Reise, verursacht durch seinen eigenen Eigensinn und seine Sturheit, standen wie ein Albtraum vor ihm. Kaum war die Insel der Dämonen am Horizont verschwunden, als sein Gewissen begann, ihn zu schmerzen; und er wäre zurückgekehrt, um die Frauen zu holen, die er an Land gebracht hatte, aber er fürchtete, seine Anhänger könnten denken, in ihm sei die Milch menschlicher Güte.

Am meisten fürchtete er sich vor Gaillon . Er wusste, dass er sich bis zu einem gewissen Grad der Gnade des Mannes ausgeliefert hatte, und diese Tatsache allein reichte aus, um in ihm einen tödlichen Hass auf den kriechenden Schurken zu erwecken, der wie ein Schatten seine Schritte verfolgte. Er beschloss, ihn so schnell wie möglich loszuwerden; und doch fürchtete er sich davor, irgendwelche Schritte zu unternehmen, um ihn zu entfernen. Er erinnerte sich an den plötzlichen und mysteriösen Tod des jungen Picard-Seemanns; Er erinnerte sich auch an Gaillons Angebot, ihn still und sicher von allen seinen Feinden zu befreien. Der Mann war ein Giftmörder, ein Dämon, der im Dunkeln arbeitete, ohne Seele, ohne Ehre . An Bord des Schiffes fühlte sich Roberval mehr oder weniger sicher; Doch als sein Ziel näher rückte, kam er zu dem Entschluss, dass Gaillon, sobald er an Land war, aus dem Weg geräumt werden musste, sonst wäre er nicht einen Moment vor dem Schrecken eines Attentats frei.

Gaillon selbst erriet schnell alles, was Roberval durch den Kopf ging. Sein wachsames Auge bemerkte die geringsten Anzeichen, die die Haltung des Edelmanns ihm gegenüber verrieten; aber es konnte keine Veränderung in seinem eigenen Benehmen und Benehmen beobachtet werden, außer dass er, wenn möglich, unterwürfiger und unterwürfiger als je zuvor war.

In diesem Zustand befanden sich die Dinge, als die Schiffe den Hochelaga hinauffuhren und die gewaltigen Höhen von Stadacona majestätisch und stark vor ihnen aufragten. De Robervals scharfes Auge erkannte sofort, was für ein großartiger Ort dies als Hauptquartier für seine Kolonie sein würde;

Doch als er die hohen Klippen umrundete, fiel ein Schauer von Pfeilen mit Feuersteinköpfen auf sein Deck und warnte ihn, dass die roten Männer ihn als Feind willkommen hießen. Um sie zu erschrecken, schickte er eine Breitseite seiner Kanonen gegen die riesige natürliche Festung, die mit dem ungewöhnlichen Geräusch widerhallte , und die verängstigten Indianer flohen weit ins Landesinnere, um dem ungewöhnlichen Donner zu entgehen.

Bei Charlesbourg Royal landeten die Franzosen ohne Widerstand. Fleißige Hände machten die einfachen Behausungen, die Cartier hinterlassen hatte, bald bewohnbar; Vom ersten Morgengrauen bis zum Versinken der Sonne hinter den Hügeln des Sankt-Lorenz-Stroms hallten die Schreie der Menschen, das Singen der Sägen und das Klirren der Hämmer über den breiten Fluss. Auf den Höhen erhob sich ein etwas protziges Dorf; und in der Mitte , anstelle der dünnen Struktur, die Cartier als Galgen entworfen hatte , stand eine starke, schwarze Erektion, die bedrohlich auf ein Opfer wartete.

Es musste nicht lange warten. Je hingebungsvoller und unterwürfiger Gaillon wurde, desto mehr wuchsen Robervals Unbehagen und sein Misstrauen ihm gegenüber. Angst und Reue hatten tatsächlich das seelische Gleichgewicht des Adligen gestört. Er erkannte , dass er nicht er selbst war, aber er war überzeugt, dass er niemals seine Selbstbeherrschung wiedererlangen oder einen Moment des Seelenfriedens erleben könnte, bis er den abscheulichen Kerl losgeworden wäre, den er gewissermaßen ins Vertrauen gezogen hatte, und der seine Schlaf- und Wachstunden verfolgte. Der Zufall stellte ihm eine Chance in den Weg.

Obwohl die Kolonisten reichlich Pulver und Kugeln mitgebracht hatten, waren sie für eine lange Saison nur unzureichend mit Nahrung versorgt. Sie hatten damit gerechnet, dass Cartier rund um sein Anwesen reichlich Getreide anbauen würde, stellten jedoch fest, dass er in diesem Jahr noch nicht einmal den Boden aufgebrochen hatte. Sie stellten auch fest, dass die Indianer sich zurückhielten und nichts tun würden, um ihnen zu helfen. Die wenigen Nachzügler, die sie mit „Feuerwasser" anlocken konnten, verfügten über keine Nahrungsvorräte, da sie zu träge waren, um den Boden zu bearbeiten, und waren lediglich auf Wild und Fisch angewiesen; Sie feierten, solange es reichlich war, und hungerten, als es knapp war.

Roberval war ein Mann von kluger Weitsicht. Er schätzte seine Vorräte sorgfältig ab und stellte fest, wie viel jeder Mann für den Transport durch die langen Herbst- und Wintermonate leisten konnte. Dann erließ er den Befehl, dass jeder, der mehr als sein Taschengeld nahm, mit schwerer Strafe bestraft werden sollte. Kurz nach Erteilung des Befehls stellte sich heraus, dass jemand nachts in die Geschäfte eingedrungen war und eine Menge Proviant mitgenommen hatte. Eine Wache wurde heimlich aufgestellt, und einige

Nächte später wurde der Dieb gefasst, und es stellte sich heraus, dass es sich um niemand anderen als Gaillon handelte .

Als der Mann sah, in welche Richtung Robervals Gedanken gingen und dass seine Aufstiegspläne aussichtslos waren, beschloss er, die Kolonie zu verlassen. und zu diesem Zweck hatte er damit begonnen, einen ausreichenden Vorrat an Nahrungsmitteln abzusondern, um ihn zu ernähren, bis er sich einer der wandernden Indianergruppen weiter oben im Land anschließen konnte. Er wurde vor Roberval gebracht, der ihn sofort zum Galgen befahl. Der Unglückliche fiel auf die Knie, aber Roberval war gegenüber Bitten und Flüchen gleichermaßen taub.

„Mit ihm zum Galgen!" er wiederholte. „Wir sind einen solchen Bösewicht gut los."

Gaillons Charakter war bekannt und niemand hatte Mitleid mit seinem Schicksal. Kaum ein Mann in der Kolonie atmete nicht freier auf, als er wusste, dass es außerhalb seiner Macht lag, noch mehr Unheil anzurichten; Aber sie schauderten, als sie seine baumelnde Gestalt betrachteten, und fragten sich, wem von ihnen als Nächstes ein ähnliches Schicksal widerfahren würde.

In der Zwischenzeit hatte De Roberval sein Versprechen, für seine Nichte zurückzukehren, nicht vergessen. Aber er hatte die Entfernung und die Zeit, die ein Schiff für Hin- und Rückfahrt brauchte, völlig falsch eingeschätzt. Bei der gegenwärtigen Lage der Kolonie wäre es völlig ausgeschlossen, dass er über einen so langen Zeitraum persönlich abwesend wäre. Es fiel ihm jedoch nicht schwer, einen oder zwei der jungen Adligen zu finden, die bereit waren, die Expedition zu unternehmen; aber es stellte sich ein Hindernis dar, mit dem er nicht gerechnet hatte. Unter den Matrosen war kein Mann zu finden, der bereit war, an den gefürchteten Ort zurückzukehren. Drohungen, Befehle und Überredungen waren vergebens; Keine Macht der Welt hätte die Besatzungen dazu bewegen können, sich in die Nähe des Ortes zu wagen, wo sie mit eigenen Augen die Flammen der Hölle und die Dämonen gesehen hatten, die herbeieilten, um ihre Opfer zu fordern.

Roberval wagte es nicht, Gewalt anzuwenden. Es gab zu wenige und zu wertvolle arbeitsfähige Seeleute, um den Verlust auch nur eines einzigen zu riskieren. Er war gezwungen, den Versuch aufzugeben und sich mit allen Schrecken der Reue abzufinden. Was auch immer er gefühlt haben mochte, er behielt es für sich, und niemand wagte es, die Lippen zu diesem Thema zu öffnen.

Der Winter brach an und erwies sich für die Bewohner von Charlesbourg Royal als schrecklich. Sie litten sehr unter der Kälte; und ihr Elend wurde durch die Nahrungsmittelknappheit noch schlimmer. Nur wenige wagten es, über die Mauern hinauszugehen, um nach Vorräten zu suchen, da die umherstreifenden Wilden immer bereit waren, ihnen den Weg abzuschneiden. Sie lebten auch in ständiger Angst vor De Robervals eiserner Herrschaft; und bei der geringsten Beleidigung wurden sie an den Prügelpfahl gebracht, ins Wachhaus geworfen, an Händen und Füßen gefesselt oder zitternd zum Galgen geführt. Auch Skorbut brach aus, und es konnte kein Indianer gefunden werden, der sie zu dem Baum führte, dessen Tugenden einst die Überreste von Cartiers Besatzung gerettet hatten. Sie fielen wie die braunen Blätter vor dem Herbstfrost; und die schwachen Arme ihrer leidenden und halb verhungerten Kameraden ließen die Mauern mit dem dumpfen Schlag der Spitzhacke widerhallen, als sie fast täglich in den harten, gefrorenen Boden schnitten, um Gräber vorzubereiten. Diejenigen von sanfterem Blut waren fast alle unterlegen, und es war kein Priester mehr übrig, der den Toten die letzte Ölung spenden konnte. Als der Frühling kam, war fast die Hälfte der Kolonie verschwunden, und die Überlebenden waren nur noch lebende Skelette.

Als das Eis den Fluss verlassen hatte und der Schnee das Land verlassen hatte, beschloss Roberval, einen Versuch zu unternehmen, die großen Binnenmeere zu erkunden, die auf Cartiers Karte eingezeichnet waren, und wenn möglich die Stelle zu finden, an der das Goldklumpen entdeckt worden war. Aber er hatte keine Ahnung von den Entfernungen auf diesem riesigen Kontinent; und nachdem er sich einen Monat lang turbulente Flüsse hinauf und über schroffe Strecken gekämpft hatte, die noch nie zuvor ein weißer Mann betreten hatte, kehrte er entmutigt in seine Siedlung zurück. Hier stellte er fest, dass die Männer, denen er das Kommando überlassen hatte, seine Abwesenheit ausgenutzt hatten, um große Feste abzuhalten, und in der Festung herrschte größte Verwirrung. Angewidert und hoffnungslos beschloss er, seine Kolonie aufzulösen und nach Frankreich zurückzukehren. Sein Ehrgeiz wurde vereitelt, seine Hoffnungen wurden jäh zerstört, und seine Träume von Ruhm und Ruhm in der Neuen Welt verblassten in nichts als bitteren Erinnerungen und unverkennbarem Bedauern.

Als er mit der Handvoll Männer, die ihm noch verblieben waren, den Sankt-Lorenz-Golf entlang segelte, beschloss er, einen weiteren Versuch zu unternehmen, zur Insel der Dämonen zurückzukehren und zumindest so viel wie möglich über das Schicksal der Dämonen zu erfahren drei Frauen — obwohl er nicht an die Möglichkeit gedacht hatte, dass sie überlebt haben könnten. Doch als die Mannschaft erfuhr, wohin sie wollte, erhoben sie sich geschlossen und meuterten. Einige von denen an Bord standen Roberval in seinem Entschluss zur Seite, aber sie wurden überwältigt, einige von ihnen wurden niedergeschlagen; und de Roberval, der sein eigenes Leben in Gefahr sah, befahl Jehan Alfonse, der zu seiner Treue zurückgekehrt war, ein traurigerer und weiserer Mann – wie sein Kommandant –, sich nach Frankreich zu begeben.

Und während Charles den Norden Neufundlands umrundete, verließ De Roberval die Mündung des Hochelaga; und indem er westwärts an der Insel Cape Breton vorbei segelte, setzte er seinen stetigen Weg über den Ozean fort.

Bei seiner Ankunft in La Rochelle ließ er die Meuterer unbehelligt, aus Angst, die Geschichte seiner Nichte könnte im Ausland bekannt werden. Als er vor Gericht zurückkehrte, berichtete er, dass beide Mädchen in der Neuen Welt gestorben seien. Gerüchte über die Wahrheit gingen im Land auf und ab; aber der Hof und die Kirche schwiegen, denn der König brauchte De Roberval. Die hohe Wertschätzung, die ihm entgegengebracht wurde, ließ alle, die die Geschichte erfuhren, glauben, dass, wenn er grausam gewesen wäre, seine Grausamkeit nur die gerechte Strafe für Schuld gewesen sein musste; und um des alten und ehrenvollen Namens seines Hauses willen wagte niemand, ihm irgendwelche Fragen zu stellen.

De Roberval warf sich mit all seinen Kräften in den neuen Krieg, der im Gange war, und versuchte im Waffengefecht und der Aufregung des Kampfes sein albtraumhaftes Gewissen zu übertönen, das ihm weder bei Tag noch bei Nacht Ruhe gab.

In der Zwischenzeit war La Pommeraye mit den bereits berichteten Ergebnissen in Charlesbourg Royal angekommen. Seine Lebensfreude versank in Verzweiflung, als er zu der Überzeugung gelangte, dass er und der Adlige sich auf dem breiten Atlantik begegnet waren. Er war dreitausend Meilen über gefährliche Meere gereist, um Marguerite zu sehen, und nun muss er dieselbe ermüdende Strecke allein zurücklegen. Er verabschiedete sich von Agona, der den schönen Riesen bei sich gehabt hätte und ihn und seinen Stamm weit über die „springenden Wasser" hinaus, wie sie die Stromschnellen bei Lachine nannten, begleiten würde, denn er hatte eine große Jagdexpedition ins Landesinnere geplant Meere. La Pommeraye wäre am liebsten mit ihm gegangen, aber obwohl er Marguerite in Frankreich in Sicherheit glaubte, konnte er sich nicht dazu durchringen, sich eine Stunde länger von ihrem Aufenthaltsort fernzuhalten, als er helfen konnte.

Also segelte er den Hochelaga hinunter; und da er etwas als Gegenleistung für seine Rückreise nach Frankreich mitbringen wollte, wandte er sein Schiff Richtung Saguenay, in der Absicht, von den Indianern dieses tiefen, dunklen Flusses einen Vorrat an Pelzen zu besorgen. Bald erhob sich vor ihm die felsige Anhöhe, auf der sich sanfte, karge Sandstrände befanden. Weit oben sah er, wie die Granitfelsen Schritt für Schritt aufstiegen, und er verspürte den starken Wunsch zu verfolgen, wohin sie ihn führen würden; aber Marguerite zog ihn weg. Glücklicherweise befanden sich an den Ufern rund um Tadousac zahlreiche Wigwams , und La Pommeraye , der mit genau diesen Stämmen einen Monat in dieser Region verbracht hatte, hatte keine Mühe, sein Schiff zu geringen Kosten mit einer wertvollen Ladung Pelze zu beladen. Auch von diesen Indianern hörte er Geschichten über Robervals Kolonie; und als sie in ihrer ernsten, stoischen Art von den Leiden erzählten, die die Franzosen erlitten hatten, und von der Zahl der Männer, die unter der eisernen Hand von De Roberval gefallen waren, war sein Herz von Mitleid mit seinen Landsleuten berührt. Von Claude und Marguerite konnte er nichts erfahren. Den Berichten der Indianer zufolge waren überhaupt keine Frauen bei De Roberval gewesen, die Charles' Beschreibungen entsprachen; und mehrere Montagnais-Krieger, die Claude gekannt hatten, als er 1535 mit Cartier überquerte, und die sich noch gut an den zurückhaltenden, dunkeläugigen jungen Franzosen erinnerten, erklärten, dass auch er nicht in der Kolonie gewesen sei.

Diese Nachricht beunruhigte Charles sehr, und sobald sein Schiff gut beladen war und alle Segel gesetzt hatte, segelte er erneut über den großen Nordozean, der nun alle seine Schrecken für ihn verloren hatte.

Es war September, als sein Schiff St. Malo erreichte, und nachdem er es den Kaufleuten überlassen hatte, die Geld in das Unternehmen gesteckt hatten, eilte er zu Cartier, der geschäftlich in Paris war, und legte ihm alles vor, was er gesehen und gesehen hatte gehört.

Cartier hatte mehr als nur eine Ahnung von den Gründen, die Charles dazu bewogen hatten, zunächst nach Frankreich zurückzukehren und dann in so großer Eile nach Kanada zurückzukehren. Er war ein scharfsinniger Beobachter und hatte seine eigenen Schlussfolgerungen gezogen, diese aber diskret für sich behalten. Jetzt stand er da und blickte mit großem Mitleid im Herzen auf seinen treuen, gutaussehenden jungen Freund und Mitreisenden und fragte sich, wie er ihm die Nachricht von den Gerüchten überbringen konnte, die er gehört hatte.

„La Pommeraye ", sagte er schließlich, „mein Arm ist nicht mehr so stark wie früher, sonst wäre ich mehr als versucht, einem Mann einen Schlag zu versetzen, den wir einst Freund nannten."

"Wen meinst du?" rief Charles. Beim Anblick von Cartiers Gesicht erwachte eine unbestimmte Angst in ihm.

„Ich meine De Roberval."

„Warum, was hat er getan? Gibt es schlechte Nachrichten? Sag es mir sofort, ich flehe dich an! Was hast du gehört?"

„Ich weiß nicht, was er getan hat. Ich habe seit seiner Rückkehr niemanden gesehen, der bei ihm in Charlesbourg Royal war; aber es gibt Gerüchte in Paris, dass weder Mdlle. de Roberval noch Claude de Pontbriand jemals Kanada erreicht haben."

Als er diese beiden Namen zusammen hörte, dämmerte in La Pommerayes Kopf zum ersten Mal ein Verdacht auf die Wahrheit, der jedoch in der unbestimmten und schrecklichen Angst verschwand, die Cartiers letzte Worte hervorriefen. Er erhob sich mit einem Gesicht wie der Tod und legte seine Hand auf Cartiers Arm.

„Sag mir sofort, was du meinst!" er sagte.

„Ich weiß nichts Genaues. Das Einzige, was sicher ist, ist, dass sie nicht mit ihm zurückgekehrt sind. Ich habe wilde Geschichten gehört, von denen ich nicht weiß, wie viel Wahrheit darin steckte, dass er seine Nichte und ihre Begleiterin in Cape Breton oder Neufundland an Land gebracht hat und dass De Pontbriand , der seine heimtückische Tat nicht verhindern konnte, sich ins Meer stürzte und versuchte, zum Ufer zu schwimmen, aber sank, bevor er es erreichte.

Charles schwor einen großen und furchteinflößenden Eid. Dann ging er zum Fenster, stellte sich mit dem Rücken zu Cartier hin und blickte auf die Straße. Als er sich umdrehte, war sein Gesicht zwanzig Jahre älter.

"Wo ist er?" war alles , was er sagte.

„Handeln Sie nicht voreilig", sagte Cartier sanft. „Vielleicht handelt es sich nur um ein Gerücht . Ich habe versucht, die Geschichte zu bestätigen, aber jedes Mal, wenn ich sie hörte, stammte sie von jemandem , der nie außerhalb Frankreichs war, und sie wurde in so vielen Variationen erzählt, dass ich begonnen habe, sie zu erzählen." Ich hoffe, dass es tatsächlich nur eine sehr kleine Grundlage hat."

„Seit ich die Indianer in Tadousac verlassen habe, weiß ich, dass nicht alles in Ordnung war", antwortete Charles. „Sagen Sie mir sofort, wo De Roberval ist! Ich lasse nichts unversucht, bis ich die Wahrheit herausgefunden habe. Ich wünschte Gott , ich." hatte ihn in dieser Nacht auf dem Sillon getötet !"

„Das letzte, was ich von ihm gehört habe, war, dass er in der Picardie war", gab Cartier zurück. „Aber wenn an der Geschichte etwas Wahres dran ist, werden Sie es wahrscheinlich nicht von seinen Lippen hören. Er ist in Rochelle gelandet. Ein Teil seiner Mannschaft wird sich wahrscheinlich in dieser Stadt aufhalten; und auf jeden Fall werden Sie dazu in der Lage sein um einige von ihnen aufzuspüren und die Fakten zu erfahren, bevor Sie weitere Schritte unternehmen.

Der Rat war zweifellos klug; Es konnte nichts gewonnen werden, wenn man Roberval mit vagen Anschuldigungen konfrontierte. Ohne einen Augenblick Zeit zu verlieren, eilte La Pommeraye nach La Rochelle; aber er konnte keine Spur von jemandem finden, der bei Roberval gewesen war. Die Matrosen waren alle wieder zur See gefahren; und diejenigen der Kolonisten, die nicht bereits wieder im Gefängnis saßen, waren auf dem Weg zum Kriegsschauplatz. An die Front waren auch ein oder zwei Herren gegangen, von denen bekannt war, dass sie von der unglücklichen Expedition zurückgekehrt waren. So seltsam es auch klingen mag, Charles konnte absolut keine eindeutigeren Informationen erhalten als die vagen Berichte, die er bereits gehört hatte.

Er erfuhr, dass Roberval einige seiner Männer mit in die Picardie genommen hatte und dort als Freibauern für König Franz diente. La Pommeraye war in den vergangenen Wochen so weit gereist, dass ein Mann von normaler Stärke erschöpft gewesen wäre; aber er schien nicht in der Lage zu sein, zu ermüden. Noch einmal wurde sein Pferd gesattelt und erneut machte er sich auf den vertrauten Weg in die Picardie. Die lange Reise war endlich zu Ende und er erreichte die Burg, während die trüben Novemberwinde vom Ärmelkanal über das Land fegten. Roberval war mit einer kleinen Armee fünf Meilen entfernt; aber La Pommeraye Er erkannte in einem der Diener, Etienne Brulé mit Namen, den Mann, der der berühmten Begegnung mit Pamphilo de Narvaez unverletzt entkommen war und der La Pommeraye seitdem immer für ein übernatürliches Wesen gehalten hatte. Dieser Mann war mit de Roberval auf seiner Reise gewesen, und nach einem einstündigen Kreuzverhör brachte La Pommeraye ihm endlich die Wahrheit entgegen. Die Erinnerung an die Schrecken, die er durchgemacht hatte, und seine Angst vor De Robervals Zorn, wenn sich herausstellte, dass er die Geschichte von Marguerites Verlassenheit erzählt hatte, schienen den Verstand des armen Kerls verwirrt zu haben, und seine Geschichte war wild und zusammenhangslos . Aber er blieb mannhaft bei seiner Behauptung, er habe gesehen, wie Claude das Ufer erreichte.

„Die anderen verspotteten mich", sagte er, „und einige gingen sogar so weit zu sagen, sie hätten gesehen, wie die Dämonen ihn heruntergezogen hätten, aber ich weiß es besser. Mein Sehvermögen ist stärker als ihres, und ich sah, wie er gerettet und an Land gezogen wurde." von den Frauen. Aber Monsieur wird nicht mit dem Sieur de Roberval über diese Dinge sprechen? Er bekommt Schaum vor dem Mund, wenn der Name seiner Nichte auch nur erwähnt wird; und er würde mich töten, wenn er herausfinden würde, dass ich Ihnen von ihr erzählt habe.

Charles achtete nicht auf die Worte des Mannes. Vor seinen Augen sah er
eine große Rauchsäule aufsteigen und sich weit über den Ozean ausbreiten;
Er sah, wie sein Pilot das Ruder ergriff und von der gefürchteten Stelle
wegsteuerte. Als die Vision vor ihm aufstieg , schrie er laut in der Bitterkeit
seines Herzens: „O Gott! Du bist zu grausam, zu grausam!"

KAPITEL XIII

Es war eine traurige Pflicht, die Bastienne und Marguerite erfüllen mussten, als sie Maries armen, gebrochenen Körper für die Beerdigung vorbereiteten. Und während sie mit liebevollen Händen in der Hütte schufteten, arbeitete Claude, so gut er konnte, daran, aus einigen Brettern, die nach dem Bau ihrer Behausung übriggeblieben waren, einen einfachen Sarg anzufertigen. Jeder Schlag seines Hammers traf die Herzen der Frauen, denen dieses traurige Unglück den letzten Hoffnungsschimmer genommen zu haben schien.

Am Abend des Tages, der auf ihren Tod folgte, war alles bereit, und Claude grub mit schmerzendem Herzen ein Grab in der ebenen Grasnarbe, direkt hinter der Klippe, von der sie gefallen war. Nachdem er fertig war, kehrte er zur Hütte zurück, und die drei wachten schweigend neben ihren Toten, bis der Morgen anbrach. Mit zitterndem Körper und Geist machten sie sich bereit, ihre sterblichen Überreste zu ihrem Inselgrab zu tragen, während die wilden Seevögel, die angesichts des kommenden Sturms schreiend umherflogen, in ihren traurigen Herzen den Eindruck erweckten, als würden sie über menschliche Ohnmacht jammern.

Bastienne und Marguerite nahmen den Kopf des Sarges zwischen sich, während Claude den Fuß trug, und die kleine Trauerprozession verließ die Hütte und stieg den Hügel hinauf, auf dem das Grab ausgehoben worden war. Langsam wurde ihre Last in die flache Erde gesenkt; und indem sie das Kruzifix darüber hielten, sprachen sie Gebete für den Rest der Seele, die ihnen so plötzlich entrissen worden war. Es war schwer, den ersten Spatenstich auf den Sarg zu werfen . Als jeder Stein auf den Deckel traf, schien es ihnen, als müsste Marie die Schläge spüren. Aber die bittere Pflicht hatte endlich ein Ende, der letzte Stein wurde auf das einfache Denkmal gelegt, das Maries Ruhestätte markierte, und traurig wandten sie sich ab, um den Ort zu verlassen.

Der Sturm hatte stetig zugenommen, und jetzt peitschten und rollten die wilden Wellen wie mächtige, sich bewegende Berge an der Küste. Die weit geschleuderte Gischt ergoss sich in Strömen über ihre Hütte. Sie waren bis auf die Knochen durchgefroren und saßen den ganzen Tag zitternd vor dem großen Holzfeuer, das in ihrem riesigen Außenkamin brannte. Schließlich trieb sie der heftige Sturm ins Haus, und alle drei saßen zusammengekauert in ihren Decken und konnten sich nicht wärmen .

Dies war nur der Auftakt zum Winter. Doch bevor diese schreckliche Jahreszeit in ihrer ganzen nördlichen Heftigkeit zu Ende ging, sollten sie ein paar Tage glücklicher Ruhe erleben. Am nächsten Morgen hatte der Sturm nachgelassen, und eine helle Sonne schien über die langen, glatten Wellen, die immer noch am Ufer entlangzogen. Es lag ein seltsames Sommergefühl in der Luft, und Claude, der sich an seine Erfahrungen in Quebec erinnerte, als er mit Cartier auf seiner zweiten Reise war, wusste, dass der „Indian Summer" die Zeit war, die die roten Männer für ihre letzten Vorbereitungen festgelegt hatten denn der Winter stand vor ihnen. Eine Woche lang schien die warme Sonne durch den milden Dunst, und eine Woche lang mühten sich alle drei von morgens bis abends ab, einen reichlichen Vorrat an Brennholz in ihrer Hütte anzulegen . Es war gut, dass diese Arbeit ihre Zeit in Anspruch nahm, denn der Steinhaufen, der die Stelle markierte, an der ihr toter Kamerad lag, lastete auf ihrem Gemüt. Am Ende der Woche war ihre kleine Hütte durch die großen Holzhaufen, die sie gesammelt hatten, fast unsichtbar, und die klingenden Schläge von Claudes Axt verstummten.

Er hatte sich nicht geirrt; es war nur eine kurze Atempause. Kaum hatten sie ihre Vorbereitungen beendet, als aus Norden ein rauer, durchdringender Wind wehte, der das Fleisch vom Knochen zu trennen schien. Mittlerweile waren alle Vögel verschwunden, außer den robusteren nördlichen. Ihre Lieder hatten aufgehört; Nichts war zu hören außer dem Rauschen der ruhelosen Wellen, die ein ewiges Stöhnen aufrechterhielten, dem Rauschen der Kiefern und den wilden Schreien der Seevögel, deren Schreie mit dem Herannahen des Winters immer trostloser zu werden schienen – je mehr er modulierte, desto mehr waren, zum seltsamen Nordwind.

Die drei waren nun gezwungen, in ihrer Hütte zu bleiben, aber das große Feuer, das vor der Tür brannte, spendete ihnen keine Wärme. Es gab nur einen Weg, dem man folgen konnte; In der Hütte muss ein Feuer gemacht werden. Claude hatte dieses Unvermeidliche schon lange gefürchtet und den bösen Tag hinausgezögert, solange er konnte. Er war mitten im Winter in den Hütten der Montagnais in Tadousac gewesen und hatte diese zitternden Wilden, halb blind vom Rauch, um ein Feuer in der Mitte ihrer Hütte hocken sehen, während der Rauch sie umkreiste Durch eine Öffnung im Dach gelangte die Wohnung nach draußen. Aber als der Winter näher rückte, konnte er nur noch die roten Männer nachahmen; und mit großem Widerwillen begann er, in ihrer Wohnung einen Kamin zu bauen. Nachdem er die Aufgabe erfüllt hatte, schnitt er mit Säge und Axt eine Öffnung darüber, häufte einen Haufen Äste auf die Steine und zündete sie an. Die grellen Flammen erhellten für einen Moment das Innere; Doch schon bald stürzten die Frauen, halb geblendet, erstickt ins Freie, während der Rauch nach oben stieg und das warme Feuer darin glühte. Es gab nichts anderes zu tun; sie müssen sich an das Unbehagen gewöhnen; und von der Kälte getrieben, drängten sie sich um die Flammen. Claude konnte nicht anders, als zu spüren, wie schnell ein solches Leben sie zu den roten Männern machen musste. Ihre Augen wurden schwach und blutunterlaufen; Die arme alte Bastienne wurde fast blind und konnte bald nur noch in der Hütte herumtasten.

Der Winter in Kanada ist jetzt eine wunderbare Jahreszeit für diejenigen, die die Mittel haben, seinen härteren Aspekten zu widerstehen und mit ihm zu kämpfen und ihn zu besiegen. Die scharfe, belebende Luft, die das Blut in den Adern kribbeln lässt und die Rosen an die Wangen steigen lässt, ruft die latente Energie des Kanadiers hervor; Aber selbst jetzt ist der Winter für die Armen eine Quelle der Angst; Der Wilde sieht seine Annäherung immer noch mit Schrecken, und die Kranken, die von der klaren Luft des Himmels ausgeschlossen sind, beten für seine Flucht. In jenen frühen Zeiten war es eine Jahreszeit, die von allen gleichermaßen gefürchtet wurde, sogar an den Ufern des breiten Hochelaga; Aber niemand außer denen, die sie erlebt haben, kann sich die schrecklichen Schrecken eines Winters vorstellen, der weit im Norden auf einer einsamen Insel im Atlantik verbracht wird. Die Kälte hörte weder Tag noch Nacht auf; der Wind heulte ununterbrochen ; Das mächtige Meer fegte mit langen grünen Wellen heran, zerschmetterte das Eis, das sich an den Ufern bildete, und häufte es in großen, glitzernden, mahlenden Haufen auf dem Strand auf. Die hungrigen Tiere streiften um die Hütte herum und kämpften um die Knochen, die ihnen vorgeworfen wurden. Die Hasen hatten ihr Fell gewechselt und sprangen nun schneeweiß über den schneebedeckten Boden. Sie aßen köstlich, und an den kurzen Wintertagen sauste Claudes Arkebuse durch den Wald, während er die Speisekammer mit Lebensmitteln füllte – eine willkommene Abwechslung nach dem Pökelfleisch, das mit den Frauen an Land gebracht worden war.

Bastienne und Marguerite fanden etwas Erleichterung von der schrecklichen Einsamkeit, die über der Insel lauerte, indem sie, wenn das Licht es erlaubte, an ihrer Garderobe und der von Claude arbeiteten. Sie hatten reichlich Kleidung für sich, aber Claude hatte nichts außer dem Gewand, in dem er an Land geschwommen war. Den beiden Frauen gelang es, ihm einen gemütlichen Anzug zusammenzuflicken, indem sie einige ihrer robustesten Outdoor-Kleidungsstücke zerlegten. Tatsächlich war es rau, und Claude fühlte sich wie der Narr des Königs, als er es anzog; Aber es waren keine französischen Galanten da, um ihn zu sehen, und er konnte über die traurige Figur, die er machte, sogar lächeln.

Wenn jemals ein Mensch für das Ende des Winters gebetet hat, dann war er es. Er sah, dass es die beiden Frauen tötete, und die stechenden Schmerzen in seiner eigenen Brust warnten ihn, dass die bitteren, durchdringenden Winde ihr Werk getan hatten und dass er erliegen musste, wenn nicht bald Linderung kam.

alte Bastienne litt am meisten darunter. Das Alter begann es ihr anzumerken; und sie, die so stark wie ein Pferd gewesen war, wurde nun schwach wie ein

Kind. Sie stolperte über ihre täglichen Aufgaben. Um „ihre Kinder", wie sie die beiden anderen nannte, zu retten, setzte sie sich der Kälte und dem Sturm aus; und obwohl Claude sie anflehte, keine Arbeiten zu verrichten, die ihre Kräfte überstiegen, nahm sie, wenn er abwesend war, seine Axt und zerschlug die Holzscheite für das Feuer oder watete durch große Schneeverwehungen zur Quelle, die süß und frisch sprudelte. und leben, in diesem Land der Finsternis und des Todes.

Das Feuer in der Hütte durfte nie ausbrennen; und gegen Frühling waren die drei kaum wiederzuerkennen , so schwarz waren sie vom Rauch und dem grellen Feuer des Feuers geworden, um das sie an den langen, kalten Abenden und oft den ganzen Tag herum saßen, wenn sie fünf Minuten im Freien waren alle freiliegenden Körperteile eingefroren haben.

Aber die langweilige Monotonie dieses Eises, Schnees und Frosts konnte nicht ewig anhalten . Anfang März lag ein leichtes Frühlingsgefühl in der Luft; das Meer klang weniger furchtbar; Die Schreie der Vögel verloren etwas von ihrer Härte; und noch vor Monatsende wurden sie durch ein fröhliches „Pip, pip, pop!" geweckt . oft und heftig wiederholt von der Spitze ihrer Hütte. Sie kannten den Schrei. Es war das erste Rotkehlchen. Endlich war der Frühling da. Sie gingen zur Tür und erwarteten fast, den kahlen Boden zu sehen und das Rascheln der Blätter zu hören. Aber ein voller Fuß Schnee begrub die ganze Insel unter sich; und trotz der Pfeife des Rotkehlchens und der warmen Sonne lag immer noch eine winterliche Kälte in der Luft.

Das Rotkehlchen war ein alter Freund. Er war im Herbst der letzte Vogel gewesen, der weggegangen war, und als er sie sah, flog er frech zu seinem gewohnten Futterplatz und erwartete seine Morgenmahlzeit. Er wurde auch nicht enttäuscht. Tag für Tag erfreuten sie sein Herz mit fein zerkleinerten Krümeln des harten Kekses, den De Roberval mit ihnen an Land gebracht hatte. Obwohl er früh kam, schien der Frühling noch in weiter Ferne zu sein. Mehrere Wochen lang kehrten keine anderen Vögel zurück, nicht einmal der Partner dieses rotbrüstigen Vorläufers des Sommers. Möglicherweise war sie auf der stürmischen Fahrt vom Festland verloren gegangen; oder vielleicht war er lediglich als Wächter vorausgeschickt worden, um das Land auszukundschaften und zu sehen, ob es für seine Sommerbewohner geeignet sei.

Der April kroch langsam vorbei, und gegen Ende fügten ein paar klagende Spatzen ihre Lieder zu den kräftigen, selbstbewussten Tönen des Rotkehlchens hinzu. Bald brach eines Morgens die ganze Insel in Gesang aus, und der Frühling war tatsächlich mit ihnen da. Der Schnee war verschwunden, außer in den Mulden und an den schattigen Stellen, und das Gras begann hier und da das frische, lebendige Grün anzunehmen, das ihre Herzen erfreute.

Aber der Frühling sollte ihnen kleine Freude bereiten. Die treue alte Bastienne wurde von Tag zu Tag schwächer. Claude und Marguerite waren voller Mitleid, als sie sie hilflos und niedergeschlagen auf dem unhöflichen Sitz neben dem Außenkamin sitzen sahen. Sie konnte kaum gehen, und der hohle, erstickende Husten, der in ihren Ohren wie ein Totengeläut klang, verriet ihnen, dass sie nicht mehr lange zu leben hatte. Sie fürchteten sich davor, sie vor ihren Augen verkümmern und sterben zu sehen, während sie nicht in der Lage waren, ihr zu helfen.

Aber die Götter waren freundlicher zu ihnen allen, als sie erwartet hatten. Als Claude und Marguerite eines Tages Anfang Mai von einem langen Spaziergang durch den Wald zurückkamen, wo sie eine Fülle wilder Blumen gesammelt hatten, fanden sie den alten Diener leblos am Hang vor der Tür der Hütte liegend. Sie war von ihrem gewohnten Platz am Feuer auf das Gesicht gefallen und tot. Auf ihren Gesichtszügen waren keine Anzeichen von Leiden zu erkennen; Ihr Ende schien ebenso friedlich wie plötzlich gewesen zu sein, und ihr Geist war zweifellos zu den sonnigen Hängen der Somme und den weiten Feldern und blühenden Obstgärten ihrer geliebten Picardie zurückgekehrt.

Sie legten ihren Körper neben Maries zur Ruhe, und der treue alte Bauer und die Tochter eines Adligen schliefen Seite an Seite – gleich im Tod.

Nachdem die Aufgabe erledigt war, wanderten die beiden, die noch übrig waren, Hand in Hand schweigend über ihre einsame Insel, während auf allen Seiten die Vögel freudig zwitscherten und die ganze Natur sich über die Schönheit des Frühlings freute – ohne auf die Gegenwart des Todes zu achten.

Als Claude sehnsüchtig über das weite, grüne Wasser blickte, bemerkte er in der Ferne einen winzigen Fleck, der zunächst wie die Spitze eines Eisbergs aussah. Es kam näher, bis es deutlich wurde, und er sah, klar umrissen am Himmel, ein Schiff unter vollen Segeln, das auf die Meerenge von Belle Isle zusteuerte. Es war das erste Schiff, das sie sahen, und sie stürmten zu ihrem Feuer und häuften es mit Ladungen trockener Zweige hoch, bis die Flammen in die Luft schossen und der Rauch in einer mächtigen Säule nach oben stieg und sich dann über das Meer ausbreitete. Sie hofften, dass das Schiff seinen Kurs ändern und auf ihre Insel zusteuern würde. Doch ihre Hoffnungen waren vergebens. Sie setzte ihren Weg stetig fort, und bevor die Nacht hereinbrach , war sie am Horizont aus ihrem Blickfeld verschwunden.

Auf dem hohen Achterdeck des Schiffes schritt La Pommeraye mit schnellem, nervösem Schritt auf und ab. Endlich war Land in Sicht; er würde bald im St. Lawrence und bei Marguerite sein. So dachte er; während sie beteten, dass das unbekannte Schiff ein wenig näher kommen möge, damit sie es rufen könnten.

Als das Schiff vorbeifuhr, rief Claude in seiner Verzweiflung zu Gott, er möge den Tyrannen verfluchen, der ihnen dieses Leid zugefügt hatte; und während er weit weg in Charlesbourg Royal betete, ließ Roberval am Vorabend seiner Abreise sechs seiner Männer bis zur Taille ausziehen, auf dem Platz aufstellen und auspeitschen, bis ihnen das Blut über den Rücken lief. Am nächsten Morgen machten sich seine Schiffe auf den Weg in die Alte Welt, seine Hoffnungen waren gebrochen und sein Herz noch wilder als je zuvor.

KAPITEL XIV

Nach der schrecklichen Enttäuschung, die Claude und Marguerite erlebten, als sie sahen, wie das Schiff ihrer Hoffnung außer Sichtweite sank, konnten sie sich nur noch gegenseitig um stillen Trost bitten. Ohne zu wissen, wohin sie gingen, führten sie ihre Füße auf die Spitze der hohen Klippe, von der Marie gestürzt war. Jeder zitterte am Rande des Schwindelgefühls und schien zu lesen, was im Kopf des anderen vorging. Ein Sprung, plötzliche Dunkelheit und alles würde ein Ende haben. Die nächste Welt – was ist damit? Könnte es eine andere Welt geben, die so grausam ist wie diese?

„Komm weg!" riefen sie gleichzeitig und umklammerten einander die Hände. „Komm weg! Noch nicht!" Und in diesen Worten wusste jeder, dass der andere erkannte , dass der Tod – der Tod, den sie einen Moment lang umworben hatten – alles war, auf das sie hoffen konnten. Das Schiff, das vorbeigefahren war, war nur ein Zufallsschiff; Die Fischer kamen noch nie so weit nach Norden. Ihre Vorräte begannen zur Neige zu gehen; und das raue Klima, das die arme alte Bastienne getötet hatte , musste mit der Zeit ihre jungen Kräfte aufzehren. Claude spürte seinen Einfluss umso deutlicher. Seine Wunden hatten ihn weniger robust gemacht als früher, und die harte Behandlung, die er durch De Robervals Hände erfahren hatte, hatte dazu beigetragen, seine eiserne Konstitution zu zerstören. Seine Wange, die einst vor Gesundheit gerötet war, war dünn und blass geworden; seine Gliedmaßen waren geschrumpft und seine einst so starken und sehnigen Hände waren kalt und kraftlos geworden. Als Marguerite ihre Liebe darin ausruhte, konnte sie nicht anders, als zu spüren, dass für ihn der Tod nicht mehr allzu fern war; aber sie wagte nicht zu sprechen. Sie sah, dass er sich dessen nicht bewusst war , und sein Blick war stets voller Mitleid für ihr Leiden.

Bei ihr war es anders. Sie wird sie edel langweilen. Anstatt an Kraft zu verlieren, wurde sie robuster. Ihr Schritt wurde so leicht und drahtig wie der des leichtfüßigen Fuchses, der lautlos über die Insel schlich. Ihre Arme, die sich nie über das Spannen eines Bogens im Sport hinaus angestrengt hatten, konnten nun die Axt genauso geschickt führen wie die von Claude. Sie hatte nichts von ihrer Schönheit verloren, aber in ihrem rauen Gewand, gebräunt von Sonne, Wind und Meer, schien sie in Claudes Augen königlicher als je zuvor. Als sie sich in dieser Nacht auf Claudes Arm stützte, spürte jeder, dass die Kraft zum Durchhalten von ihr kommen musste, doch keiner von ihnen erlaubte, diesen Gedanken in Worte zu fassen.

Als sie ihre Hütte erreichten, lasteten die schreckliche Einsamkeit und die Leere, die der Tod ihres treuen alten Kameraden hinterlassen hatte, so sehr auf ihnen, dass sie noch einmal den Strand aufsuchten, wo die langen Wellen anrollten und sich zu ihren Füßen brachen und den Takt hielten ihr melancholisches Hetzen und Zurückweichen, mit der immer wiederkehrenden Welle der Trauer in ihren jungen Herzen.

„Marguerite", sagte Claude und drückte sie zärtlich an sich, „das ist mehr, als ich ertragen kann. Du gibst mir keine Vorwürfe, aber ich weiß, dass ich schuld bin. Ich kannte deinen Onkel und hätte es mir nie erlauben dürfen." Bring dich dazu.

„Still, Liebes, du bist verrückt, das zu sagen! Keiner von uns trägt die Schuld. Niemand hätte vorhersagen können, wie weit der hartnäckige Wille meines Onkels ihn treiben würde. Aber mein eigener, selbst in dieser Zeit kann es jeder von uns Sagen wir, dass wir das Glück gekannt haben. Ich hätte es anders gehabt; aber wenn ich mein Leben noch einmal gelebt hätte, hätte ich nicht anders handeln können, als ich es getan habe.

„Liebes, ich weiß es. Aber ich kann nicht vergessen, dass Bastienne und Marie ihren Tod mir zu verdanken haben."

„Du bist heute Nacht düster, Liebling! Keine von beiden ist mit einem klagenden Wort auf den Lippen gestorben. Nicht du oder mein Onkel haben sie abgeschnitten, sondern das Schicksal. Liebste, der Nachtwind schneidet dich scharf", fügte sie hinzu. als Claude einen plötzlichen Hustenanfall bekam. „Lasst uns zum Haus zurückkehren."

„Ich fürchte mich vor der Einsamkeit", sagte Claude. „Ah, Marguerite, ich bin heute Nacht schwach, heute Nacht unmännlich! Bei jedem Schritt, den ich zum Strand machte, spürte ich, dass die Geister dieser beiden ermordeten Frauen neben mir gingen, und doch hieß ich sie nicht willkommen. Ich zitterte. "

„Du bist in der Tat schwach, meine Liebe. Aber sei stark. Wir haben noch einen harten Kampf vor uns. Wir dürfen nicht nachgeben, bis wir Frankreich sehen."

„Sehen Sie Frankreich! Ich werde es nie sehen! Es ist hart, wenn das Leben so schön versprochen hat, es außerhalb des Lagers und des Hofes aufgeben zu müssen. Ich hatte noch gehofft, mir einen Namen zu machen; nicht um meiner selbst willen, aber dass du, meine Königin, die stolzeste Frau in Frankreich sein könntest."

„Ich bin die stolzeste Frau der Welt", sagte sie. „Dieses Jahr der Prüfung hat meine Liebe zum König bewiesen. Ich habe gesehen, wie du in klaglosem Schweigen für uns schuftest und litt, und die hoffnungsvollen Worte, die immer auf deinen Lippen waren, zeigten, wie edel du gekämpft hast. O Claude, ich brauche dich! Ich brauche dich jetzt mehr denn je! Wir müssen uns gegenseitig helfen!" Sie klammerte sich zitternd an den Arm ihres Geliebten.

Claude machte sich bereit.

„Ich darf nicht zulassen, dass mein düsterer Geist meine Liebe so schwer macht wie seine eigene. Es ist vorbei, Schatz, ich fühle mich wieder stark; und morgen werde ich bereit sein, den Kampf erneut zu kämpfen."

Als sie in der Dunkelheit zurückgingen, stolperte Claude und wäre hingefallen, wenn Marguerite ihn nicht am Arm gehalten hätte.

„Wie stark bist du geworden, mein Schatz!" sagte er zärtlich. „Hätte ich an Land ein Schwert, würde ich dir beibringen, es zu führen; und ich glaube wirklich, wenn wir wieder nach Hause kommen, wäre eine andere Jeanne d'Arc bereit, die Heerscharen Frankreichs anzuführen."

„Es ist schön zu sehen, wie der alte Geist zurückkehrt. Wir werden tatsächlich nach Hause kommen; und es wird für mich ausreichen zu wissen, dass mein Held der Erste im Feld ist und meinen Handschuh ehrenhaft mitten in den Kampf trägt."

Aber obwohl sie so fröhlich sprach, war ihr das Herz schwer; Und als sie nachts aufwachte und Claude husten hörte, wie er es am Strand getan hatte, wusste sie, dass das Ende nahe sein musste. Am Morgen erwartete sie ein noch größerer Kummer. Sie fand ihn schwach, erschöpft und fiebrig, nachdem er eine schlaflose Nacht verbracht hatte. Als er versuchte, das Feuer anzuzünden, das während der Nacht erloschen war, als er einen schweren Baumstamm auf die trockenen Äste legte, fiel er nach vorne auf sein Gesicht und wäre an dem Feuer, das er gerade angezündet hatte, verbrannt worden, wenn nicht Marguerite gewesen wäre , sprang an seine Seite und trug ihn körperlich zur Hütte. Als sie ihn niederlegte, sah sie, dass ihr Arm mit Blut gefärbt war.

Könnte das Ende schon gekommen sein? Er blutete aus dem Mund und sie wusste, dass seine Lunge betroffen war. Sie hatte wenig Erfahrung oder Wissen über Krankheiten jeglicher Art und dachte zunächst , er sei tot. Aber sie tat mutig, was sie konnte, um ihn wiederherzustellen, und wurde bald damit belohnt, dass sie sah, wie sich die trägen Augen mit einem halb träumerischen Blick öffneten. Die Minuten schienen wie Stunden, bis er weitere Anzeichen dafür zeigte, dass er wieder zu Bewusstsein kam, und es war für sie wie die Stimme Gottes, als sich seine Lippen öffneten und er ihren Namen murmelte. Seine Hand drückte ihre zärtlich, liebevoll, verzweifelt. Er hatte einen flüchtigen Blick auf den Tod geworfen, und als er aus seiner Ohnmacht erwachte, dachte er zuerst an die Schrecken, die sie ertragen würde, bis sie ihm folgen würde. Langsam kamen seine Kräfte zurück, und gegen Mittag konnte er gestützt in der Tür der Hütte sitzen, durch die der warme Sonnenschein hell strömte.

„Wie kalt es geworden ist", sagte er plötzlich mit einem Schauder.

„Lass mich diese Decke um dich wickeln, Liebste. Du bist noch schwach, aber ein wenig Ruhe wird dich stark machen."

„Deine Worte würden jeden kalten Atem vertreiben", sagte er zärtlich, als sie die Decke um ihn legte. „Aber es ist sicherlich seltsam, dass der sanfte Wind angesichts der warmen Sonne, die auf den Himmel strahlt, die Luft so schnell abgekühlt hat. Eben noch war es so warm wie die Sommerbrise Frankreichs. Aber was bedeutet dieses Geschrei?"

„Ich kann nichts hören", sagte Marguerite, ihr Herz sank in sich zusammen, als sie überzeugt wurde, dass Claudes Anfall ihn ins Delirium versetzt hatte.

Doch plötzlich hob auch sie ihre warme Hand in den Wind. Es war tatsächlich kälter geworden, obwohl der unruhige Ozean ein ruhigeres Lächeln zu zeigen schien als am frühen Morgen. Auch ihr Ohr nahm ein ungewöhnliches Geräusch wahr; es war das Schreien unzähliger Seevögel; und als sie näher kamen, hallte der laute Flügelschlag durch die Insel. Was könnte ihr seltsames Aussehen bedeuten? Während sie dies fragte, verriet ihr ein plötzliches Husten, dass der scharfe Windstoß, der über sie hinweggefegt war, Claude geschwächt hatte. Sie ging zu ihm, zog ihn ins Haus und wickelte ihn warm in die dicksten Decken, die sie hatten; dann saß sie besorgt neben ihm. Der Wind wurde kälter und das Geschrei der Vögel wurde lauter. Beide befürchteten ein schreckliches Unglück – sie wussten nicht, was. Endlich war ein dumpfes Grollen zu hören, und dann ein Brüllen, ein Brüllen, ein Knirschen, ein Krachen und das plötzliche Herabfallen einer gewaltigen Last, als ob ein Berggipfel auf ihrer Insel umgestürzt wäre, die wie mit einem Schlag bebte und vibrierte Erdbeben.

Die beiden hielten sich an den Händen und warteten.

„Könnte es ein Schiff sein?" rief Marguerite plötzlich.

„Gott helfe dem Schiff, das einen so schrecklichen Absturz erlitten hat! Aber hör zu!"

Das knirschende, krachende Geräusch hallte weiterhin durch die Insel, während die warme Sonne hell auf die beiden verängstigten Bewohner der Hütte herabstrahlte; die kauernden Tiere schlichen zitternd in ihre Höhlen; und die schüchternen Vögel stürzten sich ins Meer oder kreisten weit draußen über den friedlichen Gewässern.

Als Marguerite sah, dass ihnen keine plötzliche Zerstörung widerfahren war, fasste sie ihre Kräfte und machte sich auf die Suche nach der Ursache des überirdischen Lärms. Als sie ihren Blick auf die Nordseite der Insel richtete, wurde sie von dem strahlenden Glanz fast geblendet. Ein riesiger Eisberg, der sich weit ins Meer erstreckte, lag hart an den hohen Klippen, deren Basis hundert Faden tief unter der Erde lag. Unzählige Vögel kreisten darüber und flogen über die Insel. Sie staunten über die grünen Flächen und die weitläufigen Bäume und über das seltsame Wesen, das allein inmitten all dessen stand.

Der Berg glich einer Reihe von Berggipfeln, die im Sonnenschein funkelten. Sein grüner Grund, von den Meeren zerfressen und abgenutzt, funkelte wie Smaragd, und seine unzähligen Höhlen und Grotten, die eine Vielfalt an Licht und Schatten spendeten, ließen es wie ein wahres Feenreich erscheinen. Der von vielen Vertiefungen durchzogene Sockel tobte ständig, während das Meer ihn umspülte, und die krachenden Bruchstücke, die immer wieder mit lautem, hallendem Platschen herabfielen, verstärkten den Lärm. Auf der Klippe türmte sich eine riesige Masse auf, die donnernd herabgefallen war, als der Berg auf das Ufer aufschlug.

„Alles ist gut, Claude", rief Marguerite. „Es ist nur ein Berg, der uns in unserer Einsamkeit besucht. Und was für eine Truppe von Gefährten hat er uns mitgebracht! Die Luft ist voller gefiederter Freunde! Beeil dich und werde stark, Liebes", fügte sie hinzu, als sie sagte - betrat die Hütte, „und morgen wirst du herauskommen und sie dir ansehen können. Einen schöneren Anblick habe ich noch nie gesehen. Odin und Thor hätten keinen größeren Palast haben können."

„Süße, das sieht dir ähnlich, wenn du unseren Schrecken in einen Scherz verwandelst", sagte Claude und lächelte sie zärtlich an. „Aber horch!" und während er sprach, drang ein leises, wildes Knurren an ihre Ohren.

„Gib mir schnell die Arkebuse !" rief Claude und streckte seine Hand nach der Waffe aus.

Aber Marguerite hatte es bereits ergriffen. Sie hatte gelernt, besser zu zielen und zu schießen als jeder andere Mann, und sie stand da, die Waffe fest in ihren starken jungen Armen gehalten, und deutete auf die Tür. Einen atemlosen Moment – der ihnen wie ein Jahr vorkam – warteten sie. Das Knurren ertönte näher, und das rasche Schlurfen ungeschickter Füße verriet ihnen, dass sich ein schwerfälliges Tier näherte. Im nächsten Augenblick erschien das Objekt ihrer Angst.

Es war ein Tier, wie sie es noch nie zuvor gesehen oder gehört hatten. Eine Bärin, ganze zwei Meter lang – hager und wild. Es war zweifellos in seiner grönländischen Heimat auf der Suche nach Nahrung umhergestreift, als es und das Junge, das ihm folgte, auf diesem riesigen Berg trieben. Die Vögel, die einzigen anderen Bewohner seiner Behausung, konnten ihm entkommen, und so verbrachte er hungrige Wochen auf seiner langsamen Reise in den Süden. Kaum war der Berg in Sichtweite der Insel, sprang das ausgehungerte Tier, gefolgt von seinem Jungen, ins Meer und schwamm zum Ufer. Als es auf der Suche nach Robben oder Fischen umherstreifte, hatte es Marguerite entdeckt. Es duftete nach Essen und kam mit einem heftigen Knurren mit der Geschwindigkeit eines galoppierenden Pferdes auf sie zu.

Als sie es jetzt betrachtete, zuckte ihr Herz nicht zusammen. Sie wartete ruhig, bis es in sicherer Reichweite sein sollte.

Es war ein wunderschönes Geschöpf mit einem silbrig weißen Mantel mit gelben Reflexen. Als es näher kam, wirkten sein langer, kräftiger Hals, sein flacher, länglicher Kopf und seine kleinen Ohren und sein Mund grausam, während seine heraushängende Zunge in Erwartung das Blut seiner Opfer zu lecken schien. Als es nur noch zwanzig Meter entfernt war, wurde Marguerites Arkebuse erhoben, und mit unerschütterlicher Kraft feuerte sie auf das vorrückende Tier. Die Kugel traf es, und mit einem Knurren packte es seine Brust mit den Zähnen, als wollte es das Ding herausziehen, das es getroffen hatte. Im nächsten Augenblick war es direkt vor der Tür und seine riesige Gestalt versperrte das Licht, als es sich gerade auf seine Beute stürzen wollte. Aber Claude hatte sich eine zweite Arkebuse geschnappt und, als der Bär nur noch zwei Meter entfernt war, aus nächster Nähe in seine haarige Brust geschossen. Die Kugel drang in sein Herz ein und fiel ihnen tot zu Füßen. Das Junge, das ihm dicht auf den Fersen war, warf sich mit einem kläglichen Schrei auf den Körper seiner Mutter, und als es sah, wie das warme Blut in einem großen Strom floss, begann es es mit seiner gierigen Zunge aufzulecken.

„Tapfer gemacht, meine Königin!" sagte Claude, als der Bär tot in der Hütte umfiel. „Ich wünschte, La Pommeraye hätte deine Nerven gesehen! Was für eine Aufregung würde dieses Abenteuer in Paris auslösen!"

„O Claude, es ist schrecklich! Sieh, wie dieses unglückliche kleine Geschöpf das Leben seiner Mutter trinkt! Lieber Gott, warum wird Leben nur geschaffen, um zerstört zu werden?"

unzählige Male aus unzähligen Herzen emporgestiegen ist , wandte sie sich mit mitleidiger Hand dem mutterlosen Jungen zu, doch bei ihrer Berührung rannte das verängstigte kleine Geschöpf mit unbeholfenem Schlurfen davon und schlich zwischen den Felsen am Ufer entlang Strand.

Der tote Bär lag fast zu Claudes Füßen, ein grässliches Schauspiel, und Marguerite hatte das Gefühl, sie müsse ihn aus der Hütte holen. Sie packte seine riesigen, haarigen Pfoten mit ihren schwarzen, gebogenen Krallen und versuchte, es zur Tür zu zerren. Doch so mager und ausgehungert es auch war, es war zu schwer für ihre Kräfte und widerstand allen ihren Bemühungen. Claude war nicht in der Lage, ihr zu helfen, und sie war gezwungen, den ganzen Tag umherzulaufen und sich um ihn zu kümmern, während der Schatten des Todes sie umgab.

Es wurde Nacht, und noch immer lag der Bär ausgestreckt, kalt und steif, in der Tür. Wieder kämpfte sie damit, aber wieder waren ihre Bemühungen vergeblich, und es blieb ihr nichts anderes übrig, als es die ganze Nacht dort liegen zu lassen. Aber in seiner gespenstischen Präsenz konnte sie nicht schlafen; und sie lag wach und lauschte dem Krachen und Brüllen des Bergs, als die Wellen um ihn herum aufstiegen, und hörte neben sich das leise Atmen von Claude. Erschöpft von der Krankheit und der Aufregung des Tages schlief er wie ein müdes Kind. Als sie in die Dunkelheit blickte, sah sie mehrmals eine weiße Gestalt, die sich heimlich hin und her bewegte. Sie wusste, dass es das kleine Junge war, und ihr Herz war erfüllt von Mitleid wegen seiner Einsamkeit. Sie hörte, wie seine Schritte immer näher an ihren Liegeplatz herankamen, und schließlich sah sie es in der Tür stehen. Sie bewegte keinen Muskel, aus Angst, es zu beunruhigen oder Claude zu stören; aber als sie hörte, wie es sich mit fast menschlichem Jammern gegen seine Mutter stürzte, hätte sie aufstehen und es streicheln können. Die ganze Nacht lag es dort und fragte sich zweifellos, warum diese einst warme Brust jetzt so kalt war wie das eisige Zuhause, das sie verlassen hatte.

Als der Morgen anbrach, machte Marguerite eine Anstalt aufzustehen, und das Junge sprang voller Angst auf, trottete zum Strand hinunter und stürzte sich ins Wasser.

„Armes Biest!" Sie sagte: „Wir müssen versuchen, sein Vertrauen zu gewinnen. Es wird etwas von unserer eigenen Einsamkeit vertreiben."

Sie verließ die Hütte, um die Glut des Feuers anzufachen, und überlegte, wie sie den kleinen Bären zu sich locken könnte. Aber es wollte nicht in ihre Nähe kommen und tauchte bei ihrer Annäherung ins Meer oder versteckte sich hinter Felsen.

Der sanfte Schlaf der Nacht hatte bei Claude Wunder gewirkt. Als ihm am Morgen das Knistern des Feuers verriet, dass Marguerite vor ihm auf war, stand er auf und stellte zu seiner Überraschung fest, dass seine Glieder stark und sein Gehirn klar waren. Er blickte auf den toten Bären und alles, was vergangen war, kam zu ihm zurück. Er stieg über seine hagere Gestalt hinweg und stellte sich vor Marguerite.

„Oh, du böser Junge!" rief sie aus, als sie ihn sah. „Ohne meine Erlaubnis aufzustehen! Du wirst dich umbringen."

„Mein Schatz, ich bin wieder stark! Ich habe mich in meinem Leben nie besser gefühlt."

„Du musst mir gehorchen, Liebes", sagte sie bestimmt. „Du bist in der Tat schwach, und wenn du deine Kräfte überanstrengst – denk darüber nach, was aus mir wird! Um mir zu gefallen, geh zurück und ruhe dich aus, bis ich dein Frühstück zubereitet habe, und dann, wenn du dich immer noch stark fühlst, werden wir darüber nachdenken, dich zu lassen." aufbleiben."

Während sie sprach, legte sie liebevoll ihre Hand in seine und führte ihn zurück, wie eine Mutter ihr Kind. Er würde nicht ungehorsam sein; und als er wieder in seine Decken gehüllt war, küsste sie ihn auf Lippen und Augen, bat ihn lachend, gut zu sein, und ging ihrer Arbeit mit leichterem Herzen nach, fühlte, dass er tatsächlich stärker war, und hoffte, dass das warme Sommerwetter würde ihn wieder vollkommen gesund machen.

Gegen Mittag war er fast wieder der Alte, und selbst Marguerites Überredung konnte ihn nicht im Haus halten. Seine Kraft war noch nicht ganz zurückgekehrt, aber er konnte, indem er sich häufig ausruhte und sich auf ihren Arm stützte, in den zentralen Teil der Insel gelangen und einen guten Blick auf den wunderbaren Berg genießen.

Als sie darauf blickten, hörte das Knirschen auf. Ein warmer Südwind war aufgekommen, und die große Masse schnappte nach Luft, glitt vom Ufer ab und begann sich fast unmerklich zu entfernen. Mit einem Gefühl der Trauer beobachteten sie, wie sich das blaue Wasser zwischen ihm und ihrer Insel erweiterte. Es war etwas gewesen, um die Monotonie ihrer Existenz zu durchbrechen; und selbst sein lautes Brüllen war eine Erleichterung von der tristen Gleichmäßigkeit ihrer Tage. Stundenlang saßen sie da und sahen zu, wie es sich langsam nach Norden bewegte; Sie wandten den Blick nicht davon ab, bis es nur noch eine trübe, neblige Nebelbank am blauen Horizont war.

Sie waren nicht allein gewesen. Unter ihnen, am Ufer, hockte das Junge und sah zu, wie sein nördliches Zuhause langsam davontrieb; Einmal tat es so, als ob es sich in die Wellen stürzen und ihnen folgen wollte, blieb aber, scheinbar seine Meinung ändernd, am Rande des Wassers stehen.

Als Claude und Marguerite zu ihrer Hütte zurückkehrten, zeigten sie ihre vereinte Kraft und es gelang ihnen, die schwerfällige Gestalt des Bären ins Freie zu zerren. Claude hatte beobachtet, wie die Indianer wilde Tiere mit keinem besseren Werkzeug als ihren groben Feuersteinmessern häuteten, und hatte das Verfahren kennengelernt, mit dem sie die Häute heilten. Am nächsten Tag machte er sich daran, die starke weiße Haut zu entfernen. Dafür brauchte er den ganzen Tag, aber nachts hatten er und Marguerite die Genugtuung, zu sehen, wie es auf dem Dach ihrer Hütte zum Trocknen ausgebreitet wurde. Die ganze Nacht über hörten sie die kläglichen Schreie des jungen Bären, der hilflos umherstreifte. Ihr eigenes Leid machte sie mitfühlend, und am nächsten Tag unternahmen beide alle Anstrengungen, es ihnen zu entlocken.

Schließlich breitete sich das Bärenfell breit, weiß und weich auf ihrem Boden aus . Zu ihrer Freude stellten sie fest, dass ihr neuer Kamerad nachts hereinschlich, sich auf dem weichen Teppich ausruhte und am frühen Morgen davonschlich, gerade als das erste Rotkehlchen ankündigte, dass der Tag anbrechen würde.

Allmählich gewöhnte es sich an sie, und noch bevor ein Monat vergangen war, nahm es ihnen Nahrung aus den Händen, obwohl es ihnen nicht erlaubte, es zu berühren. Doch bevor der Sommer vorüber war und die Septemberblätter sich zu färben begannen, hockte es sich zu Marguerites Füßen und legte seine Schnauze in ihren Schoß, während sie es streichelte und streichelte.

Den ganzen Sommer über wurde Claude immer stärker. Die Götter waren gut zu ihm, denn es kam eine Zeit, in der die ganze Kraft seines Mannes benötigt werden würde.

Kapitel XV

Als Roberval zu seinem Schloss zurückkehrte und die großen Eisentore zurückflogen, um ihn einzulassen, war er erstaunt, die tapfere Gestalt von La Pommeraye im Hof stehen zu sehen . Er wusste, dass der junge Mann nach Kanada gegangen war, und er hatte gehofft, dass die Neue Welt, die so viele tapfere Franzosen verschlungen hatte, ein Grab für ihn gefunden hätte. Einen Moment lang fand er keine Worte, um seinen Feind anzureden – denn als solcher erkannte er nun an seiner trotzigen Miene, dass La Pommeraye gekommen war. Aber das alte dominante Selbstbewusstsein kehrte sofort zurück.

„Warum schlendert ein Sohn Frankreichs auf den Pfaden des Friedens herum, wenn der Feind, der uns bedrängt, nach jedem Schwert im Königreich ruft?" er rief aus.

„Mein Schwert wurde nie in der Scheide gefunden, als der König es brauchte", antwortete Charles und fügte drohend hinzu: „Es wird auch nie rosten dürfen, wenn die Schwachen um Hilfe rufen oder wenn ihnen nicht mehr zu helfen ist." , zur Rache."

Roberval erbleichte. Er sah, dass La Pommeraye auf irgendeine Weise auf seine berüchtigte Behandlung seiner Nichte und De Pontbriand aufmerksam geworden war . Er wusste auch, dass der junge Löwe geweckt war und dass ein Fehltritt seinerseits ihn das Leben kosten würde. Er änderte plötzlich seine Taktik.

„Entschuldigen Sie, ein alter Soldat, Herr de la Pommeraye ", sagte er, „aber ich komme gerade von einem heißen Feld, wo ein paar Schwerter wie Ihres den Ausgang der Schlacht zu unseren Gunsten gewendet hätten . Das habe ich für einen Moment vergessen." Sie müssen erst vor Kurzem aus der Neuen Welt angekommen sein, wohin König Franziskus Sie, wie mir sagte, geschickt hat, um mich zurückzurufen. Mit gespielter Unschuld fügte er hinzu: „Ich bin müde von dem Kampf und dem langen Ritt durch den Schlamm; aber wenn ich eine Nacht ausgeschlafen habe , habe ich dir viel zu sagen und werde dich am nächsten Morgen in meiner Wohnung erwarten." Vielleicht lassen Sie sich überreden, mich zurück ins Lager zu begleiten."

„Niemals! Ich diene keinem Tyrannen!" sagte Charles unverblümt. „Mein Schwert hat noch andere Aufgaben."

„Sie sind mutig, M. de la Pommeraye , allein an meinem Hof zu stehen und solche Worte mir gegenüber zu gebrauchen. Haben Sie Bedienstete mitgebracht?"

„Nein. Ich bin alleine gekommen. Ich hatte nicht den Wunsch, dass andere den Grund meiner Reise in die Picardie erfahren sollten."

„Es ist gut", sagte de Roberval und murmelte vor sich hin: „Und niemand wird dich von hier weggehen sehen. Herr de la Pommeraye ", sagte er laut, „ist nicht klug genug, all die Ammenmärchen zu glauben, die er erzählt." hat gehört. Aber diese Dinge sind nicht für die Ohren der Welt. Morgen werden wir uns treffen, und nach unserer Konferenz zweifle ich nicht daran, dass wir gemeinsam weiterreisen werden. Etienne wird sich um deine Bedürfnisse kümmern. Der Nordturm, Etienne ; es ist Monsieurs altes Zimmer.

Während er sprach, sprang er von seinem Pferd und betrat das Schloss. Als er allein in seinem Zimmer war, fiel er auf die Couch und stöhnte vor sich hin. Seine Sünde bestand darin, ihn herauszufinden. Seine schöne junge Nichte erhob sich vor ihm, und er schien ihre Stimme zu hören, als sie ihm Lebewohl gesagt hatte . Die Vision würde nicht nachlassen. Schließlich erhob er sich, trank einen Weinbecher leer, schritt im Zimmer auf und ab und murmelte trotzig über seine Feinde. „Ich war nur Gottes Diener, der das Laster bestrafte", sagte er zu sich selbst, „und dieser Narr, der es wagt, mich in meiner Festung zu tragen, wird das Gewicht meiner Hand spüren. Er wird sterben, und die Folter, die seine Existenz mir zufügt, wird ein Ende haben. Wir." Ich werde zwar gemeinsam von hier fortgehen, aber er wird fortgetragen werden. Ich würde nicht einmal zulassen, dass sein Körper innerhalb meiner Burgmauern bleibt.

Pommeraye selbst nicht töten konnte, aber die alte Ehre des Mannes war so geschwächt, dass er kaum Gewissensbisse empfand, als er beschloss, ihn unter seinem eigenen Dach ermorden zu lassen. Er wusste, dass sein eigenes Leben keinen Moment lang sicher war, solange La Pommeraye lebte; und er wusste außerdem, dass seine Hoffnungen auf Aufstieg und Ehre ein Ende haben würden , wenn die Wahrheit der Geschichte ans Licht kommen würde . Es gab keine Hilfe dafür; er war zu weit gegangen, um sich zurückzuziehen. Charles darf das Schloss nicht lebend verlassen.

De Roberval glaubte, in Etienne einen treuen Verbündeten zu haben. Zweimal hatte ihm der Junge dabei geholfen, Feinde zu beseitigen, denen er aufgrund seines Ranges nicht begegnen konnte und die er dennoch nicht an den Galgen schicken konnte. Doch dieses Mal hatte er ohne seinen Gastgeber gerechnet. Etienne war ein treuer Handlanger des Hauses Roberval und hatte seinem Herrn geholfen, als er glaubte, die Ehre der Familie stünde auf dem Spiel; Aber seitdem die trüben Nebel der Dämoneninsel aus seinem Blickfeld verschwunden waren, hatte er es mit Mühe geschafft, seine starken, jungen Hände davon abzuhalten, seinen Herrn an der Kehle zu packen und ihm das Leben zu ersticken. Wenn er den Namen, dem er diente , ehrte, verehrte er das Andenken an Marguerite; Und nun, da La Pommeraye gekommen war, um sie zu rächen, war er bereit, ihm zu Füßen zu fallen und ihm bis ans Ende der Welt zu folgen, wenn nötig bis zur Insel der Dämonen.

Roberval ahnte davon nichts. Das schwere Bauerngesicht und die trüben Augen verbargen gut das Wirken der Seele des Mannes, als der Edelmann ihn zu sich rief und andeutete, dass er am nächsten Tag sein Schwert brauchen würde. Etienne ahnte sofort, was er vorhatte, und als ihm der Plan enthüllt wurde, hätte er seinem Meister am liebsten einen Stich ins Herz verpasst, aber sein Gesicht und seine Augen hatten einen ochsenähnlichen Mangel an Intelligenz.

„Sind Sie bereit, Ihr Leben in diesem Unternehmen zu riskieren?" sagte der Edelmann. „Es ist zu Ehren des Hauses Roberval."

„Ich stehe zu Ihren Diensten, Sieur", sagte Etienne ruhig.

„Sie haben den Mann heute gesehen und kennen seine Stärke?"

Etienne verneigte sich.

„Du musst drei mutige Kerle mitbringen. Drei der Soldaten, die mich heute hierher begleitet haben, reichen aus. Du kannst sie unterweisen. Führe sie durch die Waffenkammer und durch den Gang dorthin in diesen Raum. Der Vorhang wird dich verbergen. Mach kein Lärm; er ist ein vorsichtiger Feind. Wenn ich mein Schwert gegen ihn ziehe, schlage ihn nieder, bevor er sich umdrehen kann. Gib ihm keine Chance; er ist kein Mann, mit dem man leichtfertig umgehen kann."

Wieder gab Etienne seine feste Zustimmung zum Ausdruck.

„Weg jetzt, und lasst eure Kameraden mein Zeichen nicht erfahren. Ein falscher Schritt wird sie durch die Hand von La Pommeraye ihr Leben kosten . Und lasst euch kein Wort entgehen, sonst werde ich euch alle vier an den nächsten Baum binden. Also weg."! und achten Sie darauf, dass Sie pünktlich sind. Lassen Sie die gute Arbeit gut gemacht werden."

Der stoische Picard zog sich aus der Gegenwart seines Meisters zurück, murmelte aber vor sich hin, als er den langen Flur hinunterging, der zum Platz führte: „Es wird hart werden, aber ich werde dafür sorgen, dass die gute Arbeit tatsächlich gut gemacht ist."

Charles de la Pommeraye war durch die vielen Reisen, die er unternommen hatte, ziemlich erschöpft, und er war froh, als Etienne ihn verließ und er sich zum Schlafen auf sein Sofa werfen konnte. Aber die Luft schien bedrückend. Er spürte, dass darin Verrat steckte, und als er aufstand, verriegelte er die Tür seines Zimmers, verriegelte sie und legte sein treues Schwert in Reichweite seiner Hand. Dennoch konnte er sich nicht ausruhen und wälzte sich hin und her, als er sowohl das harte Gesicht von De Roberval vor sich sah als auch die schroffen Umrisse der kargen Nordinsel mit dem lockenden Rauch, der nach oben stieg.

Mitternacht kam; und als alles zur Ruhe kam, bis auf das Klirren und Klirren der Schritte des Wachtpostens, der auf der Mauer hin und her ging, richtete sich La Pommeraye auf seinen Ellbogen und lauschte. Eine Ratte schien an der Wand zu nagen. „Hartes Essen, diese Steine", sagte er sich. „Ich glaube", fügte er hinzu, als das Geräusch lauter wurde, „die Ratte hat starke Zähne."

Im nächsten Augenblick zeigte ihm das Mondlicht, das durch das hohe Fenster hereinströmte, wie sich ein Teil der massiven Mauer zurückzog, und in der Öffnung stand schweigend ein großer, breitschultriger Mann mit einem Stierhals. Charles' Hand fand sein Schwert, und als er aus seinem Bett sprang, stürzte er sich auf den Eindringling.

Als Etienne seinen Herrn verließ, ging er nicht in den Teil der Burg, in dem die Soldaten untergebracht waren, sondern ganz ohne die Mauer und ging in stiller Meditation auf und ab. Er plante eine Vorgehensweise, doch sein langsamer Verstand konnte ihn nur langsam ausarbeiten. La Pommeraye muss gewarnt werden und das Schloss verlassen; Aber wie er damit klarkommen sollte, ohne den Zorn von De Roberval auf sich zu ziehen, war für Etienne keine leichte Aufgabe. Aber er entschied sich bald für einen Teil seines Plans. Er würde La Pommeraye selbst warnen. Dann hatte er den Rest der Nacht Zeit, seine eigene Flucht zu planen; und vielleicht könnte La Pommeraye ihm aus seiner Not helfen.

Er kannte ein Dutzend Möglichkeiten, das Schloss unbemerkt zu betreten und zu verlassen, und indem er sich auf eine davon schlich, wartete er bis Mitternacht, bis de Roberval, der wahrscheinlich immer umherstreifen würde, fast sicher sein würde, sich auszuruhen. Viele der Räume hatten Geheimgänge, die von außen zu ihnen führten, und La Pommeraye's war einer davon. Etienne konnte ihre Windungen ebenso leicht durchqueren wie die Innenräume, und er beschloss, einen Eingang zu La Pommerayes Zimmer zu suchen und ihm die ganze Geschichte zu erzählen.

Nachdem er einiges herumgetastet hatte, fand er den Riegel der Tür, aber er war schon lange ungenutzt geblieben und erforderte viele kräftige Züge, um ihn zu bewegen. Schließlich schoss es zurück und als er seine kräftigen Schultern gegen die Wand drückte, schwang die Geheimtür auf.

Als La Pommeraye mit gezogenem Schwert vorsprang, zeigte Etienne keinerlei Anzeichen von Angst.

„Ich bin es, Monsieur", sagte er mit ungerührter Langsamkeit.

La Pommeraye senkte seine Waffe und rief:

„Was führt Sie zu dieser Stunde hierher? Ich dachte, Sie wären einer von De Robervals angeheuerten Attentätern."

„Das bin ich, Monsieur", antwortete der Picard mit grimmigem Humor . „Ich soll eine Gruppe von ihnen anführen, die dir das Leben nehmen."

La Pommeraye lachte.

„Und wo sind deine Kameraden, da du hier bist, um meiner Karriere ein Ende zu setzen?" er hat gefragt.

„Monsieur stellt zu viele Fragen. Ich bin nicht gerade hierher gekommen, um Sie zu ermorden, sondern um Ihnen die Zeit, den Ort und die Art und Weise zu sagen, wie es geschehen soll. Was meine Kameraden betrifft – mein Herr hat die Durchführung überlassen." „

„Gemetzel! Ich verstehe, guter Etienne!" und La Pommeraye brach in herzliches Lachen aus, als er sah, wie De Robervals Diener ihn überlistet hatte.

„Monsieur hat morgen früh eine Unterredung mit Sieur de Roberval?" fragte den Mann.

„Ja, höchst würdiger Etienne."

„Im Ostturm, im Zimmer meines Herrn. Ich soll Sie in dieses Zimmer einlassen; und nachdem ich das getan habe, soll ich drei weitere Mörder wie mich anführen", sagte Etienne und grinste über seinen eigenen Witz. „ durch einen Geheimgang, ähnlich dem, durch den ich gerade Ihr Zimmer betreten habe. Wir müssen auf ein Zeichen meines Meisters warten – das Heben seines Schwertes – und dann sollen wir über Sie herfallen und unsere Arbeit sicherstellen. Er warnte Ich dachte, wenn wir einen Fehler machen würden , würden Sie uns wahrscheinlich alle in den Himmel schicken, und wenn wir etwas davon erfahren würden, würden wir alle gehängt werden; und so denke ich, dass es besser ist, wenn ich mich hängen lasse."

Charles konnte seine Belustigung über die traurige Aufrichtigkeit, mit der die letzten Worte gesprochen wurden, nicht zurückhalten. Auf anderen Lippen hätte die Schlussbemerkung wie trockener Humor geklungen ; aber Etiennes Stimme zeigte, dass er kein besseres Schicksal erwartete.

„Ihr Herr macht mir also das Kompliment, nicht weniger als vier Männer anzuheuern, um mich zu töten", sagte Charles. „Und was haben Sie vor, nachdem Sie mich gewarnt haben?"

„Ich weiß es nicht, Monsieur. Ich habe eine Stunde gebraucht, um vor dem Tor auf und ab zu gehen, um so weit zu kommen. Eine weitere Stunde Nachdenken könnte mir helfen, einen Weg zu finden, dem Zorn des Sieur de Roberval zu entkommen."

„Ich fürchte, guter Etienne, er wird dir nie verzeihen, wenn sein Plan scheitert. Er ist kein Mann, der seine Versprechen bricht. Vielleicht sehen wir einen einfacheren Ausweg als mit einem Seil. Wer befiehlt dem Wachmann – Nacht?"

„Pierre Dablon ."

„Würde er dich passieren lassen, ohne an deinem Wort zu zweifeln?"

„Ja, das würde er! Pierre hat zu oft die Stärke meines Arms gespürt, um an meinem Wort zu zweifeln."

„Der Weg ist also klar! Geh in die Ställe, sattel das beste und flinkste Pferd deines Herrn und lege so viele Meilen wie möglich zwischen dich und dieses Schloss, bevor die Zeit kommt, deine Kameraden in meinen Tod zu führen. Sag Pierre, dass du es bist Von De Roberval mit einer Nachricht ausgesandt, die keinen Aufschub duldet, und da er Sie so beritten sieht, wird er Sie nicht weiter befragen. Nehmen Sie diesen Ring und halten Sie Ihr Pferd warm, bis Sie St. Malo erreichen. Erkundigen Sie sich bei Meister Jacques Cartier, bei jedem Malouin kann Sie zu ihm führen. Zeigen Sie ihm den Ring, und er wird für Sie sorgen, bis ich komme. Und sagen Sie kein Wort über den Anschlag Ihres Herrn auf mein Leben. Lassen Sie niemanden außer den Ohren von Meister Cartier die Geschichte von Mdlle. de Roberval und M. hören . de Pontbriand . Die Welt versteht es nicht. Sie mögen noch am Leben sein, und wir werden sie zurückbringen; und ganz Frankreich wird ihre Geschichte aus ihren eigenen Lippen hören."

Etienne konnte nur auf die Knie fallen und Charles in sprachloser Dankbarkeit die Hand küssen.

„Aber, Monsieur", rief er, „wollen Sie nicht mit mir kommen? Mein Herr wird Sie mit Sicherheit töten; und das Schloss ist voller Halsabschneider, die ihm gegen Bezahlung gehorchen werden."

„Nein, nein, guter Etienne. Auf nach St. Malo. Ich habe morgen ein Treffen mit deinem Herrn. Ich werde selbst den Weg zu seinem Zimmer finden und erwarte mich im Laufe einer Woche in St. Malo."

Etienne verließ ihn und galoppierte nach einer halben Stunde über die schlammigen Straßen, auf denen große Pfützen wie silberne Schilde glänzten. Während er weiterritt, dachte er darüber nach, was für ein Mann es war, den er gerade verlassen hatte, und wie er, obwohl er wusste, dass sein Leben in Gefahr war, in der Festung seines Feindes herumlungern konnte.

Am nächsten Morgen erschien Charles zur verabredeten Stunde in De Robervals Zimmer. Der Edelmann empfing ihn mit seiner gewohnten kalten Höflichkeit. Er war etwas beunruhigt, als er ihn unangekündigt von Etienne eintreten sah.

„Wie hast du den Weg hierher gefunden?" er erkundigte sich.

„Etienne Brulé, der treue Kerl, der mich bedient hat, seit ich Ihr Schloss betreten habe, hat mir den Weg gegeben, Sieur", antwortete Charles.

„Er ist in der Tat ein treuer Kerl", sagte De Roberval mit einem Anflug von Ironie in seiner harten Stimme. „Aber sagen Sie mir jetzt deutlicher den Grund dieses Besuchs."

„Der Sieur de Roberval weiß es nur zu gut."

„Unmöglich, da du es mir noch nicht gesagt hast. Deine vagen Andeutungen von letzter Nacht haben nur wenig Bedeutung vermittelt. Wenn du es hättest sagen sollen, dann sprich es kühn und unverblümt aus, so wie ein Soldat jemals sprechen sollte."

„Ja, und handeln Sie", sagte Charles knapp.

"Wie meinst du das?" rief De Roberval.

„Wenn Ihre Antwort mich nicht zufriedenstellt, nachdem ich klar gesprochen habe, werden Sie bald erfahren, was ich meine", sagte Charles.

„Wagst du es, mir zu drohen?" und De Roberval legte seine Hand auf sein Schwert.

Charles ahmte seine Aktion nach.

„Lass das Spielzeug dort, wo es ist. Ich habe hier an meiner Seite das Schwert, das ich auf dem Sillon getragen habe . Deine Waffe könnte vor der Berührung zurückschrecken."

„Verfluche dich!" zischte De Roberval; Aber als er sich daran erinnerte, wie sehr Charles von seinen Feinden umzingelt war, hielt er sich zurück und sagte mit einem bösen Lächeln: „Ich habe für einen Moment vergessen, dass du mein Gast bist und eine Bitte zu überbringen hast. Raus damit! Es gibt nichts, was ich nicht sein sollte." bereit, dir zu gewähren.

„Ich bin gekommen, um von Madame de Roberval zu sprechen“, sagte Charles mit einer Strenge, die den Edelmann erzittern ließ, weil er befürchtete, seine Pläne könnten scheitern. „Seit ich vor zwei Monaten nach Frankreich zurückgekehrt bin, sind mir seltsame Geschichten über Ihre brutale Behandlung Ihrer Nichte zu Ohren gekommen. Ich bin zu Ihnen gekommen, um den Wahrheitsgehalt dieser Geschichten herauszufinden. Wenn sie wahr sind, werde ich Sie abschneiden eine verfluchte Sache unter den Menschen. Wenn du beweisen kannst, dass sie falsch sind, schwöre ich, dass ich deine Ehre gegen jeden Mann verteidigen werde, der sie beleidigt, indem er sie wiederholt.“

„Ich brauche keinen Champion“, sagte De Roberval gereizt. „Ich habe nichts Unrechtes getan. Dein Freund, dem ich vertraute, den ich in mein Haus aufgenommen habe, den ich in diesem Zimmer wieder zum Leben erweckt sah, erwies sich als treuloser Undankbarer und verriet das Vertrauen, das ich in ihn gesetzt hatte.“

"Lügner!" kam zwischen Charles' Zähnen.

Aber De Roberval, der die Unterbrechung nicht beachtete, fuhr fort:

die Ehre meiner Nichte zu retten, nahm ich sie mit in die Neue Welt und gebot ihrem Geliebten, sich nicht an Bord meines Schiffes zu wagen. Aber wir waren kaum einen Tag auf See, als er an ihrer Seite stand, nachdem er seinen Weg an Bord zwischen den Schiffen gefunden hatte Verbrecherbande. Er hat den Namen De Roberval vor der ganzen Welt in Ungnade gefallen. Ich habe ihn wegen seines Ungehorsams in Ketten gelegt; und trotzdem hat er meine Nichte auf seine Seite gezogen. Konnte ich als gerechter Herrscher meine eigenen verschonen? Ich legte sie hin auf einer Insel in den nördlichen Meeren, mit den beiden Jaden, die ihr Verbrechen begünstigt hatten; und ihr elender Geliebter sprang ins Meer und starb zweifellos, bevor er das Ufer erreichte.

Charles stand bleich und zitternd vor Anstrengung, sich zurückzuhalten, während er diesem Vortrag lauschte, und de Roberval frohlockte bei dem Gedanken, dass er im nächsten Moment den Mann, den er jetzt nicht mehr fürchtete, tot zu seinen Füßen liegen sehen würde. Endlich fand La Pommeraye seine Zunge .

„Nimm die Lüge zurück!“ donnerte er, „oder, beim heiligen Kreuz, ich werde die Zunge, die es ausgesprochen hat, aus deiner falschen Kehle reißen! Claude, ein Betrüger! Marguerite, eine –“, aber weiter kam er nicht. Er wollte gerade sein Schwert ziehen, als er sah, wie De Robervals Waffe nach oben schoß. Die Aktion brachte ihn zur Besinnung. Er erinnerte sich, dass dies das Signal für die Attentäter sein sollte. Er streckte plötzlich eine Hand aus, packte De Roberval an der Kehle und schleuderte ihn kopfüber gegen die Wand. Der Schock betäubte ihn für einen Moment und sein Schwert fiel klingend zu Boden. Charles hob es auf, zerbrach es über seinem Knie und schleuderte die Stücke auf den Edelmann.

„Eine elende Waffe", sagte er, „passend für einen Feigling."

De Roberval richtete sich auf und starrte den zornigen Riesen an.

„Sie sind überrascht", sagte La Pommeraye , „dass ich Sie nicht getötet habe. Das ist keine Gnade; ich respektiere nur die Gastfreundschaft Ihres Daches. Ich werde Sie eine Zeit lang am Leben lassen, gequält von Ihrem feigen Gewissen, und dann ich." wird dich niederschlagen. Attentäter, deine Verschwörung wurde aufgedeckt. Du dachtest, du hättest mich in deinem eigenen Haus ermordet – du, der du einst edel genug warst, dich selbst an die Brust zu schlagen, als du dachtest, du seist besiegt. Deine Bauern sind edler. Etienne, wen du mit der Ausführung deines Plans betraut hast, hat mir die ganze Geschichte erzählt, und ich habe ihn sicher auf deinem besten Pferd auf den Weg geschickt. Folge nicht seinen Schritten, sonst wird der Herzog von Guise dich seine eiserne Hand spüren lassen. Du Ich habe noch ein paar Monate zu leben. Ich bin an der Insel der Dämonen vorbeigekommen und habe gesehen, wie das Wachfeuer deiner Nichte mich an Land lockte. Ich kehre sofort dorthin zurück. Wenn sie noch am Leben sind, werde ich zurückkommen und den König bitten, dir die Strafe zu verhängen du hast es verdient; wenn sie umgekommen sind, werde ich dich in Stücke hauen. Versuche mir nicht zu folgen oder deine Hunde hinter mir herzuschicken, sonst werden deine Tage plötzlich verkürzt."

Während der Edelmann immer noch halb benommen war von dem stechenden Schlag, den er erhalten hatte, und sprachlos über die Drohungen, die er gehört hatte, insbesondere über die Erwähnung des Herzogs von Guise, verließ Charles die Burg und bestieg sein Pferd, das ihn am erwartete Tor und ritt mit einer Wut davon, die jede Chance auf eine Verfolgung unmöglich machte.

Als er mit weißem Gesicht und zusammengebissenen Zähnen weiterritt, hätte niemand, der ihn sah, gedacht, dass der wilde Blick und der strenge Gesichtsausdruck dem schneidigen Draufgänger, dem Prinzen der Kavaliere und Duellanten , von einem Jahr zuvor gehört haben könnten.

Kapitel XVI

Der Herbst kam erneut zu den einsamen Bewohnern der Dämoneninsel.

Die trostlose Zeit neigte sich bedrohlich ihrem Ende zu; und als ihnen die unvermeidlichen Monate bevorstanden, sank ihr Herz in sich zusammen.

Die trüben Winde Ende September zwangen sie erneut, die meiste Zeit in ihrer Hütte zu verbringen. Den ganzen Sommer über hatten sie täglich nach einem vorbeiziehenden Segel Ausschau gehalten, aber mit der Rückkehr des Herbstes gaben sie die Hoffnung auf und bereiteten sich so gut es ging darauf vor, einen weiteren Winter in ihrem Inselgefängnis zu verbringen. Ihr Nahrungsvorrat war, obwohl sie mit größter Sorgfalt gewirtschaftet hatten, fast erschöpft, und sie hatten jetzt kaum noch etwas außer Fisch und Geflügel.

Doch ihre elende Umgebung und ihre hoffnungslose Zukunft schweißten sie nur noch enger zusammen. Sie hatten einander, und das bedeutete alles. Man hätte kaum sagen können, dass sie wirklich unglücklich waren, wenn es nicht eine ständig nagende Sorge gäbe: den Zustand von Claudes Gesundheitszustand. Den ganzen Sommer über war er stark und hoffnungsvoll geblieben, aber mit dem ersten kalten Wetter kehrte sein Husten zurück, und ihm wurde selbst klar , dass er den Winter, dessen eisigen Hauch sie jetzt schon aus dem Norden spüren konnten, nie überstehen würde. Er sollte den Kampf früher aufgeben, als einer von ihnen erwartet hatte; Doch bevor der Kampf endete, sollte noch ein weiterer Kummer — oder Freude, sie wussten kaum, was — zu ihrem Leben hinzukommen.

Anfang Oktober wurde Marguerites Kind geboren. Fast hätte sie gebetet, dass es nicht überleben würde; Fast hatte sie gehofft, dass sie damit sterben und das schreckliche Leid beenden würde, auf das sie sich nur freuen konnten. Doch als sie langsam wieder zu Kräften kam und das kleine, hilflose Geschöpf in ihren Armen hielt und wusste, dass es sein Leben aus ihren Adern schöpfte, kehrte die Lust am Leben in ihr zurück; Sie hatte jetzt einen doppelten Anreiz zu Mut und Hoffnung.

Eine Zeit lang vergaß Claude die Zukunft, seine eigenen Leiden, alles außer seinem Sohn. Die ganze Zärtlichkeit seines Wesens zeigte sich jetzt. Seine Hände, die in Frankreich nur den Krieg kennengelernt hatten, waren jetzt so geschickt wie die einer Frau. Tag und Nacht wartete er auf Margarete und ihr Kind und sah mit großer Freude, wie sie beide stark wurden. Inzwischen schien eine gütige Vorsehung auf ihn zu achten, denn seine Kraft ließ ihn nie im Stich; und als Marguerite jeden Morgen seinem strahlenden Lächeln und seinen fröhlichen Worten begegnete, begann sie zu hoffen, dass das Wunder, um das sie gebetet hatte, gewirkt hatte und dass Claude ihr noch erspart bleiben würde.

Auf die Kälte im September war ein ungewöhnlich später und milder Herbst gefolgt, und an den milden, dunstigen Tagen ging Marguerite mit ihrem Kind auf dem Arm die Klippe auf und ab, gefolgt von dem Jungen, den sie humorvoll François getauft hatten, und der inzwischen ziemlich domestiziert war und wie ein treuer Hund hinter seiner Herrin herlief, wohin sie auch ging . In diesen friedlichen Tagen sang Marguerite ihrem Baby die alten Schlaflieder aus der Normandie vor, die sie seit ihrer Kindheit nicht mehr gehört hatte, die ihr aber instinktiv wieder über die Lippen kamen.

Doch ihr Glück sollte nur von kurzer Dauer sein. Der Schlag, vor dem sie sich gefürchtet hatte, traf sie, als sie es am wenigsten erwartet hatte. Claudes Stärke war nur falsches Feuer gewesen. Als die Kälte zurückkehrte, erfasste er seine Glieder, ein dumpfes Gewicht drückte auf seine Lungen und sein Husten wurde immer schlimmer. Endlich, eines Nachts, kam es zu einer Blutung , die nicht gestoppt werden wollte, und am Morgen war Marguerite allein mit ihren Toten.

Wie sie diese Nacht und die darauf folgenden Tage überlebte, wusste sie nie. Die Natur war gnädig mit ihr und löschte alle Erinnerungen an Details aus ihrem Gehirn. Nur die ständige Notwendigkeit, sich um ihr Kind zu kümmern, rettete ihren Verstand und hielt sie davon ab, sich das Leben zu nehmen.

Mit ihren eigenen Händen grub sie ein drittes Grab neben den beiden anderen auf der Klippe, und nach unglaublicher Arbeit und Anstrengung legte sie Claudes Körper zur letzten Ruhe und häufte die Erde darüber auf. Als sie ihre Aufgabe, die sie mit wilder und fieberhafter Energie erfüllt hatte, beendet hatte, stürzte sie sich auf den Hügel und verfiel in völlige Verzweiflung. Wie lange sie dort lag, wusste sie nicht; aber sie wurde durch das Weinen ihres Kindes aus der Hütte zu sich zurückgerufen. Nicht für sich selbst, sondern um des kleinen Lebens willen, das von ihr abhing, musste sie weiterleben und stark sein. Sie drückte ihr Baby an ihre Brust und stellte sich mit erstaunlicher Tapferkeit und Heldenmut der vor ihr liegenden Aufgabe.

Dann folgten viele Wochen der Qual. In den langen Nächten heulte der Wind um ihre Hütte, und sie bildete sich ein, die Stimmen der Dämonen der Insel zu hören, die nach ihrer Seele schrien . Mit teuflischer Wut schrien und kreischten sie um ihren schwachen kleinen Unterschlupf herum, und oft glaubte sie, sie zu hören, wie sie versuchten, sich Zutritt zu verschaffen. Am Morgen ging sie, ihr Kind fest und warm an die Brust geschlungen, bei jedem Wetter hinaus und schritt die Klippe entlang, wobei sie im schlimmsten Aufruhr der Elemente eine Erleichterung von den Schrecken der Nacht fand.

Der Wahnsinn schien sie zu befallen, doch der Gedanke an ihr Kind überstand sie, und der eiserne Wille der De Robervals kam ihr zugute.

Ihre Vitalität war wunderbar . Etwas von der Natur ihrer kriegerischen Vorfahren schien in ihre Adern eingedrungen zu sein, und sie war in der Lage, Strapazen zu ertragen, denen schon so mancher zähe Soldat zum Opfer gefallen war. Der Winter, der über sie hereinbrach, sollte nicht weniger streng sein als der vorangegangene, und jetzt hatte sie niemanden mehr, der ihr bei ihren täglichen Aufgaben helfen konnte. Mit ihren eigenen Händen musste sie die kahlen Äste abbrechen, Feuerholz hereintragen und sogar Bäume fällen.

Ihre Bemühungen, Fische zu beschaffen, blieben erfolglos, obwohl das Eis, das sich gelegentlich an der Küste bildete, bald vom Wind aufgebrochen wurde und die Vögel, die immer noch um ihre Inselplätze schwebten, keine Schwierigkeiten zu haben schienen, sich ihre Nahrung zu beschaffen. Glücklicherweise reichten das Pulver und die Schrote, mit denen sie sorgfältig umgegangen waren, immer noch aus, und sie hatte genügend Vorräte, um sie durch den Winter zu tragen. Sie hatte keine Lust, die einzigen Lebewesen auf der Insel zu vernichten. Die Hasen, die ihr über den Weg sprangen, hatte sie lieben gelernt, und die warm gekleideten nördlichen Vögel waren ihr in ihrer Einsamkeit zu sehr lieben Begleitern geworden. Aber die schreckliche Notwendigkeit, die ihr ins Gesicht starrte, kannte keine Gnade, und die winterliche Stille hallte oft vom Klang ihrer Arkebuse wider . Sie war so erfahren geworden, dass sie kaum noch eine Ladung Pulver verschwendete.

Der Dezember verging und der Januar war fast vorbei, als der krönende Kummer, den das Schicksal für diese heldenhafte Frau bereithielt, über sie hereinbrach. Eines Morgens wachte sie auf und stellte fest, dass ihr Kind kalt und leblos an ihrer Seite lag. Sie nahm ihn in ihre Arme, drückte die kleine eisige Gestalt dicht an ihre warme Brust, spürte aber keine Wärme als Antwort. Wahnsinnig küsste sie seine Lippen, Augen und Wangen; sie würde nicht glauben, dass er tot war. Als sie endlich von der Wahrheit überzeugt war, rannte sie wild aus der Hütte.

In der Nacht hatte es heftig geschneit. Sie war barfuß, aber sie achtete nicht auf die Kälte. Sie stürzte zur Klippe, ihr Kind auf dem Arm, ihr Haar fiel ihr um die Schultern. Das Ende war endlich gekommen; Es gab nichts mehr, wofür es sich zu leben lohnte. Das Schicksal hatte gesiegt. Sie konnte sich nur ins Meer stürzen und mit ihrem Baby im Arm dem guten Gott gegenübertreten, der es für angebracht gehalten hatte, sie mit solchem Leid zu verfolgen. Doch als sie auf der Klippe stand, kamen ihr die rollenden Wellen, die im grauen Morgengrauen gegen die felsigen Vertiefungen schlugen, wie heisere Stimmen der Dämonen vor. Wieder einmal hörte sie, wie sie nach ihrer Seele und nach der Seele ihres Kindes riefen. Sie drehte sich um und ging zurück zu ihrer leeren Hütte.

Sie legte den Körper des Babys auf das Bett und setzte sich daneben auf den Boden, die Hände um die Knie geschlungen. Schweigend saß sie dort neben dem Feuer, das sie angezündet hatte, um das Kind wiederzubeleben, bis die Nacht hereinbrach und die Sterne hell und klar am frostigen Himmel leuchteten. Schweigend saß sie da, bis sie vor dem grauen Licht der Morgendämmerung wieder verblassten und der Morgen eines neuen Tages anbrach. Der Wind hatte in der Nacht zugenommen, und die Wellen hatten den Strand hinaufgebrüllt; aber sie hörte weder Wind noch Wellen. Mit trockenen Augen saß sie neben ihrem längst erloschenen Feuer und empfand weder Kälte noch Angst. Ihre Fähigkeiten waren abgestumpft, ihr Gehirn taub, und erst als ihr treuer Begleiter, der Bär François, es satt hatte, darauf zu warten, dass man ihn beachtete, drückte er seine Nase an ihre gefalteten Hände und hauchte ihr seinen warmen Atem ins Gesicht erwachte aus ihrer Trance.

Sie erhob sich mechanisch, wandte sich ihrem Buschhaufen zu, wählte ein paar trockene Stöcke für ihr Feuer aus und wollte sie gerade auf die Glut legen, als sie bemerkte, dass diese schon lange erloschen war. Ihre Hände waren wie Eis; sie war bis auf die Knochen durchgefroren ; aber der körperliche Schmerz, den sie jetzt zu spüren begann, rettete sie. Es rief ihre Energien hervor; Schnell machte sie sich an die Arbeit, um das Feuer zu erneuern, und die Anstrengung riss sie aus sich heraus. Als die Flammen loderten und durch die trockenen Äste prasselten, kehrte das Leben in ihre gefrorenen Glieder zurück und sie riss sich zusammen, um sich ihrer Situation zu stellen.

Ihr Baby muss begraben werden und sie muss die Aufgabe erfüllen. Sie baute aus einigen Brettern einen groben Sarg und legte den winzigen Körper behutsam hinein. Als sie den Deckel zudrückte, kam es ihr vor, als ginge ihr jeder Nagel durchs Herz, aber sie weinte nicht. Ihre Augen hatten schon lange keinen Trost mehr in Tränen gefunden. Müde kletterte sie mit ihrer kleinen Last den Hügel hinauf und fragte sich, wie lange es noch dauern würde, bis sie ihre abgenutzten Glieder neben diesen drei unhöflichen Gräbern ablegen und für immer mit dem Leiden fertig sein würde .

Das Baby darf nicht alleine liegen; Sie würde Claudes Grab öffnen und ihn neben seinen Vater legen. Der gefrorene Boden war fast undurchdringlich, und es dauerte lange, bis es ihr gelang, ein Loch zu graben, das tief genug war, um den Sarg aufzunehmen. Aber sie arbeitete geduldig; Langsam, mit schwachen Händen, hackte er den Boden und kratzte die Klumpen aus dem Grab. Schließlich hatte sie eine flache Öffnung gemacht, um die Kiste aufzubewahren, und als sie hineingelegt wurde, kniete sie sich daneben, hielt das Kruzifix, das Claude vor den Wellen gerettet hatte, und betete, dass ihre Seelen in Frieden ruhen mögen . Ein plötzlicher Impuls ergriff sie. Alles, was sie geschätzt hatte, alles, wofür sie gelebt hatte, befand sich in diesem Grab. Das Kruzifix war das letzte Kostbare, das ihr noch blieb, und sie legte es auf den Sarg ihres Kindes. Dann, ohne sich zu trauen, länger dort zu knien, erhob sie sich eilig, warf die gefrorene Erde in das Doppelgrab zurück und häufte darüber große Steine auf, um zu verhindern, dass irgendein Tier die Erde wegkratzte. Dann kehrte sie zu ihrer Hütte zurück und nahm die erschöpfende Runde ihres hoffnungslosen, einsamen Lebens wieder auf.

Für einen modernen Geist mag es seltsam erscheinen, dass die Vernunft sie nicht völlig im Stich gelassen hat; Aber das Alter, in dem sie lebte, erklärt möglicherweise die Stärke, die sie am Leben hielt. Obwohl sie von edlem Blut war und zärtlich erzogen wurde, war sie es gewohnt, Szenen des Todes und der Not mit ruhigem Blick zu betrachten. Obwohl sie jung war, hatte sie den Tod in vielen Formen gesehen; und die Belagerungen, denen die Burg ihres Onkels mehrmals widerstanden hatte, hatten sie etwas über die Stärke und Ausdauer eines Mannes gelehrt, was sie, gepaart mit der zähen Vitalität einer Frau, doppelt stark machte. Auch damals war ihr die Einsamkeit nicht fremd gewesen. In ihrer Jugend, bevor Marie de Vignan zu ihr kam, war sie oft wochenlang allein gelassen worden, und niemand außer der alten Bastienne und den anderen Dienern konnte die Monotonie ihres Daseins lindern; und während dieser Zeit hatte sie selten mit einem Menschen gesprochen, außer um einen Befehl zu erteilen. Und jetzt, obwohl sie völlig allein war, retteten der Kampf ums Dasein und die Anwesenheit des jungen Bären, ihres einzigen lebenden Begleiters, ihren Verstand. Manchmal jedoch ließ sie der ungewöhnliche Klang ihrer eigenen Stimme zusammenzucken und sich fragen, ob die, die gesprochen hatte, wirklich eins sein konnte mit der trostlosen Kreatur, die diese schneebedeckte Insel betrat und hoffnungslos den Horizont nach einem Zeichen dafür absuchte, dass es eine andere Welt gab als der Enge, in dessen Grenzen sie eingeengt war.

Nacht, vor der sie sich fürchtete. Sie hielt ihr Feuer die langen Stunden der Dunkelheit hindurch am Brennen, aber oft nahmen die glühenden Glutnester und Flammenzungen vor ihren Augen seltsame Formen an. Über die Insel fegte und stöhnte der Wind, und jedes Geräusch schien ihr die Stimme einiger der sagenumwobenen bösen Geister des Nordens zu sein. Oft erwachte sie aus dem Schlaf und spürte gespenstische Präsenzen in ihrer Nähe – direkt an ihrer Seite. In solchen Momenten schlich sie sich dicht an ihren seltsamen Begleiter François heran und schmiegte sich an seinen struppigen Mantel. Die Wärme seines Körpers und der dicke, weiche Teppich, den sie aus der Haut der alten Bärin gemacht hatten, waren alles, was sie davor bewahrte, an der bitteren Kälte dieses schrecklichen Winters zu sterben.

Mit unbeschreiblicher Erleichterung sah sie die Frühlingssonne zurückkehren und spürte, wie der warme Südwind über die Inselmulden wehte. Täglich hatte sie mit hoffnungslosen Augen auf das Segel gewartet, das nie kam; aber jetzt, als hier und da die grünen Triebe auf der braunen Grasnarbe zu glitzern begannen, baute sie wieder ihr Wachfeuer hoch oben auf der Klippe und ließ es Tag und Nacht brennen.

Der Winter schien plötzlich dem Sommer gewichen zu sein. Den ganzen April über strahlte die warme Sonne auf die Insel, und stundenlang saß sie da und blickte auf die blaue Fläche kaum bewegten Wassers. Doch der launische Frühling hielt eine Veränderung bereit. Ein kühler, eisiger Hauch wehte aus dem Norden herab; die Kiefern und Birken stöhnten und seufzten noch einmal; und die großen grünen Wellen schlugen schäumend an den Strand. Ihr Herz sank in ihr; aber immer blickte sie nach Süden. Eine innere Stimme schien ihr immer noch zu versichern, dass Hilfe auf dem Weg zu ihr sei und dass ihre Leiden fast ein Ende hätten.

Endlich, am zweiten Tag des Sturms, erblickte ihr Blick am zerbrochenen Horizont ein Segel. Sie beobachtete es so lange, bis es keinen Zweifel mehr an seiner Realität geben konnte; und dann häufte sie einen riesigen Haufen Reisig auf ihr Feuer. Sie hatten es gesehen! Das Schiff kam immer näher. Endlich sollte sie gerettet werden!

Kapitel XVII

Als Charles in St. Malo ankam , stellte er fest, dass sein Bote, Etienne Brulé, die Stadt sicher erreicht hatte und dass De Robervals Pferd in Cartiers Ställen gut versorgt wurde. Es wurde kein Versuch unternommen, ihn zu verfolgen, und es wurde offensichtlich, dass Etiennes Herr keine Anstalten machen würde, ihn zurückzubringen.

Tatsächlich hatte De Roberval, der wusste, dass La Pommeraye die Seele der Ehre war und dass niemand ihm eine Lüge zutrauen würde, das Gefühl, dass Schweigen sein klügster Weg wäre. Er wusste, dass La Pommeraye mit der geringsten Bewegung seinerseits in der Lage sein würde, alle Zungen gegen ihn zu wenden; und wenn der junge Mann, wie er angedeutet hatte, irgendeinen Einfluss auf den Herzog von Guise hätte, würde er zweifellos die harte Hand des großen Ministers auf sich ziehen, der ohnehin keine Liebe für den ehrgeizigen kleinen Adligen hegte.

Auch Charles wurde durch das, was er erfahren hatte, zum Schweigen gebracht. Sein altes, sonniges Lächeln hatte ihn verlassen, und als er sprach, hatte seine einst volle, sanfte Stimme einen harten, metallischen Klang. Cartier erkannte ihn kaum und seine Fragen erhielten nur spärliche Antworten, die ihn davon abhielten, weitere Fragen zu stellen.

„De Pontbriand könnte noch leben", sagte Charles. „Mdlle. de Roberval lebt möglicherweise noch, und ich muss sie nach Frankreich zurückbringen oder sicherstellen, dass sie tot sind. Wenn ich sie nicht finde, helfe Gott De Roberval!"

„Gott steh ihm auf jeden Fall bei!" sagte Cartier zu sich selbst. „Dein Geist wird niemals ruhen, bis er das Blut des kleinen Tyrannen vergossen hat. Aber wann", fügte er hinzu, „erwartest du, in die Neue Welt aufzubrechen?"

"Auf einmal."

„Nein, das ist unmöglich. Es würde schwierig sein, in dieser Jahreszeit Segler dazu zu bringen, sich auf den Atlantik hinauszuwagen."

„Wenn ich keine Männer dazu bringen kann, mich zu begleiten", sagte Charles, „werden Etienne und ich alleine gehen." und während er sprach, nickte Etienne, der in Cartiers Obstgarten, wo das Gespräch stattfand, daneben stand, zustimmend und murmelte ein entschlossenes „Ja, das werden wir!" Auch er dachte an seine schöne junge Geliebte, die ihm immer wie eine der gesegneten Heiligen vorgekommen war; Und als er sich vorstellte, wie sie sich durch den tristen Herbst und den quälenden Winter in

Kanada nach ihrem Zuhause sehnte, hätte er die Reise gerne im Alleingang riskiert.

Es war keine leichte Sache, ein Schiff zu bekommen. Roberval war zurückgekehrt und Charles hatte seine frühere Entschuldigung nicht mehr. Am Hofe ging das Gerücht um , dass die Liebenden wegen der Zurschaustellung von Unmoral bestraft worden seien; und zu sagen, warum er das Schiff wollte, würde bedeuten, die Namen von Claude und Marguerite durch den Dreck zu ziehen. Das würde er nicht tun. Er wollte nicht einmal daran denken, was De Roberval ihm erzählt hatte. Es war nicht – es konnte nicht wahr sein! Es stimmte, dass er aus seinem Traum erwacht war; er wusste, dass er Marguerite niemals gewinnen konnte. Was er von Etienne und ihrem Onkel gelernt hatte, hatte diese wilde Hoffnung verbannt; Und all die kleinen Umstände in ihrem Leben, die zuvor unbemerkt geblieben waren, kamen nun vor ihm zum Vorschein, um ihm zu zeigen, wie blind und dumm er gewesen war. Aber er liebte sie trotzdem – eher umso mehr. Und als er daran dachte, was sie und ihr Geliebter auf dieser einsamen Insel im großen nördlichen Ozean durchgemacht haben mussten, raste sein Gehirn und sein Herz pochte, bis er glaubte, er müsse ganz sicher verrückt werden. Um sich selbst zu retten, hatte er das Gefühl, dass er seine Reise so schnell wie möglich antreten musste.

Aber es gab Schwierigkeiten auf dem Weg. Cartier hatte seine Schiffe aufgegeben und seinen ständigen Wohnsitz in Limoilou bezogen. Der Kauf eines neuen Schiffes würde Geld kosten; und Charles, immer verschwenderisch, verfügte nur über geringe Mittel, die er sein eigen nennen konnte. Er war auf Cartiers Hilfe angewiesen; Aber dieser kluge Seemann wusste, wie das Unternehmen enden musste, und anstatt seine Hand in seinen Geldbeutel zu stecken, tat er sein Möglichstes, um La Pommeraye von seinem Vorhaben abzubringen.

Als er jedoch feststellte, dass sein Freund sich entschlossen hatte, die Reise anzutreten, holte er schließlich mehrere Kaufleute aus St. Malo dazu, mit ihm ein kleines Boot von fünfzig Tonnen auszurüsten, angeblich für den Pelzhandel. Das Schiff war zwar alt, hatte aber mehrere Male den Atlantik überstanden, und einige seiner alten Besatzungsmitglieder erklärten sich bereit, sich La Pommeraye anzuschließen , wenn er ihnen einen ausreichenden Lohn bieten würde. Es fiel ihm jedoch schwer, sechs treue Gefährten zusammenzutrommeln, die zusammen mit Etienne und ihm die Winterreise antreten würden. Aber Anfang Dezember war alles bereit, und das kleine Schiff steuerte unter Kopfschütteln und Unglücksprophezeiungen der Wissenden weg zum Kanal und hinaus in Richtung Atlantik, wo schon damals ein Sturm tobte.

Doch gleich zu Beginn ihrer Reise erlebten sie eine Enttäuschung. Die Masten knarrten und ächzten; die Bretter bebten; das Eichenholz löste sich in den Nähten; und am zweiten Tag stellte sich heraus, dass das Schiff ein Leck hatte. So sehr sie auch pumpten, sie konnten das Wasser im Laderaum nicht verringern; und obwohl La Pommeraye am liebsten auf seinem Weg geblieben wäre, zwang ihn seine Diskretion dazu, den Kopf seines Schiffes umzudrehen und in den Hafen zu rennen, den er gerade verlassen hatte.

Als er den Hafen erreichte , befand sich das Deck des Schiffes fast am Wasserrand. Es blieb nichts anderes übrig, als sie an Land zu bringen. Als das Wasser abgepumpt wurde, stellte sich heraus, dass es sich in einem stark beanspruchten Zustand befand und mehrere Planken in seinem Rumpf vollständig von Würmern zerfressen waren. Sie musste hoch und trocken hochgezogen werden, und Zimmerleute machten sich an die Arbeit, um sie einer gründlichen Überholung zu unterziehen. Als sie wieder zur See bereit war, hatte der Januarschnee begonnen, die Felder rund um St. Malo weiß zu machen. La Pommeraye ließ sich nicht entmutigen und beschloss, es erneut zu wagen, und Etienne stand ihm zur Seite. Doch als sie kamen, um nach ihrer Mannschaft zu suchen, stellten sie fest, dass die Kerle alle aus St. Malo geflohen waren und nicht gefunden werden konnten. Keine anderen Männer waren bereit, ihre Plätze einzunehmen; und den ganzen Winter über ging La Pommeraye wie ein Verstörter durch die Straßen und suchte nach Seeleuten. Aber niemand wollte sich seiner Expedition anschließen. Die Einwohner der Stadt hielten ihn schließlich für verrückt und fragten sich, welcher böse Einfluss es in der Neuen Welt geben könnte, der ihn dorthin zog. Sogar die Kaufleute bereuten das in das Unternehmen investierte Geld; aber Cartier ließ sie nicht zurücktreten.

Erst im Frühjahr war die „ *Marie* " , wie das kleine Schiff genannt wurde, wieder voll bemannt und fahrbereit. Gerade als die Märzregen die Erde zu erneuern begannen, zog sie sich aus der Stadt zurück; und Cartier, der auf der Mauer stand und zusah, wie sie hinausging, fragte sich, wie das Ende aussehen würde. Es konnte nur tragisch sein. Kein Unternehmen konnte zwei trostlose Winter auf einer einsamen Insel überstehen, ohne einen Teil seiner Mitglieder zu verlieren, und er zweifelte nicht daran, dass alle tot waren. Als er zusah, wie das Segel seines Freundes am Horizont versank, bereute er halb, dass er nicht mit ihm gegangen war. Aber die drei Enttäuschungen, die ihm die Neue Welt bereits beschert hatte, ließen ihn vor ihren Küsten zurückschrecken, und er schauderte, als er an die grausige Nachricht dachte, die La Pommeraye auf dieser einsamen nördlichen Insel erwarten musste . Auch er schauderte, als er an De Roberval dachte. Das Schicksal ist manchmal langsam, aber er war sich sicher, dass es endlich mit unfehlbarer Geschwindigkeit auf die Vernichtung des Mannes zusteuern musste, der so viele Leben zerstört hatte.

La Pommeraye behielt jeden Streifen Segeltuch bei, den sein kleines Schiff tragen konnte, und nach vierwöchiger Fahrt erreichte er vor einer günstigen Brise die Südküste Neufundlands. Bisher hatten sie kein schlechtes Wetter erlebt und ihre Herzen schlugen hoch in der Hoffnung, dass ihre Reise ohne Unfälle enden würde. Sie rannten in den Hafen von St. John, füllten ihre fast leeren Wasserfässer wieder auf und begannen dann ihre letzte Reise in Richtung der Insel der Dämonen.

Aber der April ist ein tückischer Monat. Bis zu diesem Zeitpunkt war es sommerlich, mit heißer Sonne und sanften südlichen Brisen. Jetzt drehte der Wind auf Norden; die Wolken krochen bleiern und tief über den Himmel; ein heftiger Schneefall fiel auf sie herab; und es schien, als würde der Winter zurückkehren. Charles war nur noch bestrebter, die Insel zu erreichen, und drängte sich auf die Leinwand. Doch die sich biegenden Masten und die tosende See zwangen ihn schließlich, die Segel zu reffen, und sein kleines Schiff bahnte sich mehrere Tage lang seinen beschwerlichen Weg nach Norden. La Pommeraye selbst verbrachte die meiste Zeit in den Kreuzbäumen und hielt besorgt nach seinem Ziel Ausschau. Es kam ihm so vor, als würde er es nie erreichen; und der Sturm, der im Laufe der Tage zugenommen statt nachgelassen hatte, drohte sein Schiff zu überschwemmen. Der Segelmeister forderte ihn auf, umzukehren und zum Hafen von St. John zu rennen. Er sah, dass er dazu gezwungen sein würde; Doch bevor er den Befehl gab, stieg er noch einmal in die Höhe und suchte den zerklüfteten, nebligen Horizont ab. Sein scharfes Auge erkannte bald einen dunklen Fleck, der erschien und verschwand, als sich die *Marie* auf den Wellen hob und senkte. Es kam näher, und zu seiner unaussprechlichen Freude sah er, wie eine Rauchsäule daraus aufstieg und sich, immer größer werdend, in einer mächtigen Wolke über dem Wasser ausbreitete.

„Sie sind es! Sie leben!" rief La Pommeraye, rutschte ein Achterstag hinunter, ergriff den Arm seines Segelmeisters und deutete auf das hoffnungsvolle Signal.

Auch die Matrosen sahen es. Sie kannten die Insel und bekreuzigten sich ängstlich, als sie auf das blickten, was sie für den Rauch der Grube hielten. Für alle außer Etienne und La Pommeraye schien es, als würden sie rücksichtslos der Zerstörung entgegenstürmen. Als wollte er ihre Ängste untermauern, wehte der stürmische Nordostwind mit doppelter Heftigkeit, und Welle um Welle fegte über das Schiff hinweg und drohte, die Decks zu zerschmettern. Die Insel war jetzt nur noch eine Meile von ihnen entfernt, und die Rauchsäule stieg immer noch auf und winkte sie weiter. Doch La Pommerayes Hoffnungen sollten zunichte gemacht werden. Eine Welle, die mächtiger war als ihre Artgenossen, brach gegen den hohen Bug, erfasste die *Marie* mittschiffs und schickte Tonnen von Wasser auf ihre Decks. Bevor sie sich erholen und es abwerfen konnte, rollten eine Reihe ähnlicher Wellen auf sie zu und alles schien verloren zu sein.

„Unsere einzige Hoffnung", rief der Segelmeister, „besteht darin, an Bord zu gehen und vor dem Wind zu fliehen. Kein Schiff könnte in diesem Sturm ankern, selbst wenn wir diese Insel erreichten; und wenn der Sturm nicht nachlässt, müssen wir früher." oder später überschwemmt werden.

Es blieb nichts anderes übrig, und La Pommeraye stimmte widerwillig zu. Das kleine Handwerk war mit Mühe zustande zu bringen. Jedes Stück Segeltuch wurde heruntergelassen, und sie huschte unter nackten Stangen entlang, während die riesigen Wellen ihr hohes Achterdeck umgaben und versuchten, sie zu ertränken.

Als Marguerite sah, wie das Gefäß, das auf sie herabgedrückt hatte, nachzulassen begann, versagte ihr das Herz völlig. Sie hatten ihr Signal gesehen und ließen sie dennoch im Stich. Monatelang hatte sie vergeblich zugeschaut; endlich schien ihre Hoffnung Wirklichkeit zu werden ; und als sie es verschwinden sah, war sie noch verzweifelter als je zuvor. Gerne hätte sie in diesem Moment den Tod begrüßt; und tatsächlich konnte es jetzt nicht mehr lange auf sich warten lassen. Ihre Munition war erschöpft; Sie ernährte sich hauptsächlich von den Eiern der Ufervögel und den Fischen, die sie gelegentlich wieder beschaffen konnte. Aber solch prekäre Mittel konnten nicht lange halten; es war nur eine Frage der Zeit.

Sie saß auf der Klippe und achtete nicht auf den Sturm, der um ihren Kopf fegte und die Glut ihres Feuers zerstreute. Die Qual ihrer Lage drängte sich ihr auf. Auf der Insel zurückgelassen zu werden bedeutete einen langsamen und qualvollen Tod; Und doch hätte sie, wäre sie gerettet worden, alles zurückgelassen haben müssen, was sie geliebt hatte. Sie betete, dass sie sofort sterben würde.

Aber der Himmel hatte es anders angeordnet. Leben und Hoffnung sollten zu ihr zurückkehren; Ihre Gefangenschaft war fast vorüber.

La Pommeraye fuhr vor dem Sturm, bis die hohen Klippen des Hafens von St. John vor ihr aufragten. Sie waren ein willkommener Anblick, denn das kleine Fahrzeug war durch den Kampf gegen den Sturm so stark beansprucht worden, dass es ein Leck hatte, und die Matrosen konnten nur mit Mühe verhindern, dass das Wasser im Laderaum auf sie zukam. Aber im Hafen war das Wasser vergleichsweise ruhig; und als der Anker geworfen wurde, zeigte eine sorgfältige Untersuchung, dass das Leck unmittelbar über der Wasserlinie lag und leicht behoben werden konnte. Die ganze Nacht hindurch heulte der Wind durch die Takelage; und die ganze Nacht über lief La Pommeraye , unfähig zur Ruhe, auf dem Deck auf und ab wie ein Tiger im Käfig. Am nächsten Morgen tobte der Sturm immer noch, und erst am nächsten Tag gelang es ihnen, sich auf das offene Meer zu begeben. Der Wind hatte inzwischen auf Süd gedreht, und eine sanfte Brise kräuselte die Oberfläche der riesigen Walzen, über die sie auf ihrem Weg nach Norden stürzten.

Vier Tage waren vergangen, seit Marguerite das Schiff verschwinden sah; und vier schreckliche Tage hatte sie damit verbracht, wie eine Verrückte durch ihr Inselgefängnis zu streifen. Den ganzen Tag hörte sie die Stimmen der Dämonen, die von jeder Klippe und Höhle riefen, und nachts schlugen sie auf die Wände ihrer Hütte und schienen ein wildes, dämonisches Gelächter über den Gräbern am Hügel aufrechtzuerhalten. Wäre François nicht gewesen, wäre sie in die großen grünen Wellen gestürzt, die an der Küste aufrollten, auf ihre eigene Zerstörung bedacht; sondern die Anwesenheit des treuen Geschöpfes, das ihr von Klippe zu Klippe folgte, während sie nach Osten und Westen, nach Norden und Süden blickte, über die Wasserwüste; die mit kläglicher Verwunderung daneben saß, als sie ausgestreckt auf den Gräbern ihrer Lieben lag; der sie durch die Dunkelheit beschützte, während die Dämonen über ihrem Wohnsitz heulten – und sie vor sich selbst rettete. Sie sehnte sich nach dem Tod; Sie wäre vor dem Gedanken zurückgeschreckt, die Insel zu verlassen, auf der Claude lag, aber der Grundsatz des Lebens, das nicht sterben würde, verlangte, dass sie sich selbst retten sollte, wenn es möglich wäre. Und während sie um den bevorstehenden Tod betete, strengte sie ihre Augen an, in der Hoffnung, ein herannahendes Segel zu sehen.

Endlich ließ der Sturm nach . Die Wellen erklommen noch immer die Insel, aber die warme Brise sagte ihr, dass die Zeit der Gefahr vorbei sei. Eine Hoffnung, die nicht zunichte gemacht werden würde, flüsterte ihr zu, dass das Schiff, das sie gesehen hatte, auf dem Weg zur Insel gewesen sei, und als der Sturm nachließ, deutete ihr dieselbe wilde Hoffnung an, dass es zurückkommen würde. Bis die Dunkelheit hereinbrach, starrte sie, und als der Tag anbrach , stand sie auf dem „Ausguck" und suchte den fernen Horizont ab. Endlich wurde sie belohnt. Ein dunkler, weißer Fleck hob sich vom klaren Himmel ab. Schnell näherte es sich. Allmählich wurden die weißen Segel deutlich sichtbar, dann erschien der schwarze Rumpf, und dort, vor ihr, lag ein Schiff ihres eigenen Landes – ein Schiff aus La Belle France. Sie bewegte sich nicht und sprach nicht, und neben ihr saß François auf seinen Hüften, ebenso regungslos wie sie. Eine Kanone donnerte vom Schiff, und ihr Echo weckte unzählige Vögel , die schreiend über die Wellen flogen oder sich ins Meer stürzten. Für Marguerite war es ein seltsames Geräusch – eine Stimme aus ihrer alten Heimat, die sie zurück ins Leben rief.

Mit Freude hatte La Pommeraye noch einmal die felsige Landspitze am Horizont erblickt. Doch ein Stich der Enttäuschung erfasste ihn, als er vergeblich nach dem Signal suchte, das ihm gesagt hatte, dass es auf der Insel noch Leben gab. Könnten sie im Sturm umgekommen sein? Könnte seine Annäherung, als sie am Rande des Grabes standen, nur dazu gedient haben, sie zu quälen und das Ende noch schwieriger zu machen? Solche Gedanken gingen ihm durch den Kopf, während er vergeblich nach einem Lebenszeichen Ausschau hielt.

Schließlich berührte Etienne seinen Arm.

„Sehen Sie, Monsieur, sie leben! Da stehen zwei Gestalten auf der Klippe."

Während er sprach, richteten sich alle Augen auf den vorspringenden Sporn, und als die scharfsichtigen Seeleute Marguerite und ihren unhöflichen Begleiter erblickten, fielen sie auf die Knie und bekreuzigten sich in heiliger Ehrfurcht. La Pommeraye ließ schnell die Segel einholen und den Anker fallen; und bevor Marguerite ihren Platz verlassen konnte, dröhnte die Waffe lautstark.

Sie ging zum Strand hinunter, um dem sich nähernden Boot entgegenzukommen, und sogar La Pommeraye war beeindruckt, als er ihre Gestalt auf sich zukommen sah.

Ihre Kleidung war geflickt und geflickt worden, bis es unmöglich war, sie mehr zu flicken, und sie hingen jetzt in Fetzen um sie herum. Ihr Haar, das einst so schwarz und glänzend war, war von weißen Strähnen durchzogen, und ihr Gesicht hatte den Ausdruck einer Person, die alles gekannt hat, was das Leben an Freude und Leid zu bieten hat, und die in der Gegenwart des Todes wie mit einem Freund gewandelt ist . An ihrer Seite schlurfte der junge Bär, ein zottiges, wild aussehendes Monster, das genug von sich selbst hatte, um die Herzen der erstaunten Seeleute in Angst und Schrecken zu versetzen. Die Männer im Boot verloren den Mut und ihre kraftlosen Hände weigerten sich, die Ruder zu ergreifen. Aber die strenge, gebieterische Stimme von La Pommeraye stellte ihre Geistesgegenwart wieder her. Der Kiel des Bootes kratzte an den Felsen, und La Pommeraye sprang an Land und fiel vor dem blassen Geist der Frau, die er so treu geliebt hatte, auf die Knie und folgte ihm durch die halbe Welt.

„Mademoiselle!" sagte er, aber er kam nicht weiter. Sein Herz schlug ihm bis zum Hals und erstickte ihn. Auch sie stand wie benommen da, ihre Knie zitterten, ihr Gehirn schwamm. Sie wäre gestürzt, wenn sie nicht seine ausgestreckte Hand genommen hätte, um sich abzustützen.

Der Bär hatte neben ihr unruhig geknurrt, und als er sah, wie La Pommerayes Hand seine Herrin berührte, knurrte er wild und wollte sich auf den

Eindringling stürzen. Marguerite forderte ihn auf, sich niederzulassen, und das gehorsame Geschöpf kauerte sich zu ihren Füßen nieder.

„Mademoiselle hat einen seltsamen Wächter", sagte La Pommeraye , die bei der Annäherung des Tieres aufgestanden war.

„Er hat mich am Leben gehalten, Monsieur. Ohne ihn wäre ich verrückt geworden oder hätte mich ins Meer geworfen."

„Wo sind deine Gefährten?"

La Pommeraye schauderte, als er die Frage stellte, aber er konnte sie nicht länger zurückhalten.

„Es geht ihnen gut", antwortete sie ruhig; „Sie schlafen hinter dem Hügel."

"Tot?" rief La Pommeraye leise.

„Alle tot", war ihre leise Antwort.

„Und doch lebst du! Wie lange hast du die Einsamkeit dieses trostlosen Ortes ertragen?"

„Claude starb, bevor der Schnee fiel, und seitdem leben François und ich, ich weiß nicht wie. Ich habe versucht zu sterben, aber der Himmel war zu gütig."

La Pommeraye wandte den Kopf ab, und das Schluchzen, das er nicht länger zurückhalten konnte, erschütterte ihn von Kopf bis Fuß. Er kämpfte um Selbstbeherrschung. Schließlich drehte er sich zu ihr um und nahm ihre Hand, um sie zum Boot zu führen .

„Dein alter Diener, Etienne Brulé, ist bei mir", sagte er. „Er wartet im Boot auf dich. Er wird auf dich aufpassen, während ich alles einsammele, was sich in deiner Hütte befindet."

Aber sie zog sich ein wenig von ihm zurück.

„Monsieur, ich kann nicht –" und zum ersten Mal stockte ihre Stimme. „Ich kann meine Toten nicht zurücklassen!"

Selbst in diesem Moment spürte Charles ein heftiges Pochen in seinem Herzen, als ihm klar wurde , dass die Frau, die er liebte, ihr Leben unwiderruflich, für Leben und Tod, seinem Freund geschenkt hatte.

Während sie sprach , drehte sie sich um und führte ihn an der Hütte vorbei und den Hügel hinauf zu der kleinen Gruppe von Gräbern. Die Stunde der völligen Trennung war gekommen und sie konnte nichts sagen. La Pommeraye hatte das Gefühl, dass ein Wort von ihm ein Sakrileg wäre. Schweigend stand sie da, hin- und hergerissen zwischen dem schrecklichen

Abschiedsschmerz und der Erkenntnis dass sie gehen muss. Schließlich siegte ihr Wille, und sie wandte sich an La Pommeraye und sagte einfach: „ Ich bin bereit, Monsieur."

Über den vierten, der auf dem einsamen Friedhof am Hang schlief, sagte sie kein Wort. Das junge Leben war dort entstanden und wieder vergangen, an diesem verlassenen Ort inmitten der weglosen Weiten des Ozeans, unbekannt für irgendjemanden außer den beiden, deren Seelen es für immer unauflöslich verbunden hatte. Warum sollte man es der Welt erzählen? Die Insel würde ihr Geheimnis bewahren; Und niemand in Frankreich sollte jemals erfahren, dass ihr und Claudes Kind im Grab seines Vaters ruhten.

Sie kniete nieder und küsste die Steine, die die Stelle markierten; und dann folgte sie La Pommeraye , ohne einen Blick zurück zu werfen, zur Hütte.

Sie hatte wenig mitzunehmen – den Bärenfellteppich, der ihre Rettung durch den bitterkalten Winter gewesen war, und ein oder zwei kostbare persönliche Kleinigkeiten, die alles waren, was von ihrem Tod übrig geblieben war. La Pommeraye platzte das Herz, als er sah, wie sie gelebt hatte, und er ahnte, was sie durchgemacht haben musste. Schweigend gingen sie zum Ufer hinunter.

„Armer François!" Sagte Marguerite und warf ihre Arme um den Hals des treuen Tieres. „Armer François!" und in ihrem Ton lag eine Welt voller Bedeutung.

Bald waren sie bereit, die Insel zu verlassen; und die staunenden Matrosen, die nichts von ihrer Geschichte wussten – denn Etienne hatte heilig geschwiegen –, schauderten, als sie das Boot betrat.

Als der Bär sah, dass seine Herrin ihn verließ , sprang er ins Wasser und versuchte ihr nachzuschwimmen. Da ihm die Anstrengung jedoch ermüdete, musste er es aufgeben und zum Ufer zurückschwimmen, wo er mit seinem rollenden, unbeholfenen Gang am Strand auf und ab schritt, den Blick auf das sich zurückziehende Boot gerichtet.

Als das Schiff davonsegelte, konnten die Seeleute seine weiße Gestalt in melancholischer Einsamkeit auf dem höchsten Punkt der Klippe stehen sehen. Als das Schiff nur noch ein winziger Fleck in der Ferne war, richtete er seinen Blick auf das Ufer und sah einen Seehund, der sich in der Sonne sonnte. Heimlich kroch er die Klippe hinunter und am Ufer entlang, seine riesigen Krallen bohrten sich in den Hals des ahnungslosen Tieres und mit wilder Freude riss er es in Stücke.

Kapitel XVIII

Als das Schiff die Insel der Dämonen verließ, hatte La Pommeraye nur einen Gedanken: sofort nach Frankreich zurückzukehren und sich De Roberval zu stellen. Doch bevor er viele Meilen gesegelt war , erinnerte er sich daran, dass er eine Pflicht gegenüber den Kaufleuten von St. Malo zu erfüllen hatte, die sein kleines Schiff ausgestattet hatten. Der Kurs wurde geändert, der Bug des Schiffes drehte sich nach Westen, und nach ein paar Tagen Fahrt ging er im schwarzen Wasser an der Mündung der großen Schlucht des Saguenay vor Anker. Er wurde von den Indianern willkommen geheißen, deren Hütten sich an den hohen Klippen und entlang der Sandstrände dieser zerklüfteten Gegend drängten. Man schickte Läufer in die umliegenden Indianerdörfer, und nach wenigen Tagen sank sein Schiff mit einer reichen Ladung Pelze fast bis zum Deck.

Marguerite blieb die ganze Zeit außer Sichtweite und kam nur abends an Deck, wenn es dunkel war und sie allein sein konnte. Sie mied Gesellschaft und sprach kaum, nicht einmal mit La Pommeraye . Eine tiefe und anhaltende Melancholie breitete sich über ihrer Seele aus. Als ihre kleine Insel am Horizont verschwand, schien es ihr, als sei alles, was sie auf Erden liebte, für immer verloren . Tag und Nacht sah sie vor ihren Augen das einsame Grab am Hügel, in dem ihr Herz begraben lag; und manchmal wurde die Sehnsucht, dorthin zurückzukehren, zu groß für sie, und sie war versucht, La Pommeraye anzuflehen , sie zurückzunehmen. Aber die freundlichen französischen Gesichter um sie herum, die französischen Stimmen, die wie Musik in ihren Ohren klangen, die großzügige, nachdenkliche Rücksichtnahme von Claudes altem Kameraden brachten sie wieder zu klarem Verstand. Ruhe, gutes Essen, vergleichsweise viel Komfort und Schlaf bewirkten eine wunderbare Veränderung bei ihr, und als sie sich auf den Weg nach Frankreich machten, war sie in der Lage, ein wenig zu reden und Charles einen Überblick über ihre Geschichte zu geben.

Sechs Wochen später sahen die Kaufleute von St. Malo ein schwer beladenes Boot unter einer Wolke aus Segeltuch in den Hafen einlaufen . Sie war keine Fischerin; und viele, die Geld in Seeunternehmungen investiert hatten, strömten zu den Mauern. Unter den anderen befand sich der scharfsichtige Cartier, der nie von der Annäherung eines Schiffes von fremden Küsten hörte, sondern an La Pommeraye dachte . Kaum hatte er das Schiff erblickt, als er ausrief:

„Es ist die *Marie* und auf Deck beladen!" Und zu sich selbst fügte er hinzu: „So bald zurück? Seine Arbeit muss beendet sein; und jetzt sei Gott gnädig mit De Roberval!"

Als das Schiff vor Anker ging, war Cartier einer der ersten, der es erreichte, und als er an Bord eilte, umarmte er seinen Freund herzlich. Dann stellte er ihn auf Armeslänge von ihm ab und musterte, die Hand auf seiner Schulter, eifrig sein Gesicht, als wollte er daraus erfahren, welche Neuigkeiten er gebracht hatte. La Pommeraye sagte nichts, aber sein Gesicht verriet Cartier, dass nicht alles in Ordnung war.

„Du warst auf der Insel der Dämonen?" fragte er schließlich.

"Ich habe."

dort gefunden ? – De Pontbriand – lebt er noch?"

Charles beherrschte sich und bemühte sich zu antworten:

„Glauben Sie, wenn Claude de Pontbriand an Bord wäre, würde er unten bleiben, während Jacques Cartier an Bord seines Schiffes ging?"

"Er ist tot?"

"Tot!"

„Und Mdlle. de Roberval?"

„Von allen anderen bleibt nur sie am Leben. Sie lebte an diesem trostlosen Ort mitten im Atlantik weiter, während ihre Amme und ihr Begleiter umkamen, und schließlich begrub sie Claude mit ihren eigenen Händen. Einen anderen." Der Tod muss folgen, um die Tragödie zu vollenden.

Cartier drückte seinem Freund schweigend die Hand. Er war nicht mehr jung; aber etwas von der wilden Wut, die in La Pommerayes Brust brannte, ging in seiner eigenen in Flammen auf, als er das erschöpfte und traurige Gesicht des einst so lebensfrohen jungen Abenteurers betrachtete. „Gott helfe De Roberval!" Er dachte noch einmal: „Und Gott beschleunige den Arm, der den Schlag ausführt!"

„Aber kommen Sie nach unten", sagte Charles nach einigen Augenblicken bedrückenden Schweigens, „und sehen Sie sich Mdlle. de Roberval selbst an. Ich möchte, dass vorerst niemand außer Ihnen erfährt, dass sie nach Frankreich zurückgekehrt ist. Ich überlasse es Ihnen." Sie und kümmern Sie sich um diese Malouins , die zweifellos gekommen sind, um zu sehen, welche Rendite ich ihnen für die Sous geben kann, die sie in die *Marie investiert haben*

.

Cartier konnte sich ein bestürztes Auffahren nicht verkneifen, als er in die kleine Hütte geführt wurde, wo Marguerite saß und auf ihn wartete. Er hatte sie das letzte Mal vor etwas mehr als vier Jahren gesehen, ein wunderschönes Mädchen im vollen, strahlenden Charme einer aufstrebenden Frau. Sie stand jetzt vor ihm, erschöpft und gealtert, mit weißem Haar und dem Gesicht einer fünfzigjährigen Frau statt eines sechsundzwanzigjährigen Mädchens. Aber ihre Figur war so aufrecht wie eh und je und ihre Haltung so königlich; Ihre dunklen Augen hatten nichts von ihrem Feuer verloren – obwohl ihre Tiefen das Geheimnis der Tragödie ihres Lebens bargen – und ihre Stimme hatte beim Sprechen an Fülle und Fülle gewonnen, was sie an mädchenhafter Helligkeit und Fröhlichkeit verloren hatte.

Cartier beherrschte sich und ließ weder in seinem Gesicht noch in seiner Stimme Anzeichen von Mitleid oder Mitgefühl erkennen.

„Mademoiselle", sagte er einfach, „ich begrüße Sie zurück in Frankreich. Wenn Sie meine Gastfreundschaft annehmen, stehen Ihnen mein Haus und alles, was ich habe, so lange zur Verfügung, wie Sie davon Gebrauch machen."

Marguerite dankte ihm mit ihrer alten, ruhigen Würde. Sie verlor trotz all der schwierigen Szenen ihrer Rückkehr in das Land, das sie unter so unterschiedlichen Vorzeichen verlassen hatte, nie ihre Selbstbeherrschung – so wenig, dass sie sich vorstellen konnte, wie ihre Heimkehr aussehen würde. Als es Charles gelungen war, die Kaufleute loszuwerden, die sich auf seinen Decks drängten, führte er sie an Land. Cartier war von väterlichem Mitgefühl für das junge Mädchen erfüllt, dessen Leiden eher einer Legende als einer Realität ähnelten, und bestand darauf, dass sie bei ihm und seiner Familie bleiben sollte, bis ein Treffen mit De Roberval vereinbart werden konnte.

Ein Bote wurde in die Picardie geschickt , kehrte jedoch mit der Nachricht zurück, dass De Roberval schon lange nicht mehr auf seinem Schloss war. Er war in den Kriegen beschäftigt; aber da Paris zweifellos sein Hauptquartier sein würde, beschlossen Charles und Marguerite, ihn dort aufzusuchen.

Pommeraye kein Wort der Liebe über die Lippen gekommen. Er sehnte sich mit unaussprechlicher Sehnsucht danach, das Recht für sich zu beanspruchen, Marguerite für den Rest ihres Lebens zu schätzen und zu beschützen, aber täglich wurde ihm klar, wie tief die Kluft war, die sie trennte. Er wusste, dass ihr Herz nur über Claudes Grab gewonnen werden konnte, und jedes Mal, wenn er versuchte zu sprechen, tauchte vor ihm die Vision des verlassenen Friedhofs auf der Insel auf, und die Worte erstarrten auf seinen Lippen. Marguerite konnte nicht umhin, seine Hingabe zu sehen; aber sie vermied es so sorgfältig, ihm irgendwelche Zeichen der Ermutigung zu geben, dass sowohl die Wochen im Herrenhaus von Limoilou als auch die anschließende Reise nach Paris vergingen, ohne dass La Pommeraye ihr näher kommen konnte. Undankbar konnte sie nicht sein. Sie empfand für den schönen Riesen eine zärtliche, schwesterliche Zuneigung und lernte verstehen, warum sowohl Claude als auch Marie eine so grenzenlose Bewunderung für ihn hegten.

In Paris ließ Charles sie in einem abgelegenen Viertel nieder – denn obwohl sie Freunde in der Stadt hatte, hielten es beide für klug, dass vorerst absolut niemand von ihrer Rückkehr erfahren sollte. Alle hielten sie für tot; und eine Zeit lang muss sie für die Welt noch tot sein. La Pommeraye achtete sorgfältig darauf, seinen alten Lieblingsplätzen und Freunden aus dem Weg zu gehen, ließ aber seine Suche nach Informationen über De Robervals Bewegungen keineswegs nach. Er erfuhr, dass der Edelmann zu diesem Zeitpunkt noch nicht in der Stadt war, aber innerhalb einer Woche zurückkehren würde.

Mit dieser Nachricht eilte er zu Margarete. Sie war zutiefst bewegt, als sie erfuhr, dass sie so bald mit ihrem Onkel konfrontiert werden würde. Wie sollte sie ihn kennenlernen? Was würde er ihr sagen, die er zweifellos schon lange für tot hielt?

Ihr Leben war zu einem seltsamen Chaos geworden. Sie wusste kaum, warum sie sich hatte nach Paris bringen lassen. Es wäre unmöglich, die alten Beziehungen zu ihrem Onkel jemals wieder aufzunehmen; aber noch länger von Fremden abhängig zu leben, kam nicht in Frage. Einige Vorkehrungen für ihre Zukunft müssen unverzüglich getroffen werden, aber auf jeden Fall muss De Roberval über ihre Anwesenheit informiert werden . Gefühle jeglicher Art schienen in ihr fast tot zu sein, aber als sie sich an die Umstände ihres Abschieds erinnerte, konnte sie sich nicht ohne ein Zittern der Vorfreude auf ein Wiedersehen mit ihrem Onkel freuen.

Sie bemerkte das Feuer in La Pommerayes Augen, als er in ihrer Wohnung auf und ab ging, nachdem er ihr die Informationen gegeben hatte; und ein oder zwei Tage später, als er sie wegen geschäftlicher Angelegenheiten um Rat fragte, fragte sie ihn, was seine Pläne seien.

„Ich werde Sieur de Roberval aufsuchen", sagte Charles, „sobald er ankommt, und ein Treffen zwischen Ihnen arrangieren, auf welche Weise auch immer Sie es mir wünschen. Und dann –"

Er hielt sich abrupt zurück; aber Marguerite sah das Aufblitzen seiner Augen und den entschlossenen Ausdruck, den sein Mund annahm, als er die Worte zurückhielt, die auf seinen Lippen gewesen waren. Sie legte ihre Hand sanft auf seinen Arm.

„Herr de la Pommeraye ", sagte sie, „Sie haben sich für mich als wahrer und ergebener Freund erwiesen. Ich weiß, dass ich niemals hoffen kann, Ihre selbstlosen Opfer zurückzuzahlen, noch kann ich jemals auch nur einen kleinen Teil meiner Dankbarkeit dafür zum Ausdruck bringen." „Alles, was du so edel getan hast. Nein, hör mir zu –", als Charles sie gerade unterbrechen wollte. „Ich fühle tiefer, als ich dir sagen kann; du musst mich das einmal sprechen lassen. Ich bin nicht undankbar, glauben Sie mir." Ihre Stimme zitterte ein wenig, obwohl sie es sofort unter Kontrolle brachte. „Aber ich möchte Sie noch um eine weitere Gefälligkeit bitten. Es wurde genug Blut vergossen – zu viel. Unglückliche Frau, die ich bin, wie soll ich Rechenschaft über all die Todesfälle ablegen, die ich verursacht habe?" Sie wandte sich für einen Moment ab; und die seltenen Schluchzer erschütterten ihre schlanke Figur. Charles schwieg voller Ehrfurcht vor einem Kummer, der zu tief war, um ihn in Worte fassen zu können. Schließlich wandte sie sich an ihn und sagte mit einer flehenden Geste: „Ich flehe dich an , das Leben meines Onkels zu verschonen."

La Pommeraye begann seinen gewohnten Schritt im Zimmer auf und ab. Seine Stirn war dunkel und er kaute wild auf seiner Unterlippe. Dass sie für das Leben des Mannes plädieren sollte, der das alles über sie gebracht hatte, war für ihn unerklärlich. Sollte er dann von seiner Rache abgehalten werden?

Marguerite wartete auf seine Antwort.

„Monsieur", sagte sie schließlich, „würden Sie meinen Kummer noch vergrößern?"

Die unaussprechliche Traurigkeit des Tons ging La Pommeraye zu Herzen. Impulsiv kniete er vor ihr nieder.

„Mademoiselle", sagte er, „wenn mir ein Engel vom Himmel erschienen wäre und mich um Gnade mit diesem Bösewicht gebeten hätte, hätte ich lieber meine eigene Seele in Gefahr gebracht , als ihn ungestraft davonkommen zu lassen. Aber jetzt –"

Seine Stimme versagte ihm. Er nahm ihre Hand und blickte ihr ins Gesicht. Seine ganze Seele war in seinen Augen; und in diesem sehnsüchtigen Blick las Marguerite sein Geheimnis. Er wollte gerade etwas sagen, aber sie hielt ihn zurück.

„Stehen Sie auf", sagte sie sanft, „Sie sind zu edel, um vor mir niederzuknien. Sie sind mein bester Freund – der einzige Freund, den ich auf der Welt habe. Denken Sie daran, ich bin ganz allein. Ich vertraue Ihnen, Monsieur; ich vertraue voll und ganz auf Sie." in deinen Händen. Wirst du meiner Bitte nachkommen?"

Sie hatte ihre Worte gut gewählt. Charles sah, dass sie ihn verstanden hatte und verhindern wollte, dass er von seiner Liebe sprach. Die sanfte Erinnerung an ihre hilflose Abhängigkeit von ihm rief all seine Männlichkeit und Ritterlichkeit zum Vorschein und brachte das leidenschaftliche Geständnis zum Schweigen, das er hatte machen wollen. Er drückte ihre Hand und hob sie an seine Lippen.

„Ihr Wunsch ist mein Gesetz, Mademoiselle", sagte er, und mit Mühe konnte er sich beherrschen, verabschiedete sich von ihr und eilte aus dem Haus.

Er ging durch die Straßen der Stadt, es war ihm egal, wohin. Passanten drehten sich zu ihm um; aber er beachtete niemanden. Er schritt weiter, vertieft in seinen eigenen inneren Kampf, bis er sich der Kirche der Unschuldigen im Herzen der Stadt näherte. Eine Gruppe Adliger näherte sich, und als sie an ihm vorbeikamen, erregte ein lautes Gelächter unter ihnen seine Aufmerksamkeit. Er hob den Blick; sah De Roberval und sein Schwert sprang aus der Scheide. Ein halbes Dutzend anderer Waffen blitzten sofort im Sonnenlicht auf; Doch La Pommeraye erinnerte sich, dass er mit niemandem außer einem von ihnen Streit hatte, steckte seine Klinge in die Scheide und winkte De Roberval, von der Gruppe wegzukommen, ohne auf die Willkommensrufe einiger aus der Gruppe zu achten, die ihn erkannten .

„Meine Anwesenheit hier beunruhigt Sie", sagte er, denn die plötzliche Blässe des Edelmanns war ihm nicht entgangen. „Und das aus gutem Grund. Ich bin gerade erst von der Insel der Dämonen zurückgekehrt."

„In der Tat; und was für ein Anliegen ist das für mich?" antwortete De Roberval mit dem Anschein von Nachlässigkeit, obwohl er seine Stimme nicht ganz beruhigen konnte.

Charles sah ihm direkt ins Gesicht.

„Feigling und Mörder!" sagte er zwischen seinen Zähnen.

„Dann sind sie also tot?" sagte De Roberval und bemühte sich immer noch, ruhig zu sprechen.

"Tot!"

De Roberval hatte einen schnellen Entschluss gefasst. Mit großer Anstrengung beherrschte er sich und sagte hastig: „Wir können jetzt nicht darüber sprechen. Treffen Sie mich heute Abend an diesem Ort, und ich werde mir die dunkelste Geschichte anhören, die Sie zu erzählen haben. Wenn Sie mein Leben wünschen, bin ich müde." davon und würde es gerne niederlegen.

Der Mann war stark gealtert, seit Charles ihn das letzte Mal gesehen hatte. Seine Schultern waren gebeugt; sein Haar war fast weiß; und sein Gesicht war dünn und abgenutzt. Etwas in seiner Stimme ließ Charles glauben, dass er es ernst meinte, und einen Moment lang regte sich in seinem Herzen ein Gefühl, das fast an Mitleid erinnerte.

„Es ist gut", sagte er. „Heute Abend um acht Uhr werde ich hier sein", und ohne auch nur ein Wort an die Gefährten des Edelmanns zu richten, schritt er davon. Er kehrte zu Marguerite zurück und erzählte ihr von der Begegnung mit ihrem Onkel und dem für den Abend vereinbarten Treffen. Die Nachricht erregte sie offenbar sehr.

„Haben Sie ihm von meiner Anwesenheit hier erzählt?" Sie fragte. „Erwartet er, dass ich ihn treffe?"

„Er weiß nichts von Ihrer Rückkehr", antwortete La Pommeraye . „Ich hatte keine Gelegenheit, es ihm zu sagen. Er glaubt, dass du auf der Insel umgekommen bist."

„Aber du wirst es ihm heute Abend sagen?"

„Ich habe über einen Plan nachgedacht", sagte Charles. „Wäre es nicht gut für dich, in der Kirche der Unschuldigen zu warten, wo ich ihn treffen soll, während ich ihn von deiner Rückkehr warne und ihn auf das Treffen mit dir vorbereite?"

Marguerite begriff die Idee. Sie fürchtete sich vor allem vor einem weiteren Streit zwischen La Pommeraye und ihrem Onkel; und ihre Anwesenheit würde ein Schutz vor Blutvergießen sein. Während sie sich darauf vorbereitete, Charles zu begleiten, wanderten ihre Gedanken zurück zu jenem Abend vor fast fünf Jahren, als sie einer Begegnung zwischen denselben beiden Männern beiwohnte. Das Ziel, das sie nun vor Augen hatte, war dasselbe: das Leben ihres Onkels zu retten; aber die Umstände – wie anders! Hätte der Schleier vor der Zukunft bei diesem ersten Treffen gelüftet werden können, wäre sie nicht versucht gewesen, ihn dem Schwert seines Feindes ausgeliefert zu lassen? Und jetzt begleitete sie diesen Feind – der sich als ihr Freund erwiesen hatte, als sie keinen anderen auf der Welt hatte –, um ihn davon abzuhalten, ihr Unrecht an dem Mann zu rächen, der ihr natürlicher Beschützer hätte sein sollen. Ihr Gehirn schwamm, als diese Gedanken sich auf sie drängten; und sie war froh, in der schwach beleuchteten Kirche Zuflucht zu suchen und ihren zerstreuten Geist im stillen Gebet vor dem Altar zu beruhigen.

La Pommeraye ging draußen auf und ab und wartete auf De Robervals Ankunft. Seine Hand lag am Schwertgriff, und sein wachsames Auge hielt nach allen Seiten scharf Ausschau; denn trotz der Abschiedsworte des Adligen am Nachmittag hatte er bereits nur allzu guten Grund gehabt, ihn des Verrats zu verdächtigen.

Und tatsächlich hatte sich De Roberval vorgenommen, der langen Liste, die sein Leben ruiniert und ihn von einem Gentleman und Ehrenmann in einen Tyrannen, Feigling und Attentäter verwandelt hatte, noch eine weitere brutale Tat hinzuzufügen. La Pommeraye war nach Frankreich zurückgekehrt. Er brauchte nur die Lippen zu öffnen, und schon war De Robervals Leben seiner Gnade ausgeliefert. Der Edelmann konnte sich auch nicht von der stechenden Demütigung und Demütigung erholen, die Charles ihm bei ihrem letzten Treffen zugefügt hatte. Von Anfang bis Ende hatte er ihm einen bitteren Groll geschuldet – umso bitterer, als er in einem Moment der Feigheit die Großzügigkeit des edlen Kerls ausgenutzt hatte, um sich vor Niederlage und Schande zu schützen . Nein, es gab keine Alternative; La Pommeraye muss sterben; und mit diesem Tod würden alle Beweise für seine Verbrechen beseitigt werden. Er hatte keine Angst vor den Männern, die Charles nach Amerika begleitet hatten; er hatte Nachforschungen angestellt und erfahren, dass es sich nur um Fischer und Seeleute handelte; und jede Version der Geschichte, die sie vielleicht mitgebracht hätten, wäre zu verstümmelt und übertrieben, als dass man sie glauben könnte.

Aber er fürchtete sich vor La Pommerayes Schwert und zog unter seinem Wams ein Kettenhemd an. Er suchte das Quartier eines rücksichtslosen Halsabschneiders, der für ein paar Sous seinen eigenen Vater ermordet hätte, gab ihm einen Geldbeutel voll Gold und ließ ihn die Art der vor ihm liegenden Arbeit wissen und befahl ihm, sicher und scharf zuzuschlagen sobald La Pommeraye in ein Gespräch vertieft war; und statt eines Geldbeutels füllte er seine Mütze mit Gold.

Zur verabredeten Stunde begab er sich zum Treffpunkt, wo La Pommeraye ihn ungeduldig erwartete.

Verhalten des Adligen hatte sich völlig verändert, seit er Charles am Nachmittag verlassen hatte. Er nimmt nun die Würde eines zu Unrecht Verdächtigen an und ist bereit, eine Beleidigung zu rächen.

Schande , die meinem Namen widerfahren ist, noch einmal anzuerkennen ."

„Ich bin hier", sagte Charles, dessen heißes Blut augenblicklich in Flammen stand, als er Marguerite angedeutet hatte, „um Sie für den Tod von Claude de Pontbriand und für das schreckliche Unrecht, das Sie Ihrer unschuldigen Nichte angetan haben, zur Rechenschaft zu ziehen."

Während er sprach, legte er seine Hand auf sein Schwert. De Roberval sah die Aktion und dachte, er wollte sie ziehen, und seine eigene Waffe blitzte aus der Scheide. In diesem Moment erschien Margarete an der Tür der Kirche. Sie sah, wie ihr Onkel sein Schwert zog, und dachte, sie würden gleich kämpfen, stürmte die Stufen hinunter, gerade als De Roberval auf La Pommeraye losging, der geschickt zur Seite trat, um einer Verwundung zu entgehen, und sein eigenes Schwert zog und auf der Treppe stand Defensive. Dabei hörte er einen Schritt hinter sich. Ein plötzlicher Instinkt warnte ihn; Als er zurücksprang, entging er nur knapp einem tückischen Stoß von hinten. Im selben Augenblick erblickte de Roberval im unsicheren Licht das blasse Gesicht seiner Nichte; und schlug wild auf La Pommeraye ein und fiel vor dessen Füßen.

Charles beachtete ihn nicht. Sein Blut geriet in Wallung, und als er sich gegen den mutmaßlichen Attentäter wandte, der voller Angst fliehen wollte, rammte er ihm einen Stich ins Herz.

Da er sah, dass de Roberval keinen Versuch machte, sich zu erheben, bückte er sich, drehte ihn auf die Seite und sah, dass seine Hand sich mit tödlichem Griff um den Schwertgriff klammerte, während die Spitze der Waffe sein Gehirn durchbohrt hatte. Es war Bayards Schwert; das Schwert, das ihm der König in der Stunde seines Ehrgeizes gegeben hatte. In seiner Angst vor der plötzlichen Erscheinung dessen, was er für den Geist seiner Nichte hielt, war sein Fuß ausgerutscht, und der Schlaganfall, den er La Pommeraye zugefügt hatte , hatte sein eigenes Leben beendet.

KAPITEL XIX

Am nächsten Tag erfuhr ganz Paris die Einzelheiten von De Robervals Tod. Er war von einem Attentäter angegriffen worden, hatte seinen Möchtegern-Mörder niedergestreckt, war im Blut seines Opfers ausgeglitten und in sein eigenes Schwert gefallen, womit die glänzendste Karriere Frankreichs endete. So lautete der Bericht; und es gab niemanden, der dem widersprach.

La Pommeraye festgestellt hatte, dass Roberval tatsächlich tot war, hatte er nur einen Gedanken gehabt: Marguerite von der Stelle wegzubringen, bevor die Menge, die sich, angezogen von der Rauferei, bereits versammelt hatte, auf ihre Anwesenheit aufmerksam wurde. Er zog sie hastig zurück in die Kirche; trieb sie durch einen Seitenausgang in eine andere Straße; und brachte sie so halb ohnmächtig nach Hause. Als sie zuhören konnte, erfuhr sie die Wahrheit aus seinen eigenen Lippen. Ihre Gedanken gingen noch einmal an die schreckliche Szene zurück, die sie erlebt hatte; sie sah ihren Onkel neben einem bezahlten Halsabschneider im Tod liegen; und plötzlich schossen ihr die Worte durch den Kopf, die Claude geäußert hatte, als er mit der Schlinge um den Hals auf dem Deck von *L'Heureux stand: „Mögest du durch deine eigene mörderische Hand elend umkommen."*

Paris trauerte. Der Hof, die Kirche, die Stadt legten alle ihre gewohnten Beschäftigungen beiseite, um den sterblichen Überresten dessen Ehre zu erweisen, der in zwei Welten den Ruhm Frankreichs hochgehalten hatte, der ein frommer Sohn der Kirche gewesen war und der ihn stets bewahrt hatte Name seines Monarchen als Talisman gegen seine Feinde. Nachdem sein Leichnam drei Tage lang aufgebahrt hatte, wurde er mit all dem Prunk und Zeremoniell begraben, die seinem Rang und Ruhm gebührten; und die wahre Wahrheit über seinen Tod blieb ein Geheimnis in den Herzen der beiden, denen er so grausames Unrecht zugefügt hatte.

Marguerites Rückkehr nach Frankreich konnte nicht für immer geheim gehalten werden; und tatsächlich bestand seit dem Tod ihres Onkels kein Grund mehr, sie zu verbergen. Ihre Geschichte – oder so viel davon, wie sie öffentlich machen wollte – begann sich bald im Ausland zu verbreiten. Es gab viele und verstümmelte Versionen davon , die am Hof und in der Stadt verbreitet wurden. Aber für die meisten, die dieses edle und schöne Gesicht mit seinen Spuren bitteren Leidens betrachteten, war der Verdacht des Bösen unmöglich. Die Freunde, die sie vor ihrer Abreise gekannt und geliebt hatten, hätten sie gerne wieder willkommen geheißen; aber sie mied die ganze Gesellschaft. Nie wieder konnte sie sich in die Welt von Paris einmischen.

Sie folgte der Einladung einer alten und sehr geliebten Freundin und übernachtete in einer Villa am Ufer der Seine.

Hier wagte es La Pommeraye nach einiger Zeit, sie zu besuchen. Im Laufe der Wochen hatten die schöne Luft ihres Heimatlandes, die ständige Gesellschaft von Freunden, die Rückkehr von Gesundheit und Kraft begonnen, ihr etwas von ihrer verlorenen Jugend zurückzugeben; obwohl die alte Lebendigkeit für immer verschwunden war. Sie begrüßte La Pommeraye mit mehr Fröhlichkeit und Freiheit, als er zu erwarten gewagt hatte; und allmählich kam ihm der Gedanke, dass die Entfernung vom Schauplatz ihres Kummers und die Entfernung ihres Onkels – der Ursache all ihres Leids – dazu führten, dass sie die Vergangenheit weniger intensiv empfand. Trotz seiner Überzeugung, dass sie ihn niemals lieben würde, begann er fast zu hoffen. Der alte sehnsüchtige Schmerz, der nie verstummt war, regte sich unkontrollierbarer denn je in seinem Herzen. Er kämpfte mannhaft darum, keine Anzeichen davon zu zeigen, aus Angst, er könnte auch nur die Freude verlieren, sie zu sehen, aber täglich stellte er sich Marguerite in den Weg, und täglich spürte er, dass er für sie immer notwendiger wurde.

Und tatsächlich war seine Gesellschaft für die einsame und traurige Frau ein unaussprechlicher Trost. Der standhafte, breitschultrige, gutaussehende Riese hatte sie vor unsäglichen Schrecken bewahrt, er hatte ihr seine Ergebenheit zu einem Preis bewiesen, der selbst die Mutigsten entsetzt hätte. Sie wusste, dass sein starker Arm bereit war, sie für den Rest ihres Lebens vor dem Bösen zu schützen, was auch immer ihr passieren mochte. Obwohl sie allein auf der Welt war, klammerte sie sich an ihn als ihren besten und treuesten Freund. Sie liebte ihn tatsächlich mit all der Kraft, die ihr noch blieb, wenn auch nicht auf die Weise, nach der er sich sehnte. Das Auge ihrer Frau durchschaute die Zurückhaltung, die er sich selbst auferlegte; Sie wusste, dass sein Herz unveränderlich ihr gehörte und dass er früher oder später eines Tages sprechen würde. Sie fürchtete den unvermeidlichen Abschied und versuchte ihn mit allen Mitteln hinauszuzögern.

Es kam früher, als sie erwartet hatte. Eine Zeit relativen Friedens hatte La Pommerayes Schwert eine ungewöhnliche Ruhe gegeben, aber die Feindseligkeiten begannen erneut und er konnte nicht untätig bleiben. Sein Posten war auf dem Feld, aber er konnte nicht gehen, bis er aus Marguerites eigenen Lippen erfahren hatte, ob das Leben für ihn noch eine Chance auf Glück bot.

Er war in Paris, als die Nachricht kam. Nach einigen hastigen Vorbereitungen verließ er die Stadt und eilte an ihre Seite. Sein Herz klopfte wild, als er mit ihr im Mondlicht auf der Terrasse mit Blick auf den Fluss auf und ab ging. Es war Vorfrühling – erst ein Jahr seit ihrer Rettung von der Insel. Drohende

Erinnerungen schossen in ihr Herz und hielten sie davon ab, das Schweigen ihres Begleiters zu bemerken, bis er schließlich sprach.

„Marguerite", sagte er, denn er nannte sie jetzt auf ihren eigenen Wunsch hin bei ihrem Namen, „ich muss Paris morgen verlassen. Im Süden wartet heiße Arbeit auf mein Schwert, und ich darf nicht länger zögern."

Plötzlich erschrocken wandte sie sich ihm zu; Die Nachricht kam ziemlich unerwartet.

„Mein Freund – mein Bruder", sagte sie impulsiv, „verlass mich nicht! Noch nicht, noch nicht!"

Der Moment war gekommen. Die in La Pommerayes Herzen aufgestaute Liebe konnte nicht länger zurückgehalten werden und brach in einem Strom leidenschaftlicher Worte aus ihm heraus. Sie konnte ihn jetzt nicht aufhalten; es war zu spät. Sie stand bleich und schweigend da, während er ihr die ganze Liebe und Sehnsucht dieser erschöpften Jahre zum Ausdruck brachte. Ihr Herz war von großem Mitleid mit ihm erfüllt; doch als er, ermutigt durch ihr Schweigen, ihre Hand berührte, zog sie sie plötzlich von ihm weg. Vor ihr erhob sich das tote Gesicht dessen, der so wahrhaftig ihr Ehemann gewesen war, als hätte ein Priester ihre Ehe gesegnet; sie spürte noch einmal die Berührung der Lippen ihres Kindes an ihrer Brust; Sie sah wieder das Doppelgrab auf dem einsamen Hügel, so viele tausend Meilen entfernt. Sie hatte einmal geliebt, und ihr Herz war tot und in diesem fernen Grab begraben. Das Leben hielt keine zweite Liebe für sie bereit, von nun an blieb ihr nichts als die Erinnerung an das, was einst gewesen war. Aber muss sie ihren Freund, ihren einzigen Halt und Trost, auch verlieren? Der Himmel war wirklich grausam zu ihr. Sie bedeckte ihr Gesicht mit ihren Händen.

"Gott hilf mir!" sagte sie schaudernd. "Es kann nicht sein."

Er dachte, sie würde nachgeben. Im Nu hatte er ihre Hände in seine genommen, während er leidenschaftlich um Zeit, um Hoffnung flehte; kein Versprechen, nur die Erlaubnis, sein Leben in ihrem Dienst zu verbringen, nur ein Wort, das er auf seiner Reise mitnehmen kann. Aber sie hatte ihre Selbstbeherrschung wiedererlangt und sprach jetzt mit einer ruhigen, traurigen Entscheidung, die für sein Herz wie ein Todesstoß war.

„Mein Freund", sagte sie, „ich hätte dir das erspart, wenn ich könnte. Ich habe versucht, dich zu verschonen, und" – ihre Stimme zitterte – „mich selbst zu schonen. Still", als er gerade unterbrechen wollte, „es." Weil ich dich wirklich liebe – wenn auch nicht so, wie du es dir wünschst –, hätte ich uns beiden diesen Abschied erspart. Du bist alles, was mir auf der Welt geblieben ist – wenn ich dich verliere, bin ich tatsächlich allein."

Sie hielt einen Moment inne. In den großen, dunklen Augen standen keine Tränen, als sie direkt vor sich auf den glitzernden Fluss blickte, aber ihr Gesicht war weiß wie der Tod im Mondlicht, und die Falten um ihren Mund verrieten die verborgenen Tiefen des Gefühls unter dieser ruhigen Hülle . Charles war mit einem ungestümen Ausbruch auf den Lippen aufgesprungen, aber sie brachte ihn mit erhobener Hand zum Schweigen.

„Komm", sagte sie, „lass uns unseren Spaziergang fortsetzen, und ich werde dir sagen, was ich meiner Meinung nach keinem Lebewesen auf der Erde sagen sollte."

Und dort erzählte sie ihm mit tränenlosen Augen und einer Stimme, die niemals schwankte, die ganze Geschichte dieser drei Jahre auf der Insel, ließ nichts aus, gab die Umrisse klar und kurz wieder, aber mit einer Lebendigkeit, die die Einzelheiten in Charles' Pochen brannte Gehirn, als wären sie mit einem heißen Eisen gebrandmarkt worden.

„Und jetzt", sagte sie, als sie fertig war, sich zu ihm umdrehte und ihre ruhigen Augen zu seinem blassen und hoffnungslosen Gesicht hob, „jetzt werden Sie sehen, warum es unmöglich ist, dass ich Ihnen geben sollte, was Sie verlangen. Mein Leben gehörte Claude; Ich habe mich ganz ihm hingegeben. Er hat mit mir gelitten, er ist für mich gestorben; ich habe nichts mehr übrig als seine Erinnerung, aber dieser werde ich treu bleiben, bis ich sterbe. Mein Freund, verstehst du *jetzt* ?"

Er war vor ihr auf den Knien. Sie reichte ihm widerstandslos ihre Hände und er legte für einen Moment seine heiße Stirn dagegen. Dann sah er zu ihr auf und sie sah, dass er tatsächlich verstand.

Als sie seinem Blick begegnete, war ihr Gesicht voller unendlicher Zärtlichkeit und Mitleid. Sie legte ihre Hand sanft auf seinen Kopf, beugte sich vor und küsste ihn einmal auf die Stirn. Die ganze Art der Handlung war so streng, so erfüllt von der Traurigkeit und Ferne eines Menschen, den eine weite, unüberwindbare Kluft für immer von jedem menschlichen und vertrauten Verkehr trennt, dass sie Charles die Hoffnungslosigkeit deutlicher verriet, als es Worte je hätten tun können seiner Liebe. Einen Moment lang senkte er schweigend den Kopf, dann drückte er seine Lippen leidenschaftlich auf ihre Hand, erhob sich und verließ sie.

Sie hat ihn nie wieder gesehen. Als ihr klar wurde , dass er tatsächlich nicht mehr da war und dass die letzte Verbindung, die sie mit ihrer Vergangenheit verband, zerrissen war, begann sie die völlige Einsamkeit ihres Schicksals bitter zu spüren. Allein auf der Welt, ohne Familie oder Verwandte; Allein, ohne die Möglichkeit, ihr Herz jemals einem Menschen zu überlassen, schien der alte Wahnsinn, der ihr auf der Insel der Dämonen ins Gesicht gestarrt hatte, zurückzukehren.

Aber sie sollte eine edle Erlösung erfahren. Die Ländereien ihres Onkels gehörten nun ihr. Die Kriege hatten sie arm, unbefriedigt und in einem erbärmlichen Zustand zurückgelassen. Die Bauern hungerten, die Burgmauern stürzten ein und Räuberbanden plünderten, was noch übrig war. Ein Leben voller Taten war das, was sie brauchte: Ihr Entschluss war bald gefasst, und in weniger als einem Monat machte sie sich auf den Weg nach Norden und nahm einen Gefährten ihres gleichen Ranges mit, der sich bereit erklärt hatte, ihre Einsamkeit zu teilen.

Die Reise war anstrengend. Immer wieder wäre sie umgedreht, aber ihr entschlossener Wille drängte sie weiter. Sie war die letzte De Roberval; Der edle Name war ihr ein heiliges Gut, und sie würde ihn bis zum Ende edel halten. Als sie ihr Schloss erreichte, strömten die Bauern, die sich an sie erinnerten und sie für tot gehalten hatten, weinend und lachend um sie, küssten ihr Pferd und ihre Gewänder, bis sie, bis ins Herz berührt, zusammenbrach und ihre Tränen mit den ihren vermischte.

Und nun begann ihr wahres Leben. Am Anfang war es schwer. Die alten Erinnerungen kamen in ihr hoch. Das Gesicht ihres Onkels schien sie aus den verlassenen Hallen anzustarren; Und als sie das Zimmer betrat, in dem sie und Marie Claude während seiner Krankheit gepflegt und gepflegt hatten, überkam sie eine solche Erinnerungsqual, dass es ihr vorkam, als müsse sie endlich den Verstand verlieren. Sie suchte Zuflucht in der Besatzung; Spät und früh arbeitete sie, wie noch nie zuvor ein De Roberval gearbeitet hatte, und ihre Gefolgsleute riefen ihren Segen auf ihr Haupt herab. Aber als die Mühe des Tages vorüber war und sie ihr einsames Kissen suchte, hörte sie die ganze Nacht das Rauschen der Wellen am felsigen Ufer und sah die Gesichter ihrer Toten, die sie aus der Dunkelheit anstarrten.

So vergingen die Tage ihrer trostlosen Witwenschaft wie im Flug. Ihre Jugend war vergangen, und die grauen Haare, die Cartier erschreckt hatten, hatten nun viele Begleiter. Aber sie schienen ihrem süßen, traurigen Gesicht nur Schönheit und Charakter zu verleihen. Sie gab sich der selbstlosen Hingabe an andere und ihrer Pflicht hin; Und als ob die Stürme ihres Lebens in ihrer Jugend zur Erschöpfung geführt hätten, schien der Rest ihrer Tage dazu bestimmt zu sein, in Frieden und Ruhe zu vergehen – wenn nicht sogar in Glück.

Sie hörte in Abständen von La Pommeraye . Die Kommunikationsmittel waren damals schwierig und unsicher, aber er schaffte es, ihr gelegentlich Nachrichten zu schicken und sie seiner unsterblichen Hingabe und Bereitschaft zu versichern, ihr auf jede erdenkliche Weise zu dienen. Oft schmerzte ihr das Herz, wenn Geschichten über einen berühmten Soldaten erzählt wurden, der immer die Hauptlast der Schlacht trug, der den Tod umworben hatte, den der Tod aber zu meiden schien.

Schließlich erfuhr sie von einem verzweifelten Kampf, in dem die Streitkräfte Frankreichs fast gescheitert wären. Ein tapferer Held hatte seine Division zum Sieg geführt. Während einer kurzen Atempause hatte er seinen Helm abgenommen und beobachtete den Kampf auf Leben und Tod im Tal unter ihm. Plötzlich sah er, wie die französische Linie schwankte. Er befahl seinen Männern, ihm zu folgen, und mit wehendem Löwenhaar im Wind galoppierte er mitten ins Getümmel. Rechts und links schlug er; Links und rechts fiel der Feind vor ihm. Die Schlacht wurde für Frankreich gewonnen; aber auf einem Leichenhaufen wurde er mit einer Kugel im Gehirn gefunden: „Tot auf dem Feld der Ehre "; tot in der Blüte seiner Kräfte; mit einem makellosen Ruf und einem Namen, der jedem Soldaten im Königreich am Herzen liegt.

DAS ENDE